南京财经大学
粮食安全与战略研究中心

U0503434

中国粮食发展报告

2015

——中国的粮食安全

CHINA FOOD DEVELOPMENT REPORT
2015

曹宝明　徐建玲　主　编

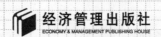

经济管理出版社
ECONOMY & MANAGEMENT PUBLISHING HOUSE

图书在版编目（CIP）数据

中国粮食发展报告·2015/曹宝明，徐建玲主编．—北京：经济管理出版社，2015.12
ISBN 978 - 7 - 5096 - 4087 - 6

Ⅰ. ①中…　Ⅱ. ①曹…②徐…　Ⅲ. ①粮食问题—研究报告—中国　Ⅳ. ①F326.11

中国版本图书馆 CIP 数据核字（2015）第 289560 号

组稿编辑：曹　靖
责任编辑：曹　靖
责任印制：黄章平
责任校对：张　青

出版发行：经济管理出版社
　　　　　（北京市海淀区北蜂窝 8 号中雅大厦 A 座 11 层　100038）
网　　址：www. E - mp. com. cn
电　　话：（010）51915602
印　　刷：北京银祥印刷厂
经　　销：新华书店
开　　本：787mm×1092mm/16
印　　张：15.25
字　　数：328 千字
版　　次：2016 年 3 月第 1 版　　2016 年 3 月第 1 次印刷
书　　号：ISBN 978 - 7 - 5096 - 4087 - 6
定　　价：68.00 元

本报告获

    粮食公益性行业科研专项项目（201313009）

    国家自然科学基金项目（71373116）

    国家社会科学基金项目（14BJY221）

    现代粮食流通与安全协同创新中心

    江苏高校优势学科

    江苏省重点学科

资助

编著人员

主　　编：

　　曹宝明　徐建玲

编著人员：

　　李　丰　蔡　荣　易小兰　赵　霞　王舒娟

　　郭晓东　武舜臣　顾智鹏　吴闻潭　胡　舟

首席执笔人：

　　徐建玲

内容提要

粮食是关系国计民生的重要战略性商品，对国家经济安全起到无法替代的作用。本书试图通过构建适合中国国情的粮食安全评价方法，并在此基础上对我国粮食安全现状进行评价，分别从粮食生产安全、粮食消费安全、粮食流通安全和粮食进出口安全几个方面对我国粮食安全进行分析，并提出相关的对策措施。

作为世界人口最多的国家，2014年中国实现了粮食生产"十一连增"，但粮食安全状况并不乐观。随着工业化、城市化进程不断加快，中国粮食安全形势呈现出新特点：粮食逐年增产情况下的供求持续紧平衡；经济国际化带来的粮食供给多元化趋势，使得粮食自给率不断下降，导致粮食进口可获性风险增加；外资多头介入中国粮食领域，威胁粮食安全；国内粮食市场与国际市场的关联度不断加强。我国粮食安全态势正面临着几个重大转变：粮食供给安全由总量问题转变为结构问题、粮食消费安全由数量问题转变为质量问题、粮食储备安全由规模问题转变为体制机制问题、粮食财政安全由补贴问题转变为效益问题、粮食流通安全由改革问题转变为发展问题。

从粮食生产安全来看，近年来粮食生产安全状况总体向好的趋势发展。但是，值得警惕的是，我国粮食生产安全仍面临来自自然资源约束加剧、农民种粮积极性下滑和粮食生产经营体制创新不足等多重挑战。今后，这些问题若不能得到解决，我国粮食生产安全将受到重大威胁。

从粮食消费安全来看，近年来粮食消费数量安全存在隐患，尤其是粮食自给率逐年下降，低收入群体粮食获得能力虽然没有显著下降，但仍然需要重点关注。从现实情况来看，粮食生产环节农药和重金属污染日益加剧，加工环节普遍存在添加剂超标情况，安全事件频频发生，粮食质量安全仍然不容乐观。粮食是保障城乡居民基本生活的必需物资，因此，保障粮食消费数量和质量安全具有重要的战略意义。

从粮食流通安全来看，近年来粮食流通安全状况获得较大提升。从现实中来看，国家高度重视粮食流通工作，粮食流通将会有一个质的飞跃，但从目前来看，我国粮食流通领域还面临着一些不容忽视的问题：粮食储备体系落后、粮食流通通道不畅、粮食流通产业效率不高等因素势必影响到粮食流通效率。

　　从粮食进出口安全来看，近年来我国粮食进出口安全形势不容乐观，处于恶化趋势。2012 年粮食进口依存度得分达到历史最低点，是需要我们关注的重要方面；粮食进口集中度得分虽然有所提高，但 4.2% 的实现程度依然很低；国际粮价波动率指标表现良好，但我国缺乏国际粮食市场定价权，加大了我国进口风险。我国粮食进出口安全存在的主要问题表现在对外依赖程度逐步加深、粮食进口风险进一步加大等方面。

目 录

第一章 中国粮食安全总体态势

"粮食安全"的概念[①]自从 1974 年被联合国粮食及农业组织（FAO）正式提出之后，作为一个全球性话题一直受到各国的高度关注。近年来因全球人口增加、生产要素恶化、气候异常频繁及各种因素的影响，世界粮食供求矛盾日益突出，紧平衡状态持续存在；随着粮食的能源、金融属性逐渐凸显，粮价已经不单纯由供求所决定，而是由资本和货币所决定。过去 10 年，国际市场粮价总体经历了四次大范围的价格波动。第一次出现在 2003~2004 年，联合国粮食及农业组织（FAO）谷物价格指数由 94 上升至 118，上涨幅度为 26%；第二次是 2006~2008 年，FAO 谷物价格指数由 114 上涨至 274，上涨幅度为 132%；第三次是 2011~2012 年，美国和南美先后出现干旱，大豆产量大幅度下降，国际市场大豆价格再次出现新一轮上涨；第四次是 2012 年下半年以来，世界粮食主要生产国粮食丰收导致国际粮食价格处于下行周期。未来的 10 年，由于粮食种植面积和生产力增长更为缓慢，而粮食需求继续刚性增长，预计国际粮食价格将上涨。特别是全球极度泛滥的货币给粮价泡沫提供了温床，正成为粮价飙升的重要推手，严重威胁着世界的粮食安全。根据 OECD 和 FAO 联合发布的《2009~2018 农业展望》报告，粮食价格总体水平远高于 10 年平均水平；饥饿人口有增无减，根据联合国公布的最新数据，全球每天忍受饥饿的人数达到 10.2 亿人[②]，扭转了过去 40 年中饥饿人口持续减少的趋势，而且这一数字将继续增加。

作为世界人口最多的国家，2014 年中国实现了粮食生产"十一连增"，但粮食安全状况并不乐观，随着工业化、城市化进程不断加快，中国粮食安全形势呈现出新特点：粮食逐年增产情况下的供求持续紧平衡；经济国际化带来的粮食供给多元化趋势，使得粮食自给率不断下降，导致粮食进口可获性风险增加；外资多头介入中国粮食领域，威胁粮食安全；国内粮食市场与国际市场的关联度不断加强。如何评价我国粮食安全现状，建立一套

---

① 1974 年 11 月，联合国粮农组织在罗马召开第一次世界粮食首脑会议，通过了《世界粮食安全国际约定》，首次提出了"粮食安全"（Food Security）概念。这一概念的定义是：保证任何人在任何时候都能得到为了生存和健康所需要的足够食物。

② 联合国粮农组织（FAO）. 世界粮食不安全状况（2012 年）报告 [EB/OL]. http://www.fao.org/home/en/.

合理科学的评价指标体系至关重要。本书根据粮食安全特点从我国粮食生产、粮食消费、粮食流通与粮食进出口四个方面进行综合评价，分析我国粮食安全现状，把握粮食安全走势。

第一节　中国粮食安全的背景与环境

一、经济全球化中的粮食贸易金融化与能源化

近年来，随着国际粮价剧烈波动，国际政治经济矛盾日益突出，粮食的基础性战略地位重新被人们提起，同时，粮食的金融属性特征被人们重视起来。如今，世界粮食价格不再由传统意义上的粮食供需状况来决定，粮食期货价格则成为粮食价格决定性因素。粮食在某种程度上实现了从商品属性向商品属性和金融属性双重并重的转换，粮食安全本质上已转变为"贸易—金融"型的价格模式。特别是在全球量化宽松时代，粮食等的金融属性表现得更加突出，粮食作为"白金"已经成为继主权货币、黑金（石油）等之后新的泛货币化的价值符号。粮价基本不是由供求所决定，而是由资本和货币所决定，特别是全球极度泛滥的货币给粮价泡沫提供了温床，正成为粮价飙升的重要推手，严重威胁着世界的粮食安全。

2007~2008年世界粮价飞涨，2008年上半年，粮价与2007年相比上涨了40%，与2006年相比上涨了76%，导致世界范围内有31个国家需要外部的粮食援助，其中包括20个非洲国家、9个亚洲国家和近东国家以及2个拉丁美洲国家和加勒比海国家。此轮粮食危机爆发以来呈现出明显特点，即粮食能源属性增强。《京都议定书》签订后，世界各国尤其是发达国家越来越关注开发利用清洁能源，与此同时，近年来国际石油价格持续攀升，在这样的背景下，生物质能源引起了世界范围内的广泛重视，并在美国、巴西、欧盟等很多国家和地区投入使用。生物能源的需求迅速增长，生物燃料原料（玉米、油菜籽等农产品）需求大增。出现了生物质能源的发展"与人争粮"、"与粮争地"的情况，从而威胁到各国的粮食安全。现阶段，世界主要粮食品种的价格持续高位运行，粮价在短短两年时间里变动很大，这些状况的出现都与世界生物质能源的发展有很大的关系。在这样的背景下，生物质能源的发展无疑会使世界日益严重的粮食安全问题雪上加霜。

二、经济国际化中的粮食供给多元化

在现代信息技术的催化作用下，资本、技术、劳动力等生产要素在全球范围内加速流动和配置，经济国际化加深了我国与世界经济的联系。近年来，中国粮食对外依赖程度不

断加深，尤其加入世界贸易组织（WTO）以来，粮食进口规模不断扩大。从中国粮食供给国与品种看都呈现出多元化趋势。20 世纪 60 年代起，中国粮食进口主要集中在加拿大、美国与澳大利亚等国家，并且以小麦为主；20 世纪 90 年代中期开始，品种结构增加到大豆和玉米，尤其从巴西、阿根廷进口的大豆数量迅速增加，大豆净进口量 2014 年达到了 7140 万吨，占粮食净进口总量的 70%。近年从越南进口大米的数量也不断攀升。随着我国粮食对外依存度逐步加深，粮食进口可获性风险进一步加大。

外资多头进入中国粮食领域。目前掌握全球粮食流通的四大粮商，即美国 ADM、邦吉、嘉吉与法国路易达孚，他们几乎垄断了世界上 70% 左右的国际粮食贸易。国际粮食产业以这些跨国粮商为载体，利用其先进的技术优势、雄厚的资本优势、科学的管理优势在全球范围内进行粮食产业布局——他们在南美采购加工，在北美大力发展生物能源与金融业务。近年来，开始加速对我国粮食流通产业的布局，通过并购、合作、重组等方式，在大力发展油脂、油料加工项目的基础上，又全面进军小麦、稻谷等粮油精深加工项目，同时又向粮食物流领域延伸发展，向着多品种经营和多元化发展。跨国粮商在全球范围内的布局，在大大促进粮食产业效率的同时又向粮食物流领域延伸发展，向着多品种经营和多元化发展。外资进入丰富了国内粮食市场供给主体的多元化，同时也加剧了粮食流通领域的竞争，外资凭借先进的技术、资金与管理优势必然对我国本土传统粮食产业产生巨大影响。

三、工业化、城市化中的粮食产业边缘化

随着我国工业化、城市化进程不断加剧，粮食产业边缘化的倾向愈发凸显。粮食产品是人类最基本的食物，在可以预见的将来都有着无可替代性；同时，粮食作为城市发展的三大物质基础（粮、煤、油）之一的战略性商品，其稳定供应对社会稳定、经济发展具有重要影响。由于粮食市场有着较大的自然风险和经济风险，单个的生产者、消费者和经营者都无力单独面对这样的风险，维护粮食安全的成本只能由政府承担，从这个角度来看，粮食具有公共产品的属性。

粮食生产是经济再生产和自然再生产相交织的过程，粮食产业既存在经济风险也存在自然风险。由于粮食产业的投资边际报酬相对较低，在与其他产业的竞争当中，粮食产业总是处于非常弱势的地位，很难集聚相应的资本、人力、技术等生产要素，因此在缺乏足够的政策支持的背景下，粮食产业长期以来一直处于低水平发展状态。在我国工业化、城市化进程中，低效率低收益的粮食产业显然不是发展重点，也就很难得到政府的有力支持，这使得粮食产业的弱质性进一步凸显，粮食产业进一步被边缘化，从而影响粮食安全。

第二节 中国粮食安全的基本态势

一、中国粮食安全水平总体偏低

本书采用多指标综合评价方法对我国粮食安全水平进行总体评价。具体指标设置以及评价方法详见附录1。粮食安全评价指标体系共包括四个二级指标，分别为粮食生产安全系数、粮食消费安全系数、粮食流通安全系数以及粮食进出口安全系数。其中，粮食生产安全系数在整个评价指标体系中的权重最高，为39%；其次是粮食进出口安全系数，为27%，粮食消费安全系数权重最小，为13%（见图1-1）。

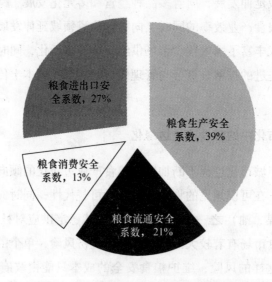

图1-1 中国粮食安全水平四大类指标权重

根据评价结果，可以看出：①四大类指标得分变化存在较大差异。其中，粮食消费安全系数和进出口安全系数指标得分下降最为明显，分别下降了47%和40%；粮食生产安全系数不断上升，从2008年的25.51分上升到2012年的36.22分，增幅为42%；粮食流通安全系数下降了20.26%。②四大类指标实现程度整体水平不高并存在巨大差异。粮食进出口安全系数5年间平均实现程度仅为11.15%，并呈现持续下降的趋势，2012年的实现程度为9.11%，说明我国粮食进出口安全形势极其严峻；粮食生产安全系数的实现程度最高，为76.27%，其次为粮食消费安全系数，实现程度为59.57%，粮食流通安全系数实现程度为32.19%。尽管从2008年以来，粮食安全评价指标得分总体呈现上升的趋势，但从四大类指标实现安全程度来看，仍然处于较低水平，平均值仅为 50.86，说明我国粮食安全水平不容乐观，面临着巨大的挑战（详见表 1-1）。

表 1-1 四大类指标得分状况与实现程度

得分与实现程度（%）		满分	2008 年	2009 年	2010 年	2011 年	2012 年
粮食生产	安全系数	39	25.51	23.73	28.39	34.89	36.22
	实现程度	76.27	65.41	60.85	72.79	89.46	92.87
粮食消费	安全系数	13	10.94	9.23	3	8.68	6.87
	实现程度	59.57	84.15	71	23.08	66.78	52.85
粮食流通	安全系数	21	7.98	7.06	6.11	7.35	5.30
	实现程度	32.19	38	33.62	29.1	35	25.23
粮食进出口	安全系数	27	4.14	3.36	2.82	2.27	2.47
	实现程度	11.15	15.33	12.44	10.44	8.41	9.11
总得分		100	48.57	43.38	40.32	53.19	50.86

注：实现程度 =（实际得分/满分）×100%。

根据评价结果，结合图 1-2 可以看出：①安全水平逐步上升。2000 年以来，从评价数据可以看出中国粮食安全水平趋于增加，从 2000 年综合得分 41 分，到 2012 年综合得分 50.86 分，提高了 24%。②安全水平年际间波动较大。从 2000 年到 2003 年，中国粮食安全水平持续下跌，2003 年跌至近年来的低谷，综合得分仅为 14.95 分，之后逐渐回升。年际波动幅度超过 250%，粮食安全水平极不稳定。

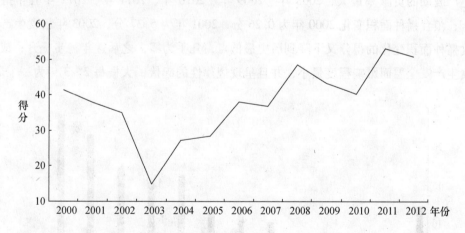

图 1-2 中国粮食安全水平指标变化趋势图

二、粮食安全不同层面差异较大

（一）粮食生产安全水平稳中有升

图 1-3 给出了从 2001 年到 2012 年间粮食生产安全系数得分状况与实现程度变化趋

势。可以看出：得分值和实现程度都在稳步提高，与其他三个指标实现程度横向比较，粮食生产安全的实现程度是最高的，并且粮食安全系数的权重也是最高的，从这种意义上说，粮食生产安全层面对我国如今粮食安全的保障贡献最大。但是年际间出现了大幅度的波动，其中，2003年得分只有0.52分，为历年来的最低值，随后，到2012年得分为36.22分，实现程度达到了92.87%，创历史新高。

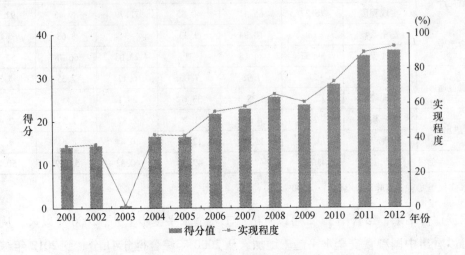

图1-3 粮食生产安全系数得分与实现程度变化趋势图

从粮食生产安全层面的具体指标变化来看也呈现出巨大的差异，见图1-4，其中，粮食生产波动的贡献率最大，2008年、2009年、2010年、2011年、2012年五年持续高位徘徊；粮食播种面积变化2000年为0.26分，2001年为5.37分，2003年粮食生产波动与粮食播种面积变化的得分又下降到历史最低点，几乎为零，之后逐年稳步提升；成灾率对粮食生产安全层面影响程度最小，并且呈现规律性的起伏，大概每2~3年为一个周期。

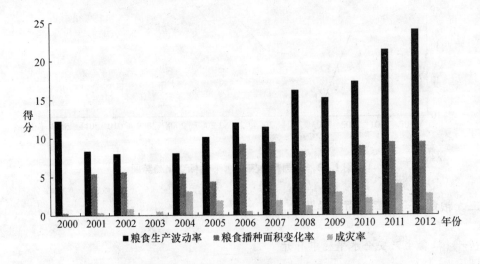

图1-4 粮食生产安全系数各指标得分状况变化柱状图

（二）粮食消费安全水平不容乐观

图 1-5 给出了从 2000 年到 2012 年间粮食消费安全系数得分状况与实现程度变化趋势。可以看出：粮食消费安全水平虽然呈现整体上升趋势，但是波动幅度较大，近年来又出现不同程度下滑。从实现程度的波动情况来看，2008 年为最高值，达到了 84%，2003 年仅为 10%，2012 年为 53%。消费安全形势不容乐观。

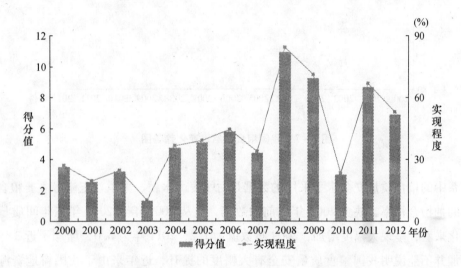

图 1-5　粮食消费安全系数得分与实现程度变化趋势图

从粮食消费安全层面的具体指标变化来看也呈现出巨大差异，见图 1-6。虽然粮食质量安全系数总的分值 2000 年以来不断上升，全水平呈现向好的趋势，但是粮食自给率却呈现下滑的态势，从具体数据可以看出（见图 1-7），2011 年我国粮食自给率跌破90%，到了 2012 年跌至 87%，这与我国粮食进口安全状况密切相关；低收入群体粮食获得能力也呈现出较大波动，说明需要政府加强对低收入群体的食物获得的长效保障机制；

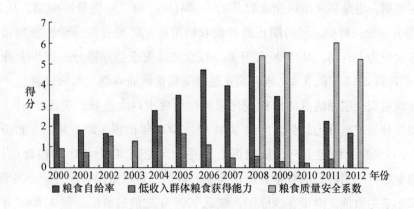

图 1-6　粮食消费安全系数各指标得分状况变化柱状图

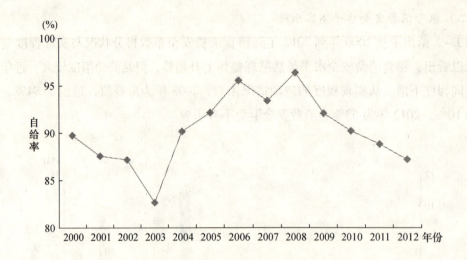

图 1-7 我国粮食自给率变化趋势图

指标体系中的粮食质量安全水平采用的数据是对小麦、水稻、大豆、玉米等主要粮食品种储备粮的抽检合格率，缺少 2008 年以前的数据，仅从 2009 年到 2011 年三年间质量安全水平变化来看，呈现大幅度增加，2009 年数值为 1.2，2011 年为 6.0，增加了近 3 倍。数据的增加并不能说明我国粮食质量安全有大幅度的提升，近年来由于我国耕地资源的污染，粮食重金属超标事件不断发生，从报道数量来看呈现逐年增加的趋势，但是缺乏统一科学的统计标准和权威的数据，本书并没有把粮食重金属超标事件的数量纳入指标体系中来，该问题也成为今后探讨粮食安全评价体系的重要课题之一。

（三）粮食流通安全水平亟待提高

图 1-8 给出了从 2000 年到 2012 年间粮食流通安全系数得分状况与实现程度变化趋势。可以看出：粮食流通安全状况可分为三个阶段，第一阶段从 2000 年到 2004 年，是下降期。得分从 2000 年的 17.18 下降到 2004 年的 0.72，该时期正是我国粮食流通体制变革中的双轨制时期，也是粮食流通企业改革的关键时期。第二阶段是徘徊期，从 2004 年到 2005 年，得分在低位徘徊。该时期正是开放收购市场，将粮食流通全面推向市场改革的初期。第三阶段为上升期，从 2006 年开始。粮食流通安全指标得分也逐步上升，从 2005 年的 0.84 上升到 2012 年的 5.3。该时期正是我国粮食流通体制改革的完善期。

从粮食流通安全层面的具体指标变化来看也呈现出巨大差异，见图 1-9。其中，粮食价格波动得分呈现微升的趋势，但是 2004 年、2005 年出现大幅度跳水，得分仅为 0 和 0.8。2007 年以来持续稳定上升，从数据上看并没有受到 2007 年国际粮食危机的影响；粮食流通效率指标采用的是国有企业经营情况的数据，是根据国有粮食企业主营业务成本收入比计算出来的数值。由于客观原因，缺乏 2007 年之前的数据，但从 2007 年后粮食流通效率数值变化来看，其不断呈现下降趋势，属于较低水平，因此如何提高国有粮食企业流通效率与竞争力也成为保障我国粮食安全的重要任务之一；粮食库存消费比是粮食流通安全系数中变化幅度最大的指标，从 2000 年的 14 分降到 2012 年的 1.36 分，这一指标数值的变化与粮食流通企业改革密切相关，随着国有粮食企业改革的逐步推进、流通市场多元化的逐步形成，粮食库存消费比指标呈现快速下降趋势。图 1－10 是我国与世界粮食库存消费比的变化趋势图，从整体趋势来看，我国与世界都呈现逐年下降的态势。2004 年前，我国粮食库存消费比远高于世界平均水平，随后双方之间的差距趋于缩小，但我国仍高于世界平均水平和联合国粮农组织规定的 17% 的安全水平，2004 年以来，我国粮食库存消费比维持在 26%～35% 的水平。

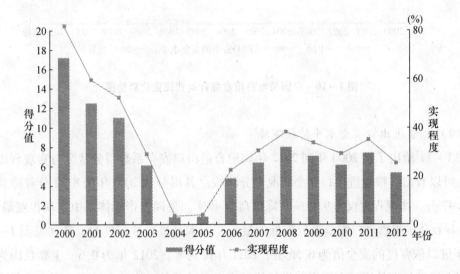

图 1－8 粮食流通安全系数得分与实现程度变化趋势图

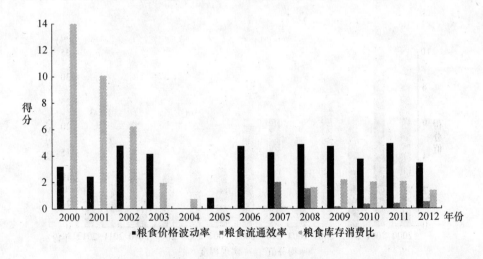

图 1－9 粮食流通安全系数各指标得分状况变化柱状图

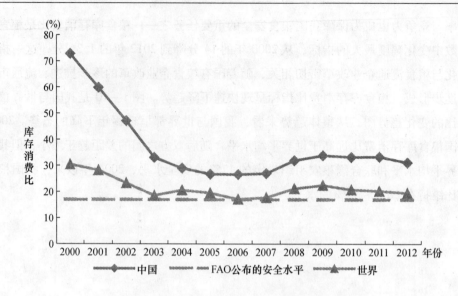

图1-10　中国与世界粮食库存消费比变化趋势图

（四）粮食进出口安全水平持续下降

图1-11给出了从2000年到2012年间粮食进出口安全系数得分状况与实现程度变化趋势。可以看出：粮食进出口安全状况十分严峻。其得分从2000年的8.22分骤降到2012年的2.47分，实现程度仅为9.11%，降幅高达40%，是四大指标体系中实现程度最低的。其中，导致我国粮食进口安全系数降低的最主要因素是进口依存度的上升（见图1-12），2000年进口依存度的安全值为6.56分，2011年降为零，2012年为0.6。主要是因为近年来我国大规模从海外进口大豆引起进口依存度上升造成的。在粮食进出口安全系数中，权重最大的指标是粮食进口集中度，权重比为67%，尽管进口集中度的分数近年来在不断增

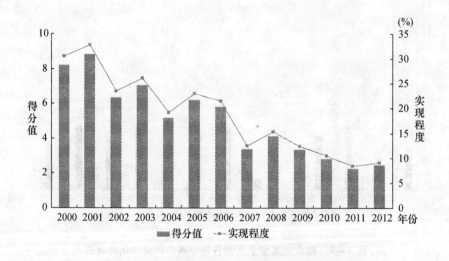

图1-11　粮食进出口安全系数得分与实现程度变化趋势图

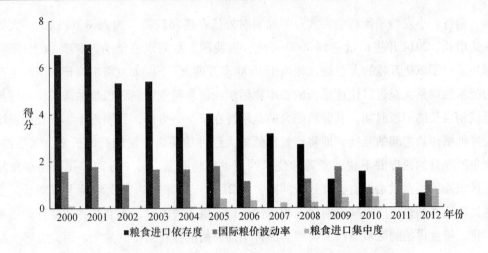

图 1－12　粮食进出口安全系数各指标得分状况变化柱状图

加，但是实现程度是所有三级指标中最低的，2012 年仅为 4%。因此，分散进口国降低进口风险成为今后国家需要调整的战略任务。从国际粮价波动率来看，尤其从 2007 年世界粮食危机以来，出现了大幅度的波动，对该指标的得分产生了一定的影响。但是由于国际粮食价格波动率占整个指标体系的权重仅为 2%，从目前来看，对我国粮食安全的影响仍然是有限的。但是，随着我国粮食自给率的不断降低以及进口依存度的持续增加，可以预计在不久的将来，国际粮食价格波动率对我国粮食安全影响将越来越重要。

第三节　中国粮食安全态势的几个重大转变

一、粮食供给安全由总量问题转变为结构问题

粮食安全的核心是实现一个国家粮食充足稳定的供给。解决中国 13 亿～14 亿人的吃饭问题，必须长期坚持立足国内实现粮食基本自给的方针。国家粮食安全中长期发展规划纲要 2008 年预测提出到 2010 年人均消费粮食 389 公斤、2020 年 395 公斤，粮食自给率不低于 95% 的标准。目前，按照我国人均消费 389～395 公斤计算，全国粮食基本消费量是 10453 亿～10697 亿斤，按照 95% 计就是 9930 亿～10166 亿斤。因此，可以说，目前我国只要保持粮食自给 1 万亿斤以上，粮食就是安全的。而 2014 年 12 月 4 日，国家统计局发布公告，2014 年全国粮食总产量达到 60709.9 万吨（121419.8 亿斤），中国粮食产量实现连续十年增长。这也意味着目前是中国粮食供给数量非常充裕的时期，不存在数量短缺问题。

在此大好形势下也应看到我国粮食还存在结构性失衡的状况，需要警惕。目前，我国

玉米、稻谷、小麦均平衡有余，大豆等油料对外依存度却较高。加入 WTO 以来，大豆进口快速增长，2014 年进口量达到 7000 万吨，占我国大豆需求总量的近 80% 以上；同时，我国还进口了 200 万吨的大豆油，相当于 1000 多万吨大豆。[①] 大豆需求增长和国内生产资源与技术约束是大豆进口快速增长的根本原因。我国养殖业饲料和植物油需求快速增长还将延续相当长的一段时期，其背后隐含的危险性在于，一方面，我国近十年粮食产量增长主要靠种植作物之间的互换，即将产量较低的大豆种植换成产量较高的玉米、水稻种植，粮食单产提升的速度并不快，资源和技术约束也日趋明显。另一方面，我国还存在品种性、区域性的粮食供给矛盾叠加效应问题。从 21 世纪以来国内几次粮价上涨来看，主要是主销区稻谷产量、库存减少所致。当主销区稻谷供不应求时，东北稻谷的库存积压却非常严重。粮食供给的区域结构失衡因为品种结构失衡的存在而得到放大。因此，解决品种和区域的粮食供求失衡问题，对确保我国粮食的总体安全，甚至整体国民经济的平稳、较快发展都是非常关键的。

二、粮食消费安全由数量问题转变为质量问题

随着工业化和城市化的推进，我国人均收入水平提高，国民对畜产品、水产品等间接粮食消费的比例逐渐增加。伴随着食物消费品种的增加，消费者对粮食品质的要求也越来越高，与此同时，农村逐步向城镇发展，无地农民日益增多，日常使用的粮油都要到粮油店、超市去购买。农民对粮油的品质要求也逐步提高，精、细、优质、安全的理念正在粮食消费领域逐步普及。与此形成对照的是，在粮食购销市场化新形势下，粮食流通领域出现了多元经营主体，企业经济效益目标与社会公益性目标的冲突情况导致粮食质量安全风险。随着粮食流通市场的国际化以及我国农产品市场的对外开放和关税税率的降低，粮食（含转基因粮食）进口增加。如何既符合世界贸易组织的规则，又把好进口粮油质量关，是确保国家粮食质量安全的新的重要课题。

今后 10~20 年，按照全面建设小康社会的要求，我国粮食安全目标将从保障人民吃饱向保障人民吃好的目标转变。从不足温饱到实现吃饱是第一次飞跃，从吃饱到实现吃好是第二次飞跃，也是极其艰巨的任务。而目前我国粮食质量监管环节存在多元管理、交叉执法现象，执法职能和管理范围存在漏缺和重复，粮食行政部门与粮食质量相关的行政执法能力和手段有限。这一局面远不适应我国粮食安全由生产主导型向消费主导型的转变，也远不适应这种转变对我国粮食质量监控体制提出的新要求。

三、粮食储备安全由规模问题转变为体制机制问题

国家粮食储备体系是各级政府调控粮食市场的主要手段和物质基础，已成为国家宏观

---

① 黄季焜.新时期国家粮食安全战略和政策的思考［M］//李经谋主编.2013 中国粮食市场发展报告.北京：中国财政经济出版社，2013：174.

调控体系的重要组成部分。据有关部门资料显示,目前中国粮食储备形势处于历史上最好的时期之一,粮食储备规模已达到较高水平。从粮食库存消费比看,重要口粮品种如小麦已达到60%~70%,一般的品种在40%~50%,而国际上要求的最低安全标准是17%~18%。[①] 我国基本形成了"国有库,库有备;市有集,集有粮;户有仓,仓有米"的粮食储备流通格局。

与此同时,我国粮食储备体制机制问题日益凸显,应对国内外粮食市场变化的能力存在不足:首先表现在储备布局方面。粮食公共储备的合理布局是保证储备粮调运效率以及构建粮食产、销区利益衔接机制的关键问题。我国区域间粮食产量呈现不均衡态势,如果将粮食储备在产区,那么一旦出现粮食危机时,受制于交通运输的限制,储备粮的调运将存在困难。另外,粮食储备需要耗费大量资金,而我国的粮食产区往往又是经济发展相对落后、财政实力相对较弱的区域,粮食储备如果都由产区地方政府承担,则会加重粮食产区地方政府的财政负担,造成"穷区补贴富区"的不合理局面。其次是多元粮食储备主体的行为协调问题。中央和地方储备存在利益冲突,当中央动用专项储备向市场抛售粮食平抑市场波动时,地方粮食部门可与之背离并从中获益;地方储备之间会出现一个地区按保护价收购而其他地区不按保护价收购的情况;随着粮食加工业,特别是饲料工业的发展,饲料用粮和工业转化用粮的需求日益增加,企业商业性周转粮食储备规模不断加大,而商业储备的逐利性会导致出现粮食危机时,企业商业性储备与国家储备行为的逆向操作行为。因此,如何构建对粮食储备的计划调节与市场调控之间的协调配合机制,合理发挥多元粮食储备主体的作用,是粮食储备保障体制机制设计必须解决和回答的问题。

四、粮食财政安全由补贴问题转变为效益问题

2001年开始,我国逐渐形成了以直接补贴为主、最低收购价为辅,生产要素补贴和农田基础设施建设相配套的粮食财政支持体系。事实证明,我国粮食直接补贴制度、最低收购价制度均与生态退耕政策存在明显目标矛盾和冲突。如最低收购价制度,按种植面积为标准和按商品交售量为标准实施的直接补贴制度均有利于粮食增产,按计税面积和计税常产为标准实施的直接补贴制度对粮食产量变动无影响,生态退耕制度不利于粮食安全目标。

作为粮食财政支持重点的粮食补贴政策,实行中出现发放程序多、工作量大、操作成本高等诸多问题。财政机构内负责执行的就分数个部门,这些部门往往不是协调一致行动,给工作增加了很大难度。粮食补贴被细化到各机构,如农资综合直补由财政部门中的

---

① 程国强. 中国目前粮食供给形势为历史最好 [N]. 东方早报,2013-12-05,http://www.chinadami.com/dami/2013/120/76749.html.

经济建设口管理，良种补贴、农机补贴由财政部门的农业口管理。① 这种行政化的利益分配方式，代价高，却并不能很好地协调相关主体的利益。总之，从实施状况来看，补贴政策实施绩效并不显著，效益问题已成为改善粮食财政支持体系的中心问题。2014 年，我国启动了棉花和大豆目标价格试点，试点阶段采取生产加成本收益的方法确定目标价格水平，其目的是在立足当前农业生产的基础上，统筹兼顾保护农民利益等因素考虑的。

借鉴发达国家及地区粮食财政支持政策经验可以发现：直接收入补贴已代替价格支持政策成为国际趋势，其中，种植面积和粮食数量是当前国际主要的两种直接收入补贴方式；发达国家和地区均对粮食财政支持政策与生态退耕政策进行了整合调整；发达国家和地区均建立农业风险补偿机制来配合粮食支持政策改革；各国均实行粮食财政支持政策的法制化管理。我国现有粮食财政支持体系建设与其相比尚有差距。

五、粮食流通安全由改革问题转变为发展问题

2004 年国家全面放开粮食购销市场以后，中国粮食流通领域业已进入了充分发挥市场供求机制、价格机制、竞争机制、风险机制和动力机制等在粮食资源配置中的作用的新阶段。随着市场机制改革的深化，中国粮食大市场、大流通、大贸易的格局已初步形成，粮食流通产业与整个粮食产业的关联更加紧密。2008 年以后，粮食流通的对外开放促进了中国粮食流通产业格局的急剧变革。外资以前所未有的速度和规模进入中国，以粮油加工为核心，外资几乎覆盖了粮食流通产业链的各个环节，这也对国内粮食流通产业形成了冲击。粮食流通是联系粮食生产和消费的桥梁和纽带，粮食流通是否顺畅不仅直接关系到粮食产需的顺利衔接，最终也关系到粮食消费安全。而当粮食生产达到安全边际也就是紧平衡阶段时，中国粮食流通产业的发展问题也就成为我国粮食安全保障的关键问题。因此，我国粮食流通领域的主要问题已经由改革转变为发展。

目前我国的粮食流通产业业已得到初步发展，但由于粮食行业开放晚，粮食流通产业起点低，目前，我国粮食流通产业的发展存在以下突出问题：缺乏强有力的规划指导，重复建设和产能过剩问题比较突出；粮食流通基础设施比较薄弱，政策资金投入力度不够；流通主体的组织化程度较低，企业综合竞争实力不强；自主创新成为"短板"，产业发展的科技支撑力不够；等等。就我国粮食流通产业发展整体促进战略而言，正面临转变粮食流通产业发展方式，推动粮食流通经营方式、管理手段的现代化，促进粮食流通经营方式从粗放型向集约型转变，减少流通环节，降低流通成本，提高粮食流通效率和调控效率，实现市场经济条件下我国粮食流通产业又好又快发展的多重任务。核心目标在于构建以优势企业为龙头，以现代粮食物流和加工业为依托，以科技为支撑，高效、通畅、可调控的

---

① 钟钰. 粮食补贴政策发展趋势与政策建议 [M] //李经谋主编. 中国粮食市场报告 2013. 北京：中国财政经济出版社，2013：224.

现代粮食流通产业体系，实现粮食商流、物流、信息流活动的现代化，并借此培育我国粮食领域的世界级跨国公司，构建富有市场竞争力的粮食产业体系，增强与国际粮商同台竞技的能力。通过市场良性竞争能促使我国的各种粮食生产要素向着更能适应粮食消费结构、生产成本更低的地域和人群进行优化配置，从而更有力地保障国家粮食安全。

第二章　中国粮食生产安全

粮食是我国最重要的农业作物，占全部总作物播种面积的 80% 左右。2000 年，全国粮食总产量只有 4.6 亿吨，2013 年全国粮食总产量增加到了 6.02 亿吨，在这一时期，粮食总产量呈上升趋势。近年来，粮食生产安全状况总体向好的趋势发展，2012 年粮食生产安全系数为 36.22（满分 39），实现程度为 92.87%，与 2008 年相比，安全系数得分提高了 10.71，实现程度提高了 27.46%。但是，值得警惕的是，我国粮食生产安全仍面临着越来越严峻的多重挑战，面临着自然资源约束加剧、农民种粮积极性下滑和粮食生产经营体制创新不足等问题。其中，自然资源约束加剧表现在耕地总体质量持续下滑、水资源短缺状况不断加剧和气候灾害呈多发态势等方面；农民种粮积极性下滑主要原因是粮食生产比较收益偏低、种粮主体面临数量和质量双重弱化、农村灌溉设施不够完善等方面；粮食生产经营体制创新不足主要表现在粮食生产组织化程度偏低、粮食生产规模经营水平不足、粮食生产专业化服务偏低等方面。今后，这些问题若不能得到解决，我国粮食生产安全将受到重大威胁。

第一节　自然资源约束日益严峻

一、耕地总体质量持续下降

（一）宜农后备耕地数量不足

耕地是产粮的根本基础，粮食是立国的根本保证。我国人口约占世界人口的 22%，而耕地仅有世界的 9.5%。中央政府多次强调必须确保 18 亿亩耕地红线，其核心内涵就是要保障国家粮食安全的长期战略。然而，为了满足工业化和城市化建设用地需求，大量农业用地转为非农建设用地。尤其在征地制度和集约用地制度失灵的背景下，耕地数量极速递减，后备耕地资源严重不足。即便是现有未被侵占的耕地，也存在管理粗放、闲置沙化与水土流失等现象。[1] 目前，我国耕地面积已减少至 18.25 亿亩，人均不足 1.4 亩，约为世界平均水平的 40%，全国有 666 个县人均耕地面积低于联合国粮农组织（FAO）确定的 0.8 亩警戒线，有 463 个县人均耕地面积低于 0.5 亩。[2] 并且，在快速城市化进程中，我国耕地流失呈现加速态势。1978 ~ 1996 年耕地流失 0.7 亿亩，1996 ~ 2003 年耕地流失 1 亿亩，2003 ~ 2009 年耕地流失 1.2 亿亩。

耕地征用饥渴和强制拆迁冲动，既造成了耕地面积锐减，也增加了粮食生产成本和劳动负担，使农民种粮积极性遭到打击，严重危及粮食生产的安全性。[3] 目前，华北、黄淮海地区的安全性余粮成为维系粤、浙、闽等省份粮食安全的直接来源。但是，华北、黄淮海地区的农业生态环境本身已非常脆弱，如果发生灾情，不仅威胁沿海省份的粮食供给，还可能导致自身也成为缺粮区，特别是河北、山东、皖北、苏北等地。[4] 虽然技术进步、新的种植方式和管理制度能够部分弥补因耕地面积减少造成的粮食产量损失，但客观上，耕地面积减少仍造成了全国粮食的隐形减产。有学者通过计算发现，在 1996 ~ 2008 年，因耕地面积减少造成的全国粮食隐形减产达 2.23 亿吨，相当于 2001 年全国粮食总产量的一半。

（二）耕地质量下降难以避免

我国耕地总体质量不高，保护耕地重数量轻质量倾向普遍。一方面，城市建设占用的耕地往往是城市周边的优质耕地，而新开发整理的耕地往往是劣质耕地，尽管在数量上持平，甚至略有盈余，但总体质量却呈降低趋势。据农业部统计，最近 10 年全国耕地占优补劣导致的粮食减产至少有 240 亿斤。[5] 另一方面，承包户对耕地不具所有权，只拥有使用权，重使用、轻保护的现象普遍，实践中化肥过度替代有机肥施用，造成土壤板结、土层变薄、土壤有机质含量低等问题。

现有耕地中中低产田占 2/3，其中缺磷地占 59%，缺钾地占 23%，缺磷钾地占10%。[6] 据国土资源部耕地分等结果，我国农用地平均等别为 9.80 等，高于平均等别的1 ~ 9 等地占 42.95%，低于平均等别的 10 ~ 15 等地占 57.05%，生产能力大于 2000 斤/亩的耕地仅占 6.09%。[7] 在土壤最肥沃的东北黑土区，坡耕地黑土层厚度已由开垦初期 80 ~100 厘米降至 20 ~ 40 厘米，从开垦至今，整个东北黑土区有机质的含量下降了 60%，并以每年 1‰ 的速度递减，每年流失的土壤养分价值高达 5 亿 ~ 10 亿元。在耕地污染方面，

---

① 王卿，陈绍充. 基于粮食安全视角的"18 亿亩耕地红线"的战略意义研究 [J]. 宏观经济研究，2010 (3)：75 - 78.

②⑥ 居占杰. 我国粮食安全的经济学分析 [J]. 东南大学学报（哲学社会科学版），2011，13 (3)：26 - 30.

③ 叶敬忠，孟英华. 土地增减挂钩及其发展主义逻辑 [J]. 农业经济问题，2012 (3)：43 - 50.

④ 胡小平，星焱. 新形势下中国粮食安全的战略选择——"中国粮食安全形势与对策研讨会"综述 [J]. 中国农村经济，2012 (1)：92 - 96.

⑤ 肖俊彦. 警惕我国粮食安全保障能力下降 [J]. 农业经济问题，2012 (6)：9 - 13.

⑦ 王静，黄晓宇，郑振源，邵晓梅. 提高耕地质量对保障粮食安全更为重要 [J]. 中国土地科学，2011 (5)：35 - 38.

1997 年，我国有 1.5 亿亩耕地受到不同程度的污染，到 2003 年，仅重金属污染的耕地就在 3 亿亩以上。耕地污染元素除汞、镉、砷之外，还包括铀、钍等放射性元素，并且，近年来污染元素含量还呈现持续上升的态势。耕地质量关系到粮食单产水平，优质耕地与劣质耕地的粮食单产差距高达 2 ~ 3 倍。耕地退化和污染等原因造成的耕地质量下降和农业生产能力低下，已对全国粮食安全构成严重威胁。

二、水资源短缺状况不断加剧

（一）水资源短缺且分布不均

水资源在粮食作物生长发育和生理生化活动过程中不可或缺，某种程度上决定了粮食的产量和品质。总体上，我国是个缺水大国，50% 的国土面积年均降雨量低于 400 毫米，人均水资源拥有量不足世界平均值的 1/4。更为严重的是，我国水资源在空间分布上严重不平衡，降雨量大致呈现出东南向西北递减的格局。具体地，81% 的水资源集中分布在长江流域及以南地区，长江以北地区人口和耕地尽管分别占我国的 45.3% 和 64.1%，但水资源却只占全国的 19%，人均占有量相当于全国人均量的 1/5 和世界人均量的 1/20，水资源与生产发展不相适应的程度突出，土地沙漠化趋势日趋严重。我国水资源在时间分布上也很不平衡。一方面，降水量年际变化较大，丰水年与枯水年相差悬殊，水旱灾害频频发生；另一方面，降水的季节差异特别明显，多数集中在夏秋两季。

随着工业化和城市化进程的加快，非农业用水既挤占农业用水，也挤占生态用水，严重阻碍我国粮食综合生产能力的提高和农业可持续发展目标的实现。我国每年可以提供给农业用的灌溉水资源大概为 3600 亿立方米，按灌溉面积计算，水资源量只有 420 立方米/亩，为世界平均值的 19%，按耕地面积计算，水资源量仅为 200 立方米/亩，为世界平均值的 8%。地表水的利用效率低下和地下水的大量开采，造成了水位逐渐降低甚至断层的现象，加剧了水资源危机，为北方地区和西部地区未来的粮食生产安全埋下了较大隐患。目前，我国每年仅农业用水资源缺口就高达 300 亿立方米，全国农田受旱面积每年达到 4.9 亿亩以上，因灾损失的粮食近 600 万亿斤。据预测，到 2030 年，我国农业用水需求量还将增加，供需缺口将进一步拉大。① 只要存在比较收益，农业用水仍将继续被非农业用水挤占。

（二）农业用水污染严重

工业排污、农药化肥残留和农村生活废物污染等造成的水污染问题十分突出。2011年《中国环境公报》显示：在 204 条河流 409 个地表水国控监测断面中，全年 Ⅰ 类水河长占评价河长的 4.6%，Ⅱ 类水河长占 35.6%，Ⅲ 类水河长占 24.0%，Ⅳ 类水河长占12.9%，Ⅴ 类水河长占 5.7%，劣 Ⅴ 类水河长占 17.2%；在 26 个国控重点湖泊（水库）中，全年水质为 Ⅰ 类的水面占评价水面面积的 0.5%，Ⅱ 类占 32.9%，Ⅲ 类占 25.4%，Ⅳ

---

① 颜加勇. 水资源约束下的我国粮食安全的路径选择 [J]. 生态经济, 2010 (12)：151 – 154.

类占 12.0%，Ⅴ类占 4.5%，劣Ⅴ类占 24.7%。数据分析显示，我国湖泊（水库）的水质为劣Ⅴ类的占比较高，且三湖中，除太湖环湖河流总体为轻度污染外，滇池、巢湖环湖河流总体均为重度污染①。水污染已出现由支流向主干延伸、由城市向农村蔓延、由地表水向地下水渗透、由陆地向海域发展的趋势。此外，利用污水灌溉是我国农田的主要污染源。被污染的河流水用于灌溉，对土壤环境产生严重的不良影响，威胁着我国的粮食质量安全。②污水灌溉对粮食造成的一大主要影响就是粮食中重金属超标。据调查，太湖平原的水稻有 50% 已经遭受砷、镉、汞等重金属污染，这一状况在珠三角也相对严重。据环保部估算，全国每年重金属污染粮食高达 1200 万吨，造成的直接经济损失超过 200 亿元。

三、气候灾害呈多发态势

（一）气候变暖危及粮食安全

随着全球气候变暖、极端天气增多和自然灾害频发，粮食减产的概率增大。据估计，未来气候变化对农作物产量损失的影响会上升至 10% ~ 15%。2007 年发布的《气候变化国家评估报告》指出，到 2020 年，我国年均气温将上升 1.1 ~ 2.1℃，2030 年上升 1.5 ~ 2.8℃，2050 年上升 2.3 ~ 3.3℃。气候变暖会通过多种途径影响粮食安全：

一是缩短作物生育期，导致单产下降③。气候变暖会缩短作物生育期，从而影响作物产量。平均气温上升 1℃，水稻生育期将缩短 14 ~ 15 天，水稻品种分蘖速度会因此加快，导致作物穗重和总干重下降，进而作物减产；平均气温上升 1℃，小麦生育期缩短 10 天，从而使干物质累积时间减少，籽粒产量下降；平均气温上升 1℃，玉米生育期缩短 7 天，最终造成玉米减产 5% ~ 6%。气候变化还将使温度继续升高，高温热害、伏旱更加严重，威胁我国亚热带地区的粮食生产。

二是降低粮食品质。以稻米为例，气候变暖将影响稻米外观和品质，如果在开花至成熟期间遭遇高温，水稻成熟天数将缩短，导致精米率下降；如果在灌浆期间遭遇高温，则米粒较硬；稻米蛋白质含量会随气温和 CO_2 浓度的增高而降低，研究显示，在 CO_2 浓度倍增的情况下，冬小麦籽粒中粗淀粉含量增加 2.2%，赖氨酸和蛋白质含量分别下降 4% 和 12.8%；玉米籽粒中直链淀粉、氨基酸、粗纤维、粗蛋白和总糖含量都将下降④。

三是造成病虫害大面积暴发。农业病虫害的发生与气象条件密切相关，我国每年粮食因农业病虫害而减少的产量约占当年粮食总产量的 9%。气候变暖会北移农作物害虫虫卵的越冬北界，害虫虫口数剧增。气候变暖还会增加害虫的繁殖代数，加重农作物的受害程

---

① 2013 年中国水资源现状分析 [EB/OL]．http：//www. china - consulting. cn/news/20130227/s84414. html.
② 赵立飞，刘颖．农业水资源紧缺对我国粮食安全的影响分析 [J]．北方经济，2010（19）：23 - 24.
③④ 周曙东，周文魁，林光华，乔辉．未来气候变化对我国粮食安全的影响 [J]．南京农业大学学报（社会科学版），2013（1）：56 - 65.

度。由于暖冬以及春季高温少水，水稻灰飞虱经常暴发，带毒率明显升高。冬季温度增高，将会促使小麦条锈病的发生、流行加重。病虫害大面积暴发必将增加农药的使用量，从而提高粮食生产成本，并增加药物残留，影响粮食质量安全。

（二）气象灾害危及粮食安全

我国是粮食生产大国，也是农业受气候灾害影响最严重的国家之一。如果不采取积极应对气候变化的有效措施，以中国现有的生产水平和保障条件，气象灾害导致我国粮食生产的自然波动将从过去的 10% 增加到 20%，极端不利年景甚至会达到 30% 以上[①]。与世界其他国家相比，我国农业气象灾害种类众多，包括旱灾、涝灾和极端天气事件等。

旱灾是影响我国粮食生产的首要自然灾害，它是指因气候严酷或不正常的干旱而形成的气象灾害。我国农业旱灾的主要发生区域为北方的黄淮海平原、河套平原以及南方的江南丘陵、云贵高原。在全球气候变暖背景下，华北地区干旱问题在未来 10 多年内不会有缓解迹象。同时，南方雨量丰沛地区的季节性干旱也开始凸显。未来我国农业气象灾害的发生范围有扩大的趋势，发生频率也不断增多。例如，西北地区出现了干旱化的趋势，给小麦、玉米的生产带来不利影响；南方地区部分省份出现伏旱，给水稻生产带来严重威胁。2009 年初，河北、河南、山东、江苏等粮食主产区的 15 个省、市均出现了不同程度的旱情，造成全国 1.36 亿亩作物受旱，其中重旱 3981 万亩。2010 年，中国西南五省份云南、贵州、广西、四川及重庆遭受特大旱灾，耕地受旱面积 1.16 亿亩，其中作物受旱9068 万亩、重旱 2851 万亩、干枯 1515 万亩[②]。

我国大部分地区的年降水量都集中在夏季，年际变化大，洪涝灾害频繁。洪涝灾害对粮食生产的影响具体表现在以下几个方面：一是强降水导致农田出现内涝，农田被冲毁，而且被冲毁的农田土壤肥力流失严重；二是强降水会抑制水稻等作物生长发育，稻田灌水过深，造成含氧量少，使分蘗受抑制，直接影响产量；三是南方地区处于开花授粉阶段的早稻、玉米等作物如受暴雨冲刷，会使授粉结实率受到较大影响，不利于增产；四是持续阴雨天气会导致田间过湿，造成旱地作物根系发黑，生长停滞甚至淹死；五是部分地区在出现强降水的同时还伴有大风、冰雹等强对流天气，这将导致作物倒伏。2010 年，我国极端灾害性天气突发、多发，据统计，我国江南、华南、西南、东北和江淮等地区在2010 年先后出现了大范围强降雨过程，汛情发生早，洪涝灾害种类多，受灾程度重，洪涝灾害造成 1347.1 万公顷农作物受灾，其中 209 万公顷绝收，因洪灾减产粮食 3421万吨。

台风和雪灾是极端天气事件的主要表现，近年来发生频率增多，且危害加强。我国受季风气候影响十分强烈，气象灾害频繁，东部沿海地区平均每年有 7 个热带气旋登陆。

---

① 郑国光. 科学应对全球气候变暖　提高粮食安全保障能力 [J]. 求是，2009（19）：12 - 14.
② 周曙东，周文魁，林光华，乔辉. 未来气候变化对我国粮食安全的影响 [J]. 南京农业大学学报（社会科学版），2013（1）：56 - 65.

2009 年，台风"莫拉克"造成浙江温州、台州、嘉兴、丽水、金华等地受灾，农作物受灾面积 143.2 千公顷，成灾农田面积 66.3 千公顷，绝收面积 17.7 千公顷，因灾减产粮食15 万吨。雪灾是大量降雪造成大范围积雪成灾的自然现象。2008 年初，我国南方出现的雨雪冰冻天气范围广、强度强、持续时间长，使农业遭受严重损失，农作物受灾面积1431.8 万公顷，其中成灾面积 1737.5 万公顷，绝收面积 197.1 万公顷。仅江苏省小麦产量就因雪灾减产 908 万吨，减产幅度达 8%。

第二节　农民种粮积极性下降

一、粮食生产比较收益偏低

（一）粮食生产成本快速上涨

粮食生产成本快速上涨是造成粮食生产收益偏低的一个重要原因。根据《全国农产品成本收益资料汇编》给出的统计数据可以发现，在 2000 ~ 2013 年，我国稻谷、小麦、玉米和大豆生产成本的变动趋势基本相同。在这一时期，粮食生产成本的变动大致可以分为 3 个阶段。第一阶段是 2000 ~ 2003 年，粮食生产成本略有上涨，总体保持平稳；第二阶段是 2004 ~ 2008 年，除大豆生产成本保持平稳外，稻谷、小麦和玉米的生产成本呈现上扬态势，但增幅并不算大；第三阶段是 2009 ~ 2013 年，粮食作物的生产成本都呈现出了快速上涨的态势，稻谷、小麦、玉米和大豆每亩生产成本涨幅显著。

农用生产资料价格大幅上涨导致了农民种粮成本的大幅增长，是导致农民种粮比较效益不高的根本原因。农资是农业生产的物质保障，其价格高低直接决定着农民的生产成本。专业人士指出，如果农资平均涨价 10%，农民种粮成本就要提高 6%。农资价格的上涨是广大农民难以承受、最挫伤农民种粮积极性的，也是制约粮食生产的一大瓶颈。稻谷、小麦、玉米和大豆生产的化肥费、农药费在 2000 ~ 2013 年均有不同程度的上涨，其中化肥费用的上涨更为明显。

（二）粮食平均销售价格偏低

粮食平均销售价格不高是造成粮食生产收益偏低的另一个重要原因。与高企的生产资料价格相比，粮食价格却一直徘徊不前。我国的粮食价格政策一直在权衡消费者利益和农民收入。对于贫困和发展中国家而言，恩格尔系数（食物支出占消费总支出比例）很高，所以高粮价会造成社会的不稳定；但是，压低粮价又会打击农民种粮积极性，从长期来看不利于粮食安全。在 2000 ~ 2013 年，稻谷、小麦和玉米的平均销售价格呈现稳定增长态势，大豆的平均销售价格波动较大，但总体仍呈上涨态势，且上涨幅度要高于另外三种粮食。与生产成本的涨幅相比，粮食平均销售价格的涨幅远远偏低。也就是说，尽管粮食销售价格在上涨，但上涨的幅度远不及生产成本的上涨幅度。

在稳定粮食价格过程中，国家制定了粮食最低收购价政策。2004年，国家第一次制定稻谷最低收购价执行预案，但由于当年稻谷市场价格高于国家制定的最低收购价格水平，因此执行预案并没有启动。2006年，国家第一次制定了小麦最低收购价执行预案，这主要是考虑到当时小麦市场价格下行压力较大和小麦主产区对国家政策托市要求强烈。最低收购价政策的执行时间集中在粮食收获季节，其中早籼稻的执行时间为每年7月中旬至9月底；小麦为每年6月初至9月底；东北三省的粳稻为每年11月中旬至次年3月底，其余各省区的粳稻为每年9月中旬至12月底。从最低收购价格水平来看，2008年以前，国家粮食最低收购价格一直维持同一水平没有变化，其后，最低收购价格水平有了较大幅度的提高。这主要有两方面原因：第一，2004～2007年，国家最低收购价格政策的启动情况不甚理想，市场粮价在多数年份高于政府的托市价格，政策设计的初衷难以实现。第二，2008年全球金融危机爆发以后，国内粮食生产成本较过去大幅上涨，为了保护农民种粮积极性，政府从2008年开始连续大幅提高托市价格水平。

（三）净利润偏低

据统计，近年来4种粮食生产的净利润均在400元/亩左右，总体偏低。在粮食市场化改革之后，尽管稻谷生产的净利润自2005～2011年从192.71元/亩增加到了371.27元/亩，但在2012年又下降到了285.71元/亩；小麦的净利润在2005～2008年呈小幅上涨趋势，但从2009年开始，净利润持续下滑，到了2012年，小麦净利润已下降到了21.29元/亩；与稻谷净利润变动趋势一样，玉米净利润在2005～2011年尽管有小幅波动，但总体仍呈上涨趋势，2011年净利润为263.09元/亩，这与饲料需求量增加有很大的关系，2012年，玉米生产的净利润也出现了下滑，降至197.68元/亩；受低价进口大豆数量扩大的影响，国产大豆生产的净利润受到了很大的压制，近年来生产的净利润基本维持在100～150元/亩。

农民种粮的比较收益低是长期存在的问题。目前，农民每亩地年均净收益不过几百元，只相当于一个劳动力打工七八天的收入。尽管近些年政府出台了各种专项补贴政策，但对于多数粮农或粮食主产区来讲，这些补贴仍然无法弥补其经营的机会成本。有些粮食主产县能拿到几千万元的专项补贴，但相对于它的贡献和没有发展非粮产业的机会成本来讲只是杯水车薪。而且补贴数额的确定只是通过不规范的临时性谈判，而没有长效的运行机制[①]。从粮食生产补贴情况来看，目前国家主要实施了4项粮食补贴：种粮直补、良种补贴、农机具购置补贴和农资综合补贴。

---

① 胡小平，星焱. 新形势下中国粮食安全的战略选择——"中国粮食安全形势与对策研讨会"综述［J］. 中国农村经济，2012（1）：92～96.

　　但是，当前的补贴政策对于促进粮食生产持续发展的动力还不够强，补贴方式有待进一步完善。一是粮食生产补贴资金的规模相对偏小，政策支持力度不够。我国粮食生产补贴资金的主要来源是国家粮食风险基金和中央专项财政补贴，由于财政政策的调整总是相对滞后于农资、农具、种子和粮食市场价格的变化，因此粮食支持政策存在补贴标准偏低、总规模较小的问题。特别是由于地区财政收入差异较大，使得地区间补贴水平不均衡的矛盾比较突出。二是粮食补贴政策的执行成本较高。与一些发达国家依靠社团组织或企业来发放补贴的方式不同，目前我国数百亿元补贴资金的发放基本是由政府部门组织实施的，行政执行成本比较高昂。三是补贴方式有待进一步完善。粮食补贴政策设计目标具有促进农民增收和粮食增产的"双重性"，但在实际操作过程中，基于简化程序、节约成本的考虑，全国大部分地区采取计税面积计算的方式，将资金直接补给农民，这样做有利于农民增加收入，但对于是否种粮没有作甄别和区分，使得促进粮食增产的刺激作用不太理想。

二、种粮主体面临数量和质量双重弱化

（一）农村劳动力大量向外转移

　　伴随着我国经济社会的全面快速发展，我国农业劳动力数量呈现逐年下降趋势，且非农产业劳动力占农村劳动力的比重开始逐年上升。总体上看，我国经济发展对劳动力的需求将呈现规模扩大的总趋势。一方面，第二产业和第三产业持续扩大的劳动力需求将会推动农村劳动力流动规模的进一步扩大；另一方面，随着我国城镇化进程进一步加快，我国进城务工人员流动转移规模也必将进一步扩大。贫困和粮食生产的弱势可能是农村劳动力外流的重要原因，劳动力外流成为家庭和社会用来多元化收入、改善生活和福利的风险规避手段。在我国大部分地区，与进城务工和从事农村第二、第三产业相比，粮食生产的效益较低。农民作为理性经济人，在种粮收益低的情况下，必然会流出农业流向相对高收益的行业。

　　农村劳动力过度和不合理的转移将对粮食生产产生明显的不利影响。农业劳动力过度流动在一定程度上弱化了粮食生产的基础，农村人才流失、农业基础设施建设滞后造成了农业生产后劲不足等问题，劳动力过度或不合理转移会导致农民种粮积极性和土地利用率下降。在农村劳动力机会成本不断升高的情况下，农民被动地选择闲暇，减少劳动投入，或粗放耕种，或缩小粮食作物种植面积和投入，或弃耕撂荒，会引起粮食产量下降。在收入和闲暇的总体效用最大化的驱动下，农民在满足自给自足的生产后，不再对外产生剩余而最终引发粮食安全问题。农村劳动力过度和不合理的转移还会影响土地规模经营。土地资源的双重使用，不利于土地的适度集中。核心劳动力的流失，使土地规模经营失去发展的力量。"候鸟型农民"的存在，造成土地规模经营的前提条件缺失，使土地流转难以进行。

（二）农村劳动力出现"女性化"现象

　　在农村劳动力纷纷走出农业流向城镇这一过程中，率先进入城镇的更多是农村男性劳动力，农村妇女则更多地滞留在农村从事农业生产，农村妇女在农业劳动力中的比重持续

上升，致使从事农业生产的劳动力逐步女性化，人们将这种现象称为农业"女性化"，也有学者将这种分工格局称为"男工女耕"模式。据统计，目前全国农业从业人员男性占46.8%，女性占53.2%；农村外出从业劳动力男性占64%，女性占36%，可见，外出从业人员以男性为主，超过女性28个百分点，而留守在农村的却以女性为主，超过男性6.4个百分点。这一现象在东部地区表现更为突出。

表2-1　农村劳动力结构　　　　　　　　　　　　　　　　　　　　单位:%

	全国	东部	中部	西部	东北
男	46.8	44.9	45.7	48.6	49.7
女	53.2	55.1	54.3	51.4	50.3

资料来源：根据第六次全国人口普查资料统计。

何军等[①]通过对江苏农村劳动力的调查发现，女性从事农业生产是家庭决策分工的结果，但男性劳动力"回流"以及男性劳动力外出务工时间的长短，并不能显著影响女性从事劳动生产的比重，女性从事农业生产的比重在一定时期具有一定的刚性，这表明农业"女性化"的现象已普遍存在。李旻等[②]利用辽宁省农调队2003~2006年4年的固定农户连续跟踪调查数据，对辽宁省农业劳动力"女性化"现象及其对农业生产的影响进行了实证分析。分析表明：2003~2006年农村女性劳动力从事农业生产时间占农户总农业生产时间的比重超过50%的农户均超过30%，即有1/3左右的农户，女性劳动力从事农业生产时间占农户总农业生产时间的比重超过50%。同时，只有不到10%的农户主要由男性劳动力从事农业生产，而主要由女性劳动力从事农业生产的农户的比重达到12%~15%，具体见表2-2。据此可以判断，农业劳动力"女性化"现象已成为事实。

表2-2　农户按女性劳动力从事农业生产时间占农户总农业生产时间的比重分组的分布情况

单位:%

时间比重	2003年	2004年	2005年	2006年
25%以下	9.1	9	7.2	9.1
25%~50%	56.3	59.8	56.3	55.5
50%~75%	19.9	18.9	21.6	20.3
75%~100%	14.7	12.3	14.9	15.1
合计	100	100	100	100

资料来源：李旻，赵连阁.农业劳动力"老龄化"现象及其对农业生产的影响——基于辽宁省的实证分析[J].农业经济问题，2009（10）：12-18.

---

① 何军，李庆，张姝弛.家庭性别分工与农业女性化——基于江苏408份样本家庭的实证分析[J].南京农业大学学报（社会科学版），2010（1）：50-56.

② 李旻，赵连阁.农业劳动力"老龄化"现象及其对农业生产的影响——基于辽宁省的实证分析[J].农业经济问题，2009（10）：12-18.

在传统生产方式下，劳动力的性别结构会对粮食生产产生较大影响，男性农村劳动力与女性农村劳动力之比表示农村劳动力的性别结构。劳动力结构对农业生产率增长具有非常显著的正向影响，农村男性劳动力相对于女性劳动力每增加10%，将拉动农业生产率增加0.98%[①]。李旻等[②]的研究表明，农业劳动力"女性化"不利于农业生产的发展，这是因为，当留守妇女独自承担了原来由男性主导的农业生产时，本来夫妻共同承担的生产劳动就转由她们一力承担，这使她们在劳动过程中不可避免地遇到一些问题和困难。在我国南方劳动力输出省安徽、河南、湖南、江西和四川，由于南方水稻种植的田间劳动需求较高，很多留守妇女改双季稻为单季稻或改粮食作物为经济作物等，从长远来看，这可能会减少该地区的粮食产量。从这个意义上说，农业"女性化"可能对粮食安全造成负面影响。留守妇女在这方面的主要问题是生产资料的选择问题，面对市场上各种各样的种子、化肥和农药，她们常常不知该选择哪一种，不知道哪种化肥、农药更有效，哪个品种效益更好等。

（三）农村劳动力出现"老龄化"现象

种粮的比较收益低或机会成本高，直接引发了农村青壮年劳动力大量甚至"过量"地进入城市务工，农业劳动力结构老弱化的趋势愈加明显。国际劳工组织把劳动年龄人口中45岁以上的劳动力划为老年劳动力，当劳动年龄人口中老年劳动力人口比重在15%以上时，则意味着劳动力老龄化。人口老龄化是中国面临的重大国情，除了生育率下降、平均寿命延长等一般原因外，以中青年为主的亿万农村劳动力向城市工业部门流动，使得农村人口老龄化程度更加严重。第六次全国人口普查结果显示，我国农村60岁以上人口占农村总人口的14.98%，高于城镇相应比例3.29个百分点。从全国层面来看，留守在农村的劳动力按年龄分，20岁以下占5.3%，21~30岁占14.9%，31~40岁占24.2%，41~50岁占23.1%，51岁及以上占32.5%。也就是说，大部分留在农村从事粮食生产的农业从业人员是50岁以上的老年人，与第一次农业人口普查时18.11%的数据相比，50岁以上农业从业人口比重的增加幅度高达14.39个百分点。可见，我国农业劳动力老龄化问题日趋严重，一些新增加的从事农业生产的农村劳动力基本上来自近年来已无法外出务工的中老年劳动力，并且种粮等农业生产的"老人化"现象，显示出一种固态的梯队发展态势。

"老人农业"是指通过家庭劳动力的年龄分工，将老人这一辅助劳动力重新纳入农业生产力领域，扩大劳动的自我开发程度来实现家庭生计配置，这种分工结构维持着小农家庭半工半耕的生计格局。老年人成为务农的主力，也成为空心化村庄的主体，"老人农业"有其存在的物质基础：一方面，老年农民劳动的机会成本很低，从事粮食生产使他

---

① 白雪洁，赵倩. 中国省际农业生产力成长差异及其结构性因素 [J]. 南开学报，2010（1）：127-133.

② 李旻，赵连阁. 农业劳动力"老龄化"现象及其对农业生产的影响——基于辽宁省的实证分析 [J]. 农业经济问题，2009（10）：12-18.

们经济上能自给自足，降低生活成本；另一方面，当前农业主要依赖机械化与生物化学技术，围绕农业生产的服务体系也不断完善，体力已不是主要因素，种植经验更为重要。当前中国粮食九连增的成绩也正是在农村年轻人大量外出造成的半工半耕的背景下，由"老人农业"来创造的。胡雪枝等[1]利用农村固定观测点数据分析得到的结果表明：老年农户与年轻农户在粮食作物种植决策上没有明显差别，老年农户的小麦、玉米和大豆（除水稻外）种植比重并不比年轻农户低；老年农户与年轻农户在粮食作物种植中的主要要素投入水平也没有明显差异，老年农户在水稻、小麦、玉米和大豆等粮食作物种植中的化肥、农药、机械、劳动用工等主要要素投入量均不低于年轻农户；老年农户的水稻、小麦、玉米和大豆等粮食作物单产与年轻农户相比也没有明显差异。由于生产决策趋同和农业机械外包服务的普及，农村人口老龄化并没有对中国粮食生产产生负面影响。

表 2 - 3　我国农业从业人员数量及构成　　　　　　　单位:%

农业从业人员年龄构成	全国	东部	中部	西部	东北
20 岁及以下	5. 3	4. 2	4. 9	6. 4	6. 4
21 ~ 30 岁	14. 9	13. 5	13. 8	16. 5	17. 2
31 ~ 40 岁	24. 2	22. 0	24. 5	25. 3	25. 4
41 ~ 50 岁	23. 1	25. 0	23. 5	20. 6	25. 3
51 岁及以上	32. 5	35. 3	33. 3	31. 2	25. 7

资料来源：全国第二次农业普查数据公报。

　　但是，目前我国农村劳动力老龄化带来的粮食增产是结构性增长，在主粮产量和播种面积不断增加的同时，辅粮却出现了大幅度下降。若把大豆、棉花、食用植物油等农产品的进口量考虑进来，我国的粮食安全形势实在不容乐观。农村劳动力老龄化所创造的粮食丰产很大程度上是源于现代农业发展中资本对土地和劳动的替代，源于不可再生能源对可再生的自然资源的替代。很多专家对未来中国的粮食安全问题表示担忧，如当前务农劳动力多为六七十岁的老人，新生代农民断档，一些地方撂荒现象越来越严重，过去种两季的作物现在也普遍只种一季，由此可能影响复种指数和粮食产量。农业部总经济师陈萌山也对当前农业人才总量不足，农村劳动力和农技人员老龄化引发的农产品供给安全问题表示忧虑。农村人口老龄化对粮食生产有负面作用，会影响粮食产量甚至粮食安全。其原因为不同年龄的劳动力在体力和人力资本两个方面的差异：老年农民体力下降，不能胜任繁重的体力劳动；老年农民一般受教育程度低，思想保守，接受新事物的能力差，不利于采用现代农业技术和生产方式。在我国农村人口老龄化的进程中，新型农民尚未成为种粮的主

---

　　① 胡雪枝，钟甫宁. 农村人力老龄化对粮食生产的影响——基于农村固定观察点数据的分析［J］. 中国农村经济，2012（7）：12 - 21.

体，农村劳动力的老龄化一来减少了种粮劳动供给，二来减少了粮食种植面积，具有明显的"非粮"效应，影响着我国粮食生产安全。

总之，农村新一代大量青壮年劳动力外流进入城市务工，农村老人留守农村种粮这一现象正进一步加剧，并有形成常态的趋势。老弱化并且沿袭传统的小农作业方式，影响着农业先进技术应用等生产效率的提高和自我发展。一方面，留守在农村从事粮食生产等的劳动力没有创业意识，他们留守在农村属于无奈的选择，不会像种粮大户一样靠科学种植、效率种植等增收。另一方面，农户兼业的规模及深度日益加强，我国农户总兼业率已经相当高，超过70%。非农收入成为家庭收入的主要来源，从而逐步降低了对粮食生产等农业收入的依赖，产生了一定的负面影响，种粮等农业生产已经被农户边缘化和副业化，直接威胁到农业基础的稳固和国家粮食安全。

三、灌溉基础设施不够完善

（一）农田水利基础设施投资偏少

我国耕地类别决定了农业生产对农田水利基础设施的强烈需求。根据第二次全国农业普查公报数据，我国现有耕地18.3亿亩，其中8.7亿亩有灌溉条件，占耕地面积的45%，有55%的耕地缺少灌溉条件，基本上是"望天收"。雨水少，有旱灾；雨太多，有涝灾。近几年，全球气候变化影响加大，洪涝灾害频繁，增加了农业稳定发展和国家粮食安全对农田水利建设的依赖。

尽管我国经济规模飞速发展，但水利建设的步伐相对缓慢，与经济发展不相协调。自2000年以来，我国水利建设方面的固定资产投资虽然有所增长，但固定资产投资规模增长速度落后于国内生产总值（GDP）增长速度，表现为水利建设固定资产投资在GDP中的比重非常低，虽然这一比重在2007年后出现了攀升，但仍然维持在0.5%左右的水平。中央对水利建设已经开始给予重视，"十一五"期间，全国共落实水利建设投资约7000亿元，是规划投资的135%，与"十五"期间相比翻了近一番，但水利建设的"短板效应"仍然突出。这说明该时期虽然水利建设投资有所增加，但建设效果不理想，农田水利基础设施的供给不能满足农业生产的灌溉需求。

农田水利基础设施建设与现有耕地灌溉需求之间存在一定的差距，主要表现在：农田水利基础设施供给总量减少，导致抵御自然灾害能力下降；农田水利基础设施供给无法有效满足农业生产需求，出现了多次的旱灾和洪水灾害。西南地区本是降雨量丰富的地区，除了年降水量可达1300毫米以上外，还有丰富的大江大河；出现如此严重的旱情，暴露了农田水利基础设施建设无法满足实际需求的矛盾。2013年7月，江西省萍乡市湘东区旱情持续，超过533.33公顷稻田受灾。与此同时，湖北大部分地区晴热高温，致使18个县市区出现旱情，上百万亩农田受旱。涝灾、旱灾都充分暴露出了当地农田水利设施建设面临的重大问题，也反映出全国农田水利设施建设的严重不完善。

（二）小型农田水利投资和责任主体缺失

在计划经济体制下，水利设施的投资主体是政府。在以市场经济为导向的改革中，对水利尤其是小型的农田水利设施的定位逐渐演变为私人物品，投资主体也逐渐变为单一的受益农户。从政治经济学角度来看，政府逐年减少对农田水利投资直到决定不再对小型农田水利设施进行投资，主要有以下两个方面的原因：一是投资于农田水利设施产生的政治影响不如投资于城市中的其他产业；二是有投资存在的风险和不投资带来的风险。

政府的收益是政绩，面对一笔财政支出，政府可以选择投入农业，也可以选择投入其他产业。假设同一笔投资投到农业与其他产业的收益函数是一样的，但是由于农业人口众多，投资的人均收益就不是那么明显，农民或者是各级政府官员的感受不会那么强烈；相反，投资于其他产业，由于就业人数远少于农业，少量投资就会带来较强的感受。各种宣传机构对基层政府的宣传，使政府官员感到投资于农业的风险很大，若投资得当，农民不会懂得如何大力宣传这一行为，投资不当则成为媒体批评的对象，给政府官员的政绩带来损失；相反，若投资于其他产业，受益者会通过各种媒体对政府官员的行为进行宣传，有助于提升该政府官员的政绩。不投资于农业的风险要小于不投资于城市的风险，若政府对城市的投资不足，则城市居民会通过各种媒体抱怨，甚至采取一些过激行为，这样不投资于城市的风险就非常大。反之，不投资于农业，除非在极端情况下，否则不会威胁到政府官员的政绩，农民也不容易找到代言人来抱怨。

当前农村涉及水利部门的主要是水费，县水利局和水利站是水费的主要使用者。每年收上来的水费实际到水利站的只是人员经费，因此失去了"以水养水"的功能。除此之外，乡镇政府和村级组织还能从水库或者水塘承包中获得一定的收入，大一点的水库归乡镇管，一般承包费归乡镇；小水库和小水塘收入则归行政村；自然村的收入也有一部分来自水塘的承包费。在对水利投入上，乡镇和县市一级政府投入较少，行政村和自然村将来自水库和水塘的承包费用于水利，实现"以水养水"的比较多。基层水利部门在农田水利建设上比较尴尬。农民缴纳了水费，水利部门把水费变成了行政事业费，水费不能实现"以水养水"；而且农民缴纳水费增加了农民的经营成本，在正常年份每亩地上花费的水费、水资源费、灌溉费用合计平均在60元左右，已经成为了农户经营中除农药之外的第二大支出，在干旱年份灌溉费用会更高。

在市场经济条件下，农民在考虑农田水利建设时，一是支渠以上的投入包括干渠、水库等蓄水设施的维护非单个农户能力所及，二是农村的水利设施绝大多数处于共用状态，单个农户拥有一条灌溉支渠的情况非常少，在产权界定不清的情况下，农户投资会产生外部性，农民往往选择不投资。长期以来，小型农田水利建设产权不明晰、用水制度不完善和管护维修机制不健全，很多地方末级渠系和田间工程多年没有投入，村集体、农民用水组织管理和维护不到位，大量小型农田水利工程和大中型灌区的斗渠以下田间工程"有人用、没人管"，导致老化破损。灌区末级渠系工程配套不完善，"田间一公里沟渠"严重缺失，灌溉渠道质量差，渠道设置不合理，渠系运行和维护资金严重缺乏。

第三节　粮食生产经营体制创新不足

一、粮食生产组织化程度偏低

从粮食产业内部来看，标准化、规范化生产要求较高的行业，如绿色、有机食品的生产，优质稻米加工领域的合作经济组织发展较快，特色粮食作物领域的合作经济组织发育较好。所谓特色粮食，是指只适合在一定区域条件下种植的稀有粮食品种，或者较其他地区品质上乘的产品。小杂粮专业合作经济组织是我国特色粮食合作经济组织的一个主要类型，目前国内外市场对名优品种的小杂粮需求不断，甚至供不应求。

（一）农村"能人"的缺失

高素质的从业人员是一个产业发展的前提。当前的农村，务农人员素质不高，文盲、半文盲所占比例很高。低素质务农人员只能按传统方式种粮，缺少组织起来改变传统生产方式的内在动力。另外，他们有着浓厚的小生产观念，思想封闭保守，甚至有些人还处于愚昧状态，不信科学而信迷信，这些人不可能研究农业未来的发展方向，也没有愿望组织起来进行协作经营，改变传统生产方式。他们的组织化观念淡薄，加入组织的积极性不高。组织化的发展离不开农村"能人"。在农村，那些有组织能力的"挑头人"和具备各种专业技能的本土人才，利用他们的市场意识、各种专业技能以及他们在村里的权威，把广大农民组织起来发家致富，使广大农民深刻体会到组织化的好处。然而，农村优秀人才流失问题严重。改革开放以来，随着经济的发展，大量"农民工"开始进城，农村中那些观念新、具有冒险精神和开拓意识，同时掌握一定的技能和具有组织能力的中青年很多已走出农村进城务工。如孔祥智等[①]的调查显示：超过样本50%的农民合作经济组织技术人员不足10人，技术人员达10～20人的农民合作经济组织占样本总数的21.9%，两项合计，75%的农民合作经济组织的技术推广队伍不足20人。

农民合作社的经营管理者需要有一定的知识技术水平才能带领合作组织参与市场竞争。但是，受基础条件限制，合作组织的经营管理者普遍文化水平不高、管理能力较差，不能跟上瞬息万变的市场。并且很多农村专业合作经济组织生产技术低水平徘徊，获得信息渠道不畅，很容易导致生产和经营决策判断的不准确。农村专业合作经济组织中的农民

---

① 孔祥智，张小林，庞晓鹏，马九杰．陕、宁、川农民合作组织的作用及制约因素调查［J］．经济理论与经济管理，2005（6）：78～87．

带头人大多数综合素质不高，适应市场经济的意识和能力不强，懂技术会管理、市场开拓能力强的复合型人才更少，限制了其发展。

（二）缺乏必要的资金扶持政策

资金短缺是当前农民组织发展的瓶颈。各种农村经济组织获取资金的主要途径是社员自筹、外部股金和自我资本积累，缺乏政府和金融机构的大力支持。政府划拨的财政资金，大多转变成了行政和事业性费用，真正到农民手中的并不多。而扶持龙头企业的资金，大多为企业所占有，返还给农民的也很少。与此同时，农民组织自身的成立和运营会产生各种费用，这势必增加农民的非农投入，最终导致农业生产的成本上升。按照经济学的边际分析，只有当农民组织带来的边际收益大于或等于它的边际成本时，组织化才"有利可图"。而在没有更高的效益去弥补这块成本之前，组织的高效益就变成了低效益，组织化对农民就失去了吸引力。

近年来，虽然我国对农业领域加大了财政支持，但是在支持过程中，却没有出现良好的正效果。也就是说财政政策虽好，但并没有达到预期的效果，农户或者农民组织反而出现了没有真正感受到优惠、贷款难等问题。当农民组织要实行某项大的战略或者其他方面需要大量资金时，依靠社员自筹和自我积累的资本是远远不够的，而一般最正规的途径是向农村金融组织贷款，获得财政政策的支持。但是，从财政政策的实行角度而言，却存在三个问题：一是农村金融组织功能错位。二是农村信贷资金通过各种金融机构发生大量的净流出。三是农村金融服务供给主体缺位。在无法得到财政支持的情况下，财政政策优惠也就成了一张白纸。当然，有些农民组织会将目光投向民间借贷，但是民间借贷却一般存在利率高、关系混乱等问题，使得农户组织不敢为之，这也就不难理解为何会出现农民融资难的问题。这种内在矛盾使得农民或农民组织并没有从国家所说的财政政策中得到实惠，自然就无法谈及农民组织的发展。

二、粮食生产规模经营水平不足

种粮大户是为了进行规模化经营，在一定条件下由农户跨区、跨村、跨屯转入土地逐渐形成的。从划分标准来看，在北方地区一般将拥有100亩以上耕地的农户统计为种粮大户，南方则以30亩为标准。从土地组成来看，北方地区的种粮大户中，有53.72%的土地来自自家承包地，25.8%来自土地短期流转，10.83%来自长期租赁，1.45%来自拍卖。南方的种粮大户中，有22.71%的土地来自自家承包地，54.38%来自短期流转，14.24%来自长期租赁，1.06%来自拍卖。种粮大户为稳定市场供应、保护国家粮食安全提供了重要保障。目前，种粮大户数量在迅速增加。调查表明，当前我国100亩以上的种粮大户约47.84万户，经营的耕地面积达到9744.08万亩。其中，黑龙江省和黑龙江垦区的规模种粮户合计超过了30万户，内蒙古自治区和吉林省的种粮大户均超过5万户。种粮大户全年的粮食产量已达到相当规模。黑龙江垦区、黑龙江省、内蒙古自治区的种粮大户所生产的粮食分别占到垦区和当地粮食总产量的 84%、27.5% 和 18.51%。[①]

（一）耕地细碎化现象持续存在

耕地细碎化是指每个农户的土地分为零碎的几块，农户所拥有土地的地块大小不一，距离远近不等。从微观上看，这一现象产生的原因包括：铁路、公路、基础设施建设导致优质耕地被"大割小"；农业生产中一户多田导致现有耕地的细碎化经营；补充耕地分布零散导致新增耕地细碎化。[②] 根据澳大利亚阿德莱德大学和农业部政策法规司对四川、河南、山东、吉林和江西五省共 1000 户的调查数据，我国每户平均拥有 4.7 块土地，平均地块面积仅为 1.7 亩，最多的农户共拥有 33 个地块。[③] 另一组数据显示，2003 年我国农户家庭平均土地经营规模为 0.368 公顷，户均有土地块数为 5.722 块，平均每块大小为 0.088 公顷，其中，东部地区由于人地比例较高，农户家庭平均耕地经营规模为 0.296 公顷，户均有土地块数为 3.850 块，平均每块大小仅有 0.077 公顷，有些地区，分散化、细碎化程度更为突出。[④] 据农业部农村固定观察点追踪调查，1986 年全国户均土地规模为 0.61 公顷，1991 年下降为 0.51 公顷。尽管我国土地整改已久，但效果甚微。[⑤]

以耕地细碎化为基础的农业生产的主要特点是土地零散、条块分割、个体经营、分散作业，既不利于规模集约经营和农田水利基本建设，也不利于大型农业机械的使用和现代农业科技的推广应用，成为提高农业生产专业化水平和提高农业生产规模效益的现实障碍，严重制约着农业现代化的发展。耕地细碎化形成的过密型农业生产模式，在城市经济发展对农民工巨大现实需求的撕扯下形成的兼业农民，使农业生产愈加小规模经营，生产成本越来越高，务农报酬越来越低。从农户角度看，由于耕地面积的细化，不能有效地使用大型农业机械，迫使农户独立购置小型农业机械，导致农业机械重复投资现象非常严重，给农民造成了比较沉重的经济负担。在农业生产的投入方面，几乎每家都要购置农业机械，但农用机械的利用率相当低，闲置时间较长。

土地细碎化降低粮食产量的传导路径有两个：一是减少农户化肥等农业生产资料投入，从而抑制了本应生产出来的粮食产量；二是增加了农户的投工量。实际上，不同农户为了明晰各自拥有的地块，需要拿出各自土地的一部分作为土地边界的划分而不再用于农业生产，从而降低了农业产量，农地细碎化浪费了农地的有效使用面积。农地细碎化对于粮食产量具有较大的负面影响，以产量大省河南省为例，据估算，细碎化浪费了河南

① 陈洁，罗丹. 我国种粮大户的发展：自身行为、政策扶持与市场边界 [J]. 改革，2010 (12)：18 - 27.
② 关于加强耕地质量保护和建设的思考建议 [EB/OL]. 中国国土资源报网，2013 - 09 - 23，http://www.gtzyb.com/lilunyanjiu/20130923_ 49224. shtml.
③ 叶春辉，许庆，徐志刚. 农地细碎化的缘由与效应——历史视角下的经济学解释 [J]. 农业经济问题，2008 (9)：15 - 23.
④ 2003 年农村固定观察点农户数据汇总 [EB/OL]. http：//www. rcre. org. cn/rcrezl/2003sj. htm.
⑤ 孙谦. 我国农地细碎化现状下的农业可持续发展 [J]. 价值工程，2013 (10)：325 - 329.

5%～8%的农地，粮食减产500万吨。[①]

(二) 耕地难以集中

推行规模经营最重要的条件是劳动力转移和农业机械化水平，只要这两个条件具备就可推行土地规模经营。目前我国大部分地区，尤其是粮食主产区，这两个条件都已具备，按理说推行适度规模经营的条件也成熟了，但是目前我国粮食生产的规模依然很小，主要原因是什么呢？就是土地集中的问题，土地难以集中是推行规模经营的难点。土地集中和规模经营是相辅相成的，要实现规模经营必须先集中土地，而搞好土地的规模经营，又能促进土地的进一步集中。而目前农村土地使用权的分散却在很大程度上阻碍着规模经营的实现，没有农村土地流转，就无法做到土地集中，使得规模经营成为一纸空谈。目前，农村土地流转比例低，土地流转面积占耕地总面积的比例一般在20%以下，有的地方甚至更低。

非农业收入不稳定、土地流转机制软弱且不规范造成土地难以集中，土地流转制度不完善和操作不规范以及社会服务和保障体系不健全等不利因素，阻碍了农地规模经营的发展。大量农村青壮年劳动力转移到城市从事第二、第三产业，从事农业生产的劳动力已经缺乏，但是缘何土地集中的程度还是很低呢？农村土地集中程度滞后于农村劳动力转移速度的根本原因是农民进入城市不仅要有稳定的工作和收入，还要有自己的住房，这样高的要求普通进城打工的农民是根本达不到的，他们也不可能转变成为城市市民。实践中，农民进城务工还要受到诸多限制。农民进城工作，非农收入不稳定，生活缺乏保障必然使其保留农村土地。

对于流出方而言，有以下制约因素：第一，农村社会养老保险机制不完善，由于社会保障制度不可能在短时期内覆盖农村社区和农民群体，部分农民担心土地全部流转出去后生活没有着落。思想上有顾虑，不愿交出土地承包经营权，担心流转出的土地收益难兑现，极少数的农民甚至存在"金不调、银不换"的思想，具有"土地就是命根子"的观念，认为"家中有地，心里不慌"。第二，很多农民对土地流转政策不了解，对土地流转认识不清楚，弄不清土地所有权、承包权和经营权三者之间的关系，害怕土地承包经营权流转后会失去自己的承包地，部分农民认为土地一旦流转给合作社、企业、大户，土地收益无法得到保障，因而不敢大胆参与流转。第三，农民非农收入不稳定阻碍流转。农村土地能否进行流转，在很大程度上取决于农民能否有稳定、可靠的非农收入。一般农村劳动力转移以外出务工为主，这部分农村劳动力转移往往只是有一定文化知识和劳动技能的青壮年劳动力，其他家庭成员仍居住在农村，从事农业生产，他们依靠承包地维持基本生活，如果没有良好的、稳定的经济收益保障，农民对土地的依赖性仍然较强。并且由于农民的非农收入不够稳固，农民视承包的土地为其生活保障的最后一道防线，"不敢"流转

[①] 耕地保护不可退缩 [EB/OL]. http://210.73.78.72/bjgc/bjgcnew/nr/201309/20130912.html.

土地。可以看出，农民之所以不愿意进行土地流转，主要原因是没有可靠的非农收入，务农收入在农民家庭收入中还是占有重要的地位，农民怕流转土地后这部分收入就不稳定了或者是这部分收入减少了，所以农民才不愿意进行土地流转。农村社保体系不健全，农民对土地的依赖性很大，从而不愿意把土地流转出去。

对于转入方而言，存在以下制约因素：第一，生产成本上涨较快，种粮收益不稳定。表现在：种粮大户自家劳动力常常不能满足生产所需，雇工现象普遍；农资成本高涨；土地流转费用高；农机具购买成本和服务成本有大幅增加。第二，有些地方由于当地自然条件及基础设施等条件制约，农田水利基础设施较差，尤其是丘陵山区，地块小且不平整，水、电、路建设滞后，土地集中流转难度较大，不利于规模经营和大型机械作业。流转后的耕地绝大多数都是零星分散的，无法集中连片，形成不了规模经营，经济效益差。第三，粮食生产的自然风险大，销售价格偏低。2008 年，有 30 个省份提供了种粮大户的经济损失情况，这些损失总计 43.82 亿元，其中，病害损失 17.05%、自然灾害损失 44.35%、意外损失 1.64%、市场波动 36%，自然灾害损失与市场波动对种粮大户的影响最大，两者加起来占到了经济损失的 80% 以上。而且，绝大多数种粮大户没有烘干和仓储设备，又迫于上缴租金、还贷款等巨大压力，多数农户只能选择一经收获马上销售农产品，这使得他们在销售环节的损失也比较大。第四，取得信贷资金不足，缺乏投入能力。对 31 个省份的调查表明，2008 年种粮大户户均得到贷款 1.2 万元，每亩贷款 87 元，其中，规模在 30～49 亩的种粮大户户均得到 2000 元，每亩经营面积仅获得贷款 53 元。而有 321152 户、108597 户、37490 户、11809 户、2686 户分别需要 5 万元以下、5 万～10 万元、10 万～20 万元、20 万～50 万元、50 万元及以上的贷款。粗略估计，这 48 万多户种粮大户至少有 270 亿元以上的贷款需求未能满足。第五，土地流转服务不够，长期投入受到制约。当前，种粮大户转入的土地期限普遍较短，其中 51.21% 的种粮户的土地流转期限是 1～2 年，19.72% 的种粮户的流转期限为 3～5 年。而且不少土地流转采用的是口头协议，没有书面合同，导致纠纷不断。由于长期收益不能为自己所获得，种粮大户普遍缺乏长期投入的积极性。调查结果显示，在土地平整、改良、基础设施建设方面进行投入的种粮大户不足 10%。[①]

（三）耕地流转机制尚不健全

我国相关部门还没有出台有关农村土地流转的法规和明确具体的政策，也没有制定完善的土地流转制度。这些导致土地流转中主体不明确，地方政府强行干预的现象时有发生。有关积极引导农村土地流转的政策文件和鼓励土地流转的具体措施还不够，各类农业项目也很少向农村土地流转倾斜。由于缺乏合理的土地流转机制，缺乏法律依据，缺乏相应的价格评估、补偿机制，我国土地分等定级与估价工作刚刚起步，缺乏相应的对转让土

---

① 陈洁，罗丹. 我国种粮大户的发展：自身行为、政策扶持与市场边界 [J]. 改革，2010 (12)：18～27.

地的合理经济补偿标准和规定，被流转出去的土地得不到应有的价格补偿，从而极大地影响了农户流转土地的积极性；而有能力进行规模经营的农户和想投资于农业的企业，担心因土地流转机制不健全导致投资后出现麻烦，这无疑增加了推进土地规模经营的困难。

土地流转中制度不完善和操作不规范。我国现有的体制对土地集中经营者的约束能力还处于低水平，缺乏对农民权益的有效保障机制。农民对土地集中经营后的补偿、监督和制约机制缺乏信任。土地集中经营之后，采取什么样的经营方式是农民最为关心的一个大问题。农民将自己手中的土地转出集中经营以后，他们或从中得到一定的补偿，或入股参与经营。另外，由于农村土地经营的特殊性，如何保证经营人员的素质，也是农民关心的问题。土地流转市场化程度低，缺乏中介组织。现阶段虽有专门从事农村土地流转的乡土地流转服务中心，但职能发挥、中介作用、跟踪服务尚不到位，农村土地流转因缺乏土地市场信息而不能及时传递给供需双方，从而导致了土地流转成本较高，流转效益较差。目前还没有完备的土地流转中介组织，没有形成土地流转的市场化运作，土地流转大多由村社自主进行，乡镇一级没有对完善的流转合同和流转意向备案，导致土地流转的供求信息闭塞，交易管理的难度也比较大。出现农户要转转不出、业主要租租不到的局面。

三、粮食生产专业化服务偏低

（一）基层农技推广服务落后

从总体上讲，我国农技推广服务体系还是一种政府主导式，对新型农技推广服务组织缺乏有效的引导和管理。传统的政府主导型农技推广服务体系无论是从服务目标、内容还是手段上看，已经不能适应多元化农业生产经营主体的要求。尽管农业部、财政部2013年将在各地推荐的基础上重点建设100个左右全国农技推广示范县，但就全国范围而言，基层农技推广服务仍较落后，不利于粮食生产的持续增产。具体表现在以下方面：

一是科研和推广脱节，农业科技推广设施条件差、技术落后。从农业科技推广体系的环境来看，农业科技推广与农业科研、教育分离，系统间相互协调困难，难以产生协同效应，弱化了农户应用科技的积极性及主动性。由于科技供给系统和应用系统之间缺乏足够的信息交流，农业科研成果与农业生产实际经济利益脱节，使农业科技研究、推广和应用主体都缺乏积极性。由于体系不畅，作为市场主体的农户，往往需要的技术得不到，得到的技术又不需要，造成供求矛盾。目前看来，农业科研和推广脱节的现象较为普遍，科研教学单位的研究成果农民不知道，农技人员不清楚，技术成果转化通道不畅。基层农技推广机构设施条件差、技术落后的局面仍未得到根本改变。乡镇农技推广机构办公条件差，办公地点不固定，缺少电脑等基本的办公设备和交通工具，缺少培训的场所和检验检测仪器设备。这也导致了很多基层农技推广机构推广方式陈旧，沿用"摆个摊摊搞技术服务，发发明白纸搞技术咨询，办个培训班提高农民技能"的方式。面对现代农业的发展，经营方式的转变，这些方式既不能满足种养殖大户的个性需求，也不能诱发小农户使用新技术的兴趣。

二是基层农技推广人员数量少、年龄大、知识结构老化。人是提高生产力的"活"要素，农业劳动生产率的提高、农村落后面貌的改变、农民收入的持续增加，都需要源源不断的人才资源供给。以吉林省为例，目前农技推广队伍存在着青黄不接、知识老化、专业结构不合理等现象。通过对吉林省部分产粮大县的调查，基层农技推广部门中，大学本科以上学历占 6.5%，大专学历占 25.6%，中专学历占 48.3%，高中学历占 19.6%，而正规学校毕业、专业对口的只占 28.6%，其余均为第二学历。技术人员占在岗人员的76.9%，而其中专业对口的仅占 60.1%。40 岁以上技术人员占有财政编制人数的52.1%，而 30 岁以下人员只占 12.6%，其中部分为复转军人，无正规学历。[①] 湖北钟祥市 49 名农技服务人员要负责近 120 万亩农田，人均 2.5 万多亩。此外，年龄大、学历低、知识结构老化的问题突出。由于条件差、待遇低，农技推广人员年龄普遍较大，年轻人不愿从事这项工作，很多县反映近几年基本没有年轻人进到农技推广部门。现有的人员中，有大学本科学历和中高级职称的少，知识结构无法适应日新月异的农业科技。河南省县级农技推广机构实有人数中，专业技术人员仅占 56.5%，本科及以上学历仅占 13.1%。内蒙古大学本科以上和中级技术职称以上的农牧业科技推广人员分别仅占总数的 28.4% 和49.4%，很多农技人员自工作以来未参加过系统的专业知识培训，承担农业新技术的试验示范能力不强，教会农民运用农业新技术能力不够。

三是农技推广经费短缺，财力投入不足。我国农技推广总投资强度一直比较低，远不及工业化国家 30 年以前的水平。农业推广人员人均经费不到发展中国家的一半，农民人均占有的农技推广投资不及低收入国家的 50%。[②] 农技推广经费短缺，致使有实质意义的农技推广工作难以开展。虽然绝大多数地区都明确了基层农技推广的公益性定位，但一些地区仅将人员工资纳入了财政预算，农技推广工作经费未列入财政预算，完全依赖于项目经费。"有钱养兵，无钱打仗"的问题普遍存在。总体看，与同级别的乡镇工作人员相比，农技推广人员收入水平偏低的现象较为普遍。

（二）农机产业化服务水平偏低

农业机械化程度的提高，对促进农业生产力的提升起到了至关重要的作用。国家历来重视提高农业机械化水平，2004 年中央一号文件首次明确提出，对农业生产经营主体购置和更新大型农机具给予一定补贴。2012 年中央一号文件进一步提出，扩大农机具购置补贴规模和范围，进一步完善补贴机制和管理办法。在相关政策强有力的支持下，我国农机化进程逐步加快，综合机械化水平预计达到 60%。现阶段我国农机服务产业化发展势

---

① 邵喜武，徐世艳，郭庆海．政府农技推广机构推广问题研究——以吉林省为例［J］．中国农技推广，2013（4）：67 - 74.

② 胡瑞法，黄季焜，李立秋．中国农技推广体系堪忧——来自 7 省 28 县的典型调查［J］．中国农技推广，2004（3）：12 - 18.

头强劲，但也存在诸如农机服务总量不足、结构不合理、组织规模小、服务人员稀缺等问题。

一是农机总量不足，结构不合理。农业机械是农机服务产业化的物质基础，农机化程度直接关系到农机服务产业化的发展。尽管我国农机水平有了较大程度的提高，但仍存在许多不足。主要表现在：①总量不足。与国外相比，我国农机化水平还存在一定差距，从2008年的数据看，我国每千公顷耕地使用农用拖拉机24.62台，略低于美国的25.75台，与荷兰的135.01台和新西兰的169.09台相比差距明显。我国每千公顷耕地使用联合收割机6.11台，而日本和韩国分别为222.1台和54.9台。②结构不合理。从2011年的数据看，河南、河北和山东三个粮食主产区农用机械总动力占全国的34%，大中型拖拉机占22%，小型拖拉机占39%，联合收割机占40%，而西部12个省份的农用机械总动力、大中型拖拉机、小型拖拉机、联合收割机分别仅占全国的24%、34%、17%和10%。同时，河南、河北和山东3省的单位播种面积的农机总动力为0.97万千瓦/公顷，大中型拖拉机为28.27台/公顷，小型拖拉机为208.47台/公顷，联合收割机为13.12台/公顷，均高于西部12省份的0.43万千瓦/公顷、28.17台/公顷、57.33台/公顷、2台/公顷。农机总量不足和结构不合理是农机服务产业化面临的问题之一，制约了农机服务产业化的进一步发展，限制了农机服务产业化在全国的全面推广，农机化水平还有待进一步提升。

二是农机服务组织规模小，形式单一。农机服务组织既是实施农机服务产业化的主要载体，又是推进农机服务产业化进程的重要力量。虽然近年来农机服务得到较快发展，出现了多种形式的农机服务组织，但还是不能满足农机服务产业化的要求。比较突出的问题有：①农机服务组织规模小。除了东北、华北地区的农机服务组织规模较大、作业能力较强外，全国其他地区农机服务组织规模普遍较小，呈现小而散的格局。特别是西部地区，农机服务组织规模小，对农业生产的带动能力弱。②组织形式过于单一。现有的较大规模的农机服务组织主要是农机大户型，合作组织型和政府带动型的农机服务组织规模较小，农机服务市场基本上被农机大户所垄断，市场竞争的不完全使得农机大户在为农户提供农机服务时通常收取较高费用，导致了农户收益的减少，同时抑制了农机合作社的发展。农机服务组织规模小和组织形式的过于单一，不利于农机服务组织的成长，农机服务组织发展滞后在一定程度上阻碍了农机服务产业化的推进。

三是农机服务有效需求不足。农机服务产业化是以市场化为导向，农机服务逐渐发展成为独立的服务行业的过程。农机服务是市场经济条件下的一种服务产品，其实现产业化发展的根本是市场需求。当前随着农村劳动力的不断转移，迫切需要将农业机械投入到农业生产中以弥补劳动力不足带来的损失。但是，农业生产还仅仅是产生对农机服务的需要，尚未形成有效需求。除东北、华北地区外，全国其他地区农业生产规模普遍较小，以农户家庭经营为主的农业生产不可能购买农机服务。虽然近年来实施的土地流转政策在一定程度上促进了农业规模化生产，但现阶段全国大部分地区的农业生产规模还未达到农机大面积作业的要求，农业生产规模过小不仅会提高使用农机的单位面积成本，还会降低农机的使用效率。这使得农机服务有效需求不足，影响农机服务产业化的进程。

四是专业农机服务人员稀缺。农机服务产业化是一个系统的过程，需要大量的专业人才共同实施和完成。现阶段，我国农机服务人员稀缺，尤其是农机操作人员、农机维修人员和农机服务管理人员稀缺。专业人员的缺失与日益繁重的农机服务工作的矛盾逐渐凸显出来，导致农机服务作业效率和管理效率的下降，不利于农机服务的进一步发展。农机服务需要依靠农业机械和专业人员来共同完成，专业农机服务人员的稀缺降低了农机作用的发挥，导致农机服务产业化发展缓慢。

第三章　中国粮食消费安全

粮食安全是所有国家都十分重视的战略性问题，它不仅关系到社会的安定、政权的稳定和经济的增长，而且直接关系到人民的生存。^① 过去研究者们一直重点关注粮食的数量安全，即粮食总产量是否满足基本消费需求。然而事实上，不同时期所面临的具体粮食安全问题必会有所不同，当今社会粮食数量安全的隐患主要体现在低收入群体的粮食可获性上，而消费者关注的重点是粮食质量安全问题。根据粮食安全指标体系测算，中国粮食消费安全系数波动较大，2008 年粮食消费安全系数及其实现程度分别为 10.94 和 84.15%，到 2010 年下降至最小值，分别为 3 和 23.08%；到 2012 年，中国粮食消费安全系数及其实现程度略有上升，分别为 6.87 和 52.85%。从现实情况来看，中国粮食消费安全系数波动较大，保障低收入群体的粮食可获性仍然是现阶段需要重点关注的问题。另外，粮食质量安全亦面临种种挑战，一方面，粮食生产环节农药和重金属污染日益加剧；另一方面，粮食加工环节普遍存在添加剂超标，安全事件频频发生，粮食消费质量安全不容乐观。粮食是保障城乡居民基本生活的必需物资，因此，保障粮食消费数量和质量安全具有重要的战略意义。

第一节　粮食消费数量安全存在隐患

一、粮食消费总量持续增加

（一）粮食消费结构转型升级

粮食消费需求及其消费结构受人口规模、居民生活水平、城镇化水平等因素的影响。

---

① 朱晶，钟甫宁. 从粮食生产波动的国际比较看我国利用世界市场稳定国内供应的可行性 [J]. 国际贸易问题，2000 (4)：1—6.

在人口规模方面，中国是世界上人口最多的国家，虽然改革开放以后，我国加强并完善了计划生育政策以控制人口的高速增长（2013年我国人口自然增长率已降至4.92‰），但是由于我国人口基数大，因此，截至2013年我国总人口数量已增长至136072万人，人口数量的持续增长致使我国粮食消费需求量不断增加。

在粮食消费结构方面，居民生活水平的变化以及城镇化进程对粮食消费需求结构产生了重要影响。当前我国正处于由解决温饱问题到全面实现小康社会的过渡阶段，2000年，我国城镇居民家庭人均可支配收入为6280元，农村居民家庭人均纯收入为2253.4元，分别是1978年的3.84倍和4.83倍；到2013年，我国城镇居民家庭人均可支配收入为26955.1元，农村居民家庭人均纯收入为8895.9元，均为1978年的10倍左右。一方面，我国城乡居民收入水平的提高必然会使我国城乡居民消费水平也稳步快速地上升。另一方面，一般收入越低的家庭用来购买食物的支出占个人消费支出总额的比例（恩格尔系数）就越大，随着家庭收入的增加，其用来购买食物的支出比例则会下降；也就是说，越穷的国家用来购买食物的支出占的比例越大，反之越小。随着国民收入的增加和居民家庭收入水平的提高，我国城乡居民食品消费支出占生活消费总支出的比重越来越小，也就是说，我国城乡居民家庭恩格尔系数正在逐步下降。2000年，我国城镇居民家庭恩格尔系数为39.4%，农村居民家庭为49.1%，到2013年两者降为35.0%和37.7%，分别下降了4.4%和11.4%，这一事实也充分说明，随着收入水平的提高，人们用于粮食消费支出的比重正在逐渐下降。我国传统的饮食结构以谷物类等植物性食物为主，动物性食物相对较少。但是随着我国社会经济的发展以及城乡居民家庭生活水平的改善，人们在最基本的粮食消费需求得到满足的情况下，必然会进一步改变饮食结构，增加动物性食物的摄入，即居民消费结构面临转型升级，消费方式由直接消费粮食转向间接消费粮食，且消费需求由数量转向质量。

城镇化，又称城市化、都市化，是指由传统的农业为主的乡村向现代的以工业和服务业为主的城镇逐步转变的历史过程。城镇化不仅是社会经济发展的大趋势，还是实现工业化的必经之路，它具体包括人口持续由农村向城镇集聚的过程、人口职业的转变以及城镇生产方式和生活方式的扩散传播过程等。城镇化的主要特征包括以下几个方面：一是人口由农村不断向城镇转移；二是非农产业（第二、第三产业）不断向城镇聚集；三是农业劳动力转向成为非农业劳动者或兼业劳动者（表现为亦工亦农）；四是生活方式的转变。在城镇化进程中，大量人口的生活消费方式发生变化通常会对粮食消费量产生影响，特别是饲料用粮和工业用粮的增加，会进一步影响到我国的粮食安全。2000年以来，我国城镇迅速发展，城镇化水平进一步提高，城镇人口逐年增长。我国城镇化率在2000年为36.2%，到2011年已经达到51.27%，首次超过50%，比2000年上升了15.07个百分点。我国城镇人口在2000年为45906万人，占总人口的36.22%；到2013年已经达到73111万人，占总人口的53.73%，比2000年增加了27205万人，平均每年增长2000多万人；

乡村人口在 2000 年为 80837 万人，到 2013 年为 62961 万人，减少了 17876 万人。随着城镇化进程的推进，越来越多的农村人口转向城市，城镇人口逐年增加。由于城乡居民消费习惯和消费结构的差别，城镇化水平的提高也会带来粮食消费的结构性变化。从城乡居民家庭平均每人全年主要食品消费量可知，我国城镇居民和农村居民在食品消费上存在一定的差异。在口粮消费上，农村居民显著地高于城镇居民；农村居民的口粮消费在 2000 年为 250.23 千克（约为城镇居民的 3 倍），随着农村家庭收入水平的提高，虽然近年来逐年下降，但至 2012 年仍然高达 164.27 千克（为城镇居民的 2 倍多）；而城镇居民的口粮消费变动幅度不大，其在 2000 年为 82.31 千克，到 2012 年为 78.76 千克。从植物油和猪肉的消费量来看，城镇居民的消费量仍然高于农村居民，虽然近几年两者的差距在逐年减小，但 2012 年城镇居民这两者的消费量均约为农村居民的 1.5 倍。在鲜蛋和鲜奶的消费量上，城镇居民仍然远高于农村居民，从 2012 年的数据来看，前者的鲜蛋消费量约为后者的 2 倍，鲜奶消费量约为 4 倍。总体上来看，城镇化水平的提高在使我国城乡居民口粮消费量减少的同时，会使居民对植物油、肉类、鲜蛋和鲜奶等营养价值较高的食品的需求不断增长，从而使得饲料用粮和工业用粮的需求持续增加。

2012 年，我国城镇居民人均每年粮食消费量和鲜蛋消费量分别为 78.76 千克和 10.52 千克，比 2000 年分别下降了 3.55 千克和 0.69 千克；人均每年植物油消费量为 9.14 千克，猪肉消费量为 21.23 千克，鲜奶消费量为 13.95 千克，分别比 2000 年增加了 0.98 千克、4.5 千克和 4.01 千克。同年，我国农村居民人均每年粮食消费量为 164.27 千克，比 2000 年下降了 85.96 千克；人均每年植物油消费量为 6.93 千克，猪肉消费量为 14.40 千克，鲜蛋消费量为 5.87 千克，鲜奶消费量为 5.29 千克，分别比 2000 年增加了 1.48 千克、1.12 千克、1.10 千克和 4.23 千克。虽然 2000 年以来我国城乡居民口粮消费量正逐步下降，但是替代口粮消费的肉类、鲜蛋和鲜奶等动物性食品以及食用油和精加工食品等间接性粮食消费需求正在持续上升，其结果是我国的饲料粮和工业用粮需求急剧增加。因此，我国不仅要满足口粮消费需求，在保障粮食供求基本平衡的情况下，还要满足粮食消费升级所带来的粮食结构需求：一方面我国要保证足够的粮食供给，另一方面还要保障不同品种的粮食供给。

（二）生物能源发展与粮争地

能源问题是全世界所面临的共同难题，面对全球油价猛涨，发展生物能源对缓解能源压力具有重要的作用。生物能源作为近年来能源领域的一种新型能源，从广义上看是泛指由生物质组成或转化的各种能源，如沼气；从狭义上讲是指从生物质中转化或提取的生物燃料，如燃料乙醇、生物柴油等。生物燃料可以替代石油、煤炭等传统能源，是可再生能源开发利用的重要方向。

21 世纪以来，随着世界能源价格的飞涨以及全球气候环境的恶化，世界各国越来越关注生物能源的开发利用，以缓解各国的石油供应并保持农业经济的稳定。近年来，美国、巴西、欧盟和加拿大生产的生物能源占全球总量的90%以上。中国是一个能源进口国，石油资源匮乏且进口依存度高，在全球高度关注能源危机以及可再生资源开发的背景下，对中国来说，发展生物能源代替传统能源具有十分重大的意义：一是可以增强中国能源安全，缓解能源供应紧张；二是可以富农强农，带动农村经济发展；三是可以改善大气环境，缓解二氧化碳排放压力。虽然我国对生物能源的开发利用还处于起步阶段，但其发展潜力巨大。我国到2020年时，生物柴油年利用量将达到200万吨，生物燃料乙醇年利用量将高达1000万吨[①]。但是开发利用生物能源，无论是否采用粮食作物作为原料都存在许多弊端，特别是会对粮食安全产生影响，联合国粮农组织的专家在2008年1月发出的警告中声明，大量生物燃料的开发使用会导致玉米和其他粮食价格上涨，这将会威胁到贫困人口的生存。为了促进生物能源的健康发展而又不影响粮食价格，我国发展生物燃料的原料也正从以粮食为主向非粮食转变，目前我国生物燃料研发主要以红薯、木薯、甜高粱等作物或其他非粮作物为原料。当然，为了调节粮食供需平衡，我国生物燃料仍然保持适度规模发展，2010年我国可再生能源的比例已经达到10%左右。另外，部分科学家指出，即便采用非粮食作物作为发展生物能源的原料，各地仍有可能会出现"与粮争地"的情况，许多农民可能会将原来用来种植粮食作物的土地拿来改种能源作物，从而导致粮食短缺，酿成粮食危机。

发展生物能源是保障我国能源安全的重要举措之一，确保粮食安全亦至关重要。唯有追本溯源，在保证粮食安全的前提下理性发展生物能源，才能实现生物能源与粮食安全的双赢。

（三）粮食产需缺口不断扩大

中国粮食产量与消费需求量都不断增加。自2003年以来，中国粮食生产已连续10年增产，2012年粮食总产量约为489490千吨，相比2003年增产151137千吨，年均增长率为4.47%。与此同时，中国粮食消费量亦持续增长。2000年，中国粮食消费量为401701千吨，至2012年已增长至561205千吨，年均增长率约为3.05%。从中国粮食消费增长率来看，2003年的增长率最低，为 -0.77%；此后，从2004年至2008年，增长率由1.05%平稳上升至2.24%；2009年至2012年，增长率连续4年超过5%，其中2011年高达6.25%。

中国粮食产需缺口进一步扩大，粮食消费自给率逐渐降低。2000年以来，中国粮食产需缺口在2008年最低，为16372千吨，粮食消费自给率高达96.37%。此后，中国粮食产需缺口持续上升，到2012年已上升为71715千吨，粮食消费自给率为87.22%，自给率相比2008年下降了9.15%。粮食产需缺口较大已经成为保障中国粮食安全所面临的严峻挑战之一。

---

①　国家发改委.可再生能源中长期发展规划［R］.2007：20.

表 3 - 1　中国粮食产需缺口及其自给率　　　　　单位：千吨

年份	粮食产量	粮食消费量	粮食产需缺口	粮食自给率（%）
2000	360529	401701	41172	89.75
2001	356024	406526	50502	87.58
2002	359598	412476	52878	87.18
2003	338353	409316	70963	82.66
2004	372967	413594	40627	90.18
2005	388005	421050	33045	92.15
2006	409859	428916	19057	95.56
2007	412078	441201	29123	93.40
2008	434725	451097	16372	96.37
2009	436445	474001	37556	92.08
2010	451051	499898	48847	90.23
2011	471877	531162	59285	88.84
2012	489490	561205	71715	87.22

注：粮食产需缺口 = 粮食消费量 − 粮食产量。

资料来源：美国农业部，http://www.usda.gov.

二、收入与价格影响低收入群体粮食安全

（一）低收入群体的可支配收入水平偏低

粮食是关系国计民生的重要战略物资，保障不同收入群体的粮食安全也是政府的重要职责。不同收入群体的可支配收入水平与粮食消费支出比重存在较大差异，因而对粮价上涨的承受能力也必然相同[1]。许多学者认为，粮价上涨主要威胁城镇中低收入群体的粮食安全，而对中高收入群体的影响不大[2]。因此，保障城镇低收入群体粮食安全是政府宏观调控的首要任务。对低收入群体而言，在粮食产量一定的情况下，粮食的获取量主要取决于粮食价格和居民的可支配收入水平，因而，提高低收入群体的可支配收入水平有利于保障其粮食安全。但是从 2000 年以来，中国低收入群体的可支配收入水平持续处于低位。低收入群体主要包括失业者群体、无劳动能力群体和老龄群体。这类群体在劳动市场上处于弱势地位，相比高、中等收入群体，其收入水平相对较低。2000 年，城镇居民家庭最高收入户平均每人全年可支配收入水平为 13311.02 元，而较低收入户、低收入户、最低收入户和困难户则分别为 4623.54 元、3633.51 元、2653.02 元和 2325.05 元，前者分别是后者的 2.88 倍、3.66 倍、5.02 倍和 5.73 倍。到 2012 年，城镇居民家庭最高收入户平

---

① 黄春燕，蒋乃华. 粮食价格、收入水准与城镇低收入人群保障 [J]. 改革，2012（1）：81 - 85.

② 陈锡文. 工业化、城镇化要为解决"三农"问题做出更大贡献 [J]. 经济研究，2011（10）：8 - 10.

均每人全年可支配收入水平已上涨为 63824.15 元，是 2000 年的 4.79 倍，年平均增长率为 29.19%；而较低收入户、低收入户、最低收入户和困难户则分别为 16761.43 元、12488.62 元、8215.09 元和 6520.03 元，分别约为 2000 年的 3.63 倍、3.44 倍、3.10 倍和 2.80 倍，其年平均增长率分别为 20.19%、18.75%、16.13% 与 13.88%。由此可见，低收入群体的可支配收入水平相对偏低，而且其年平均增长率也低于其他群体。

（二）低收入群体粮食消费支出比重较大

随着经济的发展和人们生活水平的提高，各收入等级的城镇居民家庭平均每人全年粮食消费性支出都有所增加。2000 年，最高收入户平均每人全年粮食消费支出为 210.87 元，较低收入户、低收入户、最低收入户和困难户分别为 186.53 元、178.29 元、171.34 元和 167.95 元，高收入户的粮食消费支出略高于收入偏低的群体。到 2012 年，最高收入户平均每人全年粮食消费支出为 564.46 元，较低收入户、低收入户、最低收入户和困难户分别为 426.03 元、385.75 元、364.97 元和 358.68 元，远高于 2000 年的粮食消费性支出水平。

低收入群体粮食消费支出比重越大，粮食波动对其影响也越大。不同收入等级的城镇居民家庭平均每人全年粮食消费性支出比重都逐步下降，但相比中高收入群体，低收入群体的粮食消费性支出比重仍然较大。从 2000 年到 2012 年，城镇居民最高收入户平均每人全年粮食消费性支出比重由 2.28% 下降至 1.50%；中等收入户从 3.92% 下降至 3.01%；较低收入户从 4.72% 下降至 3.47%；低收入户从 5.44% 下降至 4.01%；最低收入户从 6.75% 下降到 5.00%；困难户则从 7.24% 下降到 5.63%。但不可忽视的是，城镇低收入群体居民家庭平均每人全年粮食消费性支出比重仍然远高于高中收入群体，2012 年，最高收入户的粮食消费性支出比重低于中等收入户 1.51 个百分点，分别低于较低收入户、低收入户、最低收入户和困难户 1.97 个、2.51 个、3.5 个和 4.13 个百分点。即不同收入群体粮食消费性支出比重差异较大，且该比重随收入的减少而增加，因此，当粮价大幅上涨时，低收入群体的粮食安全将首当其冲地受到较大影响。

（三）价格上涨影响低收入群体粮食获取

如果不考虑收入的影响，粮食价格就是影响居民获取粮食的重要因素。一般地，由于低收入群体的粮食消费呈刚性，且粮食消费支出比重较大，因而粮食价格对他们的影响也就较大。对于低收入群体来说，粮食价格上涨降低了城镇居民的实际收入[1]，同时还可能使原本脱离贫困的低收入群体再度返贫[2]，加大贫富差距[3]。当低收入群体因粮价上涨而

---

① 卢锋，谢亚. 我国粮食供求与价格走势（1980～2007）——粮价波动、宏观稳定及粮食安全问题探讨 [J]. 管理世界，2008（3）：70-81.

② 郭劲光. 粮食价格波动对人口福利变动的影响评估 [J]. 中国人口科学，2009（6）：49-58.

③ 张克中，冯俊诚. 通货膨胀、不平等与亲贫式增长——来自中国的实证研究 [J]. 管理世界，2010（5）：27-33，74.

影响粮食获取时，他们可能会采取借钱或减少用餐次数或质量来应付粮食不足①。对20世纪90年代末印度尼西亚稻米价格上涨的研究也发现，稻米价格上涨影响低收入群体家庭粮食安全，导致该类家庭中母亲的热量摄入明显不足②。因此，为保障低收入群体的粮食安全，政府应合理调控粮食价格。

三、低收入群体粮食价格补贴机制不健全

（一）价格补贴方法亟须进一步完善

粮食价格补贴可以有效地保障低收入群体粮食安全并维持市场价格稳定，但该补贴方法仍需进一步完善。价格补贴是通过财政补贴的方式降低价格，使其保持原状或低于均衡价格③。由于粮食价格补贴容易操作，而且可以有效地保障低收入群体的粮食安全并降低其生活成本，所以政府倾向于采用价格补贴的方法来保障低收入群体的粮食安全④。虽然粮食价格补贴可以在稳定粮价物价的同时缩小收入差距，但它也会扭曲资源配置并阻碍消费结构升级⑤。王小鲁的研究发现，价格管制可能会放大粮食市场价格波动的现状⑥。另外，政府之所以限制粮价上涨是为了保障城镇低收入群体的粮食安全，而价格补贴是针对所有消费者的补贴，补贴与政策目标并不一致，可想而知，价格补贴大幅度地提高了粮食安全的保障成本⑦。虽然我国通过粮食价格补贴保障了低收入群体的粮食安全，但降低粮食安全保障的成本也很重要⑧。

（二）粮食安全保障成本有待降低

粮食安全保障成本十分巨大且增长迅速，有待进一步降低。1996～2000年，中国的粮食安全保障成本年均增长速度高达13.60%⑨。粮食安全保障成本与粮食安全本身同样重要，应该以合理的成本保障粮食安全⑩。许多研究测算了粮食价格上涨时应给予的补贴量，如果粮食安全保障的目标是让全体城镇居民在粮价上涨后与上涨前具有相同的效用水平，那么1991年粮食价格上涨后政府需要给每个城镇居民提供21.69元的收入补贴⑪。有的研究发现，低收入群体在2007年的效用相当于在2006年的物价水平下减少可支配收入

---

① Maxwell D. The political economy of urban food security in Sub – Saharan Africa ［J］. World Development, 1999, 27 (11): 1939 –1953.

② Block S. A., Kiess L., Webb P., et al. Macro shocks and micro outcomes: Child nutrition during Indonesia's crisis ［J］. Economics & Human Biology, 2004, 2 (1): 21 –44.

③⑦ 黄春燕, 蒋乃华. 粮食价格、收入水准与城镇低收入人群保障 ［J］. 改革, 2012 (1): 81 –85.

④ Alderman H. Subsidies as a social safety net: Effectiveness and challenges ［J］. Social Safety Net Primer Series, Discussion Paper, 2002 (224).

⑤ 钟甫宁. 乌拉圭回合以后的中国粮食贸易 ［J］. 中国农村经济, 1994 (3): 21 –26.

⑥ 王小鲁. 中国粮食市场的波动与政府干预 ［J］. 经济学（季刊）, 2001 (1): 171 –192.

⑧ 黄春燕. 获取能力视角的微观粮食安全保障: 一个文献综述 ［J］. 经济问题探索, 2013 (1): 139 –144.

⑨ 胡荣华. 中国粮食安全成本分析 ［J］. 统计研究, 2002 (5): 58 –61.

⑩ 吴志华. 以合理成本保障粮食安全 ［J］. 中国农村经济, 2003 (3): 10 –17.

⑪ 蔡昉, 钟甫宁. 消费品价格改革中补贴形式转换的经济学分析 ［J］. 财贸经济, 1993 (3): 44 –48.

125.29 元，如果通过财政补贴使低收入群体的效用达到 2006 年的水平，则需要 130.78 元①。由此可见，粮食价格补贴成本十分巨大，应合理降低粮食安全保障成本。

第二节　粮食质量安全面临种种挑战

一、粮食生产加工环节质量难以控制

（一）生产环节污染日益加剧

粮食生产环节农药和重金属污染日益加剧，粮食质量安全不容乐观。随着经济的发展、城镇化与工业化进程的加快，粮食农药、重金属污染事件频发，粮食质量安全问题不断加剧。粮食是保障城乡居民基本生活的必需物资，因此，保障粮食消费质量安全具有重要的意义。然而，近年来却发现粮食农药残留与重金属超标问题十分严重。对广州地区农田土壤中的有机氯农药进行分析，结果发现农田土壤中有机氯农药残留现象普遍存在，且有机氯残留水平较高，其中六六六在水稻土中残留量最高②。中国晋江流域土壤中滴滴涕及六六六的异构体或衍生物的检出率在 81.0% ~ 100%③。由于工业"三废"和城市污水排放等多种原因，中国各省区都存在一定程度的粮食重金属污染，如湖南和广西等地都发现公路两侧作物中重金属含量较高的现象④。中国重金属污染较为严重的大多是矿区及冶炼区，湖南各地区、衡阳常宁市水口山铅/锌矿区的稻谷样品中的 As、Pb 和 Cd 含量最高，其次是株洲清水塘冶炼区和湘潭锰矿区的稻谷⑤。

近年来，中国稻米重金属污染情况不容乐观，1999 年，在湖南全省采集样本数 152 个，铅、镉和铬的检出率分别为 85.4%、92.1% 和 85.4%；2000 年，江苏宜兴的稻米样本检出铅超标率为 54.5%；2001 年，东北辽宁沈阳检出铅、镉和铬超标率分别为 40%、20% 和 10%；2006 年至 2009 年，对华中地区稻米进行检测也发现存在不同程度的重金属

①　黄洪，严红梅．消费物价上涨背景下的低收入者财政补贴研究——基于 2007 与 2006 的比较分析［J］．消费经济，2008，24（5）：7－11.

②　陈向红，胡迪琴，廖义军等．广州地区农田土壤中有机氯农药残留分布特征［J］．环境科学与管理，2009，34（6）：118－120.

③　张家泉，祁士华，谭凌智等．福建武夷山北段土壤中有机氯农药的残留及空间分布［J］．中国环境科学，2011，31（4）：662－667.

④　刘辉利，朱义年．桂柳高速公路两侧土壤重金属分布特征［J］．桂林工学院学报，2009，29（2）：266－270.

⑤　雷鸣，曾敏，王利红．湖南市场和污染区稻米中 As、Pb、Cd 污染及其健康风险评价［J］．环境科学学报，2010（11）：2314－2320.

污染①。

专栏3-1：稻米农药、重金属污染严重

湖南省稻米农药、重金属超标情况

在湘东、湘西、湘中、湘南及湘北随机抽取水稻主产县、市、区，于2010年11月和2012年11月分别抽取样品共295批样和150批样，样品采集严格依据GB5491-1985《粮食、油料检验、扦样、分样法》，在农户或田间取样，每个取样量1千克。根据NY5115-2002国家无公害大米标准进行判定，所检测项目全部合格者，判定为该产品所检测项目符合相应标准要求；有一项指标不合格者，即判为该产品不合格。其中，检出率（%）=残留某农药样品的数量÷参加测定样品的总数×100%，超标率（%）=超过最高残留限量样品的数量÷参加测定样品的总数×100%。通过样本对湖南省稻米农药残留与重金属超标率进行检测。农药检出情况表明，湖南省稻米2010年和2011年的农药检出率分别为44.1%和54.7%，超标率分别为30.2%和12.7%。总体上来看，从2010年到2011年，湖南省稻米农药检出率略有上升，而稻米超标率却有所改善。对2010年和2011年两年间湖南省稻米中重金属超标情况进行检测，结果发现该省稻米都受到了不同程度的污染，其重金属超标率分别为33.9%和47.3%。

资料来源：左雄健．湖南稻米农药残留及重金属超标现状及控制对策研究［D］．湖南农业大学硕士学位论文，2012：12-13.

（二）加工环节质量安全堪忧

违法添加非食用物质、滥用食品添加剂成为突出问题，粮食加工环节质量安全堪忧。食品加工过程中不可或缺的是食品添加剂，中国的食品添加剂使用标准中规定了共2314种添加剂的使用范围与使用量。一般地，食品添加剂在国家规定的范围内合理使用并不会影响食品质量安全，然而部分企业因受利益驱使而在加工环节中违法添加非食用物质或滥用食品添加剂，这严重威胁着食品质量安全。当然，粮食加工环节也不例外。近年来，中国粮食质量安全事件频频曝光，如2011年，上海盛禄食品有限公司在加工白馒头的过程中为延长过期馒头的霉变时间，违法添加山梨酸钾，违法添加甜蜜素代替白砂糖，并在加

---

① 应兴华，金连登，徐霞，朱智伟．我国稻米质量安全现状及发展对策研究［J］．农产品质量与安全，2010（6）：40-43.

工玉米馒头的过程中违法添加柠檬黄将过期白馒头着色。

专栏3-2：加工环节质量安全存在隐患

部分粮食加工品质量监测情况

对某食品检测机构调研获得其2010年粮食加工品监测数据，样品采自全国各省份，其中大米类200份、小麦粉类200份、其他类200份，共600份。检测该样品的食品添加剂、农药残留、微生物与毒素、金属污染物等是否合格。检测结果表明，大多数参加检测的粮食加工品是合格的，但大米（早籼）中重金属铅含量严重超标，吐司面包中黄曲霉毒素B1也存在超标。

表3-2　部分粮食加工品检测数据记录处理示例

序号	产品名称	检测项目	检验项目类型	实际检测值	标准限量值	检验结果判定
1	中籼大米	滴滴涕	农药残留	0	≤0.05	合格
2	大米（早籼）	铅	微生物与毒素	2.2	≤0.2	不合格
3	大米	黄曲霉毒素B1	微生物与毒素	<10	≤10	合格
4	吐司面包	黄曲霉毒素B1	微生物与毒素	6μg/kg	≤5μg/kg	不合格
5	糯米	无机砷	金属污染物	<0.1mg/kg	≤0.15mg/kg	合格

同时，如果采用粮食加工品安全指数评价方法分别计算大米、小麦粉和其他粮食加工品的安全指数，2010年，小麦类、大米类和其他类粮食加工品的安全水平依次降低，且都处于"稍不安全状态"（将安全等级依次分为"安全"、"稍不安全"、"较不安全""很不安全"和"极不安全"五等）。

资料来源：刘文. 我国粮食加工品安全指数评价方法及应用［J］. 农业技术经济，2013（6）：123-128.

（三）质量监管制度不够健全

虽然中国食品质量安全监管制度已有一定的发展，国务院在《食品安全法》实施后不久就颁布实施了《食品安全法实施条例》，相关部门制定了《流通环节食品安全监管办法》、《食品流通许可证管理办法》、《食品标识管理规定》、《食品安全企业标准备案办法》、《进出口食品安全管理办法》、《食品添加剂生产监督管理规定》等一系列规章和规范性文件，近年来各有关部门还抓紧修订了《农药管理条例》、《饲料和饲料添加剂管理条例》等行政法规、规章和规范性文件，制定了《农业转基因生物安全管理条例》及其配套办法。但与发达国家相比，监管制度仍然存在许多弊端，有待进一步完善。一是从法律制度制定的角度来看，《食品安全法》配套法规和规章滞后甚至缺乏，这就有可能造成现实生活中监管执法混乱；从法律制度实施的角度而言，食品安全监管法律制度规定得不够细化，制度实施存在困难[1]。二是中国目前的食品质量安全标准体系还不够健全，食品质量安全标准的制定和实施落后于新技术新产品的出现，技术的革新生产出新的产品，虽然新的食品质量安全标准在不断制定，但仍然跟不上新产品的步伐，如转基因粮食及其制品缺乏相应的安全标准作为依据，这有可能给消费者带来健康隐患。三是中国食品质量安全的标准与国际标准水平存在较大的差距，而且即便食品质量安全标准制定出来，如何落实也存在许多问题。

二、粮食质量安全体系不够完善

（一）粮食质量安全认证制度不够健全

中国粮食质量安全认证工作已取得了一定的进展。包装上的质量安全认证内容是消费者购买粮食时的重要信息来源，因此政府应要求有关企业根据质量安全认证制度完善包装标识并保证标识的真实性。粮食质量安全认证及其标识一方面可以直接解决消费者和生产者之间的信息不对称，另一方面还对完善粮食可追溯制度有着重大的现实意义。中国食品质量安全的认证形式很多，由国务院推进的认证主要有无公害农产品认证、有机食品认证和绿色食品认证三种形式。2003 年，农业部成立了农产品质量安全中心，专门从事无公害农产品认证工作，"十五"期间农业部已经认证的无公害农产品、绿色食品和有机农产品共 27000 多个，认定无公害产地 21000 多个[2]。截至 2005 年底，全国统一认证的无公害农产品累计已达 16704 个，获证单位 10583 个，产品总量为 10439 万吨，累计认定无公害农产品产地 21627 个[3]。绿色食品认证体系基本形成，截至 2005 年底，绿色食品生产企业总数为 3695 家，认证产品总数为 9728 个，实物总量为 6300 万吨。有机食品认证已经起步，中绿华夏有机食品认证企业总数为 416 家，产品总数为 1249 个，实物总量为 66.9 万吨。作为控制食品质量安全的 HACCP 体系认证也已经起步，2002 年，国家认监委下发了《食品生产企业危害分析和关键控制点（HACCP）管理体系认证的规定》。另外，2006 年 1 月，国家认证认可监督管理委员会（CNCA）公布了《良好农业规范认证实施规则（试行）》，目前，CNCA 正在着手申请将 ChinaGAP 一级认证与 EUREPGAP 等同，届时通过 ChinaGAP 一级认证意味着通过 EUREPGAP 认证。

虽然中国食品质量安全认证体系已基本形成并起到了重要作用，但认证制度仍然不够

① 锁放. 比较法视角下中国食品安全监管标准体系的健全 [J]. 特区经济，2011 (8)：233-235.
② 孙鲁威，李丽颖. 农业部监测显示农产品让人越来越放心 [N]. 农民日报，2006-03-21.
③ 中绿华夏有机认证中心，http://www.ofcc.org.cn/a_ wwwroot/luntan/.

健全，认证体系不够系统，在认证技术的普及方面与发达国家尚有较大的差距。首先，中国质量安全认证体系不够完整，在该体系中只有认证机构，缺乏认证咨询和培训机构对农户或农业企业在标准化生产和科学化管理方面进行专门培训和指导，这就有可能使很多有认证需要的农户和企业无法获得认证。其次，中国许多认证机构由于在认证的过程中随意炒作"安全"概念，认证水平较差，认证结果缺乏科学性，不能充分体现第三方认证的客观公正性与权威性，认证结果让人难以信服。最后，中国许多消费者对食品质量安全的认证知识概念模糊，同时消费市场上还存在许多虚假认证，认证农产品不能得到公众认同，这致使市场上认证农产品所占份额极低，限制了认证农产品的发展。

（二）粮食质量安全检测体系亟须完善

中国虽然已初步形成了粮食质量安全检测体系，但粮食检测机构仍然存在许多问题。首先，中国粮食质量安全检测体系不健全，中国粮食及其制品的质量安全检测主要是政府机构的强制性检验检测，粮食生产加工从业者缺乏自我检验检测意识，因而存在部分企业以制假售假作为获取利润的方式，截至目前，中国仍然存在相当数量的粮食企业不具备产品检验能力，产品出厂不检验。国家质检总局"两查"[①] 调查的 60085 家企业中，有 82.5% 的企业不具备食品检验能力和相应的检验手段，产品出厂完全不检验的占 61.9%；其中，针对小麦粉、食用植物油和大米 3 类食品，生产企业对原材料进厂不进行任何形式质量把关的分别占 37.8%、56.2% 和 39.4%，出厂前不进行任何形式检验的分别占 57.4%、79.4% 和 57.6%。其次，中国对粮食质量安全检测的投入十分有限，食品质量检验检测体系不健全，传统式、突击式和运动式抽查较多，监管监测工作不能全程化，导致消费市场粮食质量安全事件频频发生，而发达国家通常都建立农产品安全例行监测制度，对食品实施"从农田到餐桌"的全过程监管[②]。另外，中国的粮食质量安全检测的重点一般都放在最终消费品的监督上，对粮食及其制品的生产加工过程控制还不够重视，管理检测的对象一般都是中型企业和大型企业，而对容易出现质量安全问题的小企业和分散的农户反而没有加强监管检测；检验机构严重不足，对整个流通环节链条上的粮食不能实现全覆盖；监测机构检验能力低下，仪器设备老化，缺乏质量安全检测的仪器设备和现场快速检测设备；现有的粮食安全质量检测机构分布不均衡，中西部地区的安全检测体系建设尤其落后，亟待提升。

（三）粮食质量安全可追溯体系有待建立

食品可追溯体系是国际上常用的一种信息记录体系，该体系可以实现加强食品安全信息传递，保障消费者利益和控制食源性疾病危害的功能。实施食品安全信息的可追溯制度是当今世界各地进行食品安全监管的必然要求，发达国家早已建立了比较成熟的体系，对

---

① 2001 年 9 月开始，国家质量监督检验检疫总局第一次在全国范围内对小麦粉、酱油、食醋、食用植物油、大米 5 类食品的所有生产企业（已获得出口食品卫生注册登记证书的生产企业除外）开展了国家监督专项抽查和企业保证产品质量必备条件的专项调查。

② 苏昕，吴隆杰. 我国农产品质量安全管理的制度缺陷与治理 [J]. 宏观经济研究，2007（10）：39 - 43.

食品采取跟踪追溯的手段进行安全管理，而中国还没有形成对我国食品安全监管有影响的长效机制。中国是世界粮食生产消费的第一大国，粮食质量安全事关国计民生，由于农药残留和金属污染等问题比较严重，相关的粮食产品安全或中毒事件时有发生，如毒大米事件和染色馒头事件等。由于中国缺乏完善的粮食质量安全可追溯制度与健全的管理体系，当粮食质量安全事件发生时，由于未能及时追溯到源头而得不到及时控制，同时对不安全粮食的召回或下架范围难以确定，这严重影响了国内消费者的消费信心，并直接制约了中国粮食产品进入国际市场。因此，建立粮食可追溯体系，一方面可使消费者获得粮食生产加工以及安全信息，另一方面可使监管部门能更及时地进行宏观管理调控。当食源性疾病暴发时，能够通过"可追溯系统"，快速反应、追本溯源，有效地控制病源食品的流通和追踪召回，从而将损失降到最低。另外，从消费者的角度来看，粮食加工业的发展及其加工过程的复杂性导致消费者对粮食产品的生产、运输、加工过程等信息的获取越来越困难，而中国目前的粮食质量可追溯体系尚不健全，粮食产品标签不能为消费者提供足够的信息，因此，应通过法律法规对所有粮食产品加以标识，实行可追溯管理。为此，建立并完善中国粮食质量安全可追溯体系，初步实现粮食供应链全程信息跟踪，提高粮食质量安全监督和管理水平，从而达到满足消费者获得安全粮食的需求，提高消费者对粮食的安全消费信心，具有重要的实际意义。

三、公众对转基因粮食的安全性存有疑虑

（一）转基因粮食是否安全仍有争议

目前，我国批准的转基因产品主要包括两种：一种是用于商业化生产的转基因食用农作物，包括抗病毒的甜椒、耐储藏的番茄、抗病毒的番木瓜三种；另一种是用于进口加工原料的转基因农产品，包括大豆、玉米、油菜，它们都会进入生产环节。中国是世界上唯一主动将转基因粮食直接大量用于居民消费的国家，消费市场上充斥着多种转基因粮食及其制品。2011年，中国居民食用植物油的80%来自转基因的大豆和油菜籽，饲养动物的豆粕和棉籽饼全部是转基因产品，甚至相当部分玉米也是非法的转基因产品，棉花中的80%是转基因抗虫棉。

转基因粮食的安全性之争由来已久，2009年农业部批准了转基因水稻和玉米的安全证书，这意味着其生产性试验的结束，技术方面的障碍基本扫除，转基因大米和玉米商业化迈出了实质性的一步，这引起了广大消费者的担忧和质疑，社会各界关于转基因粮食及其制品的安全性的争论愈演愈烈。正方观点认为目前没有任何证据能够证明转基因食品对人类有伤害，相反，转基因技术能够提高作物产量，是解决粮食安全的重要途径，是人类有史以来发展最快的技术，人们对转基因食品的质疑是因为对转基因技术的不了解。反方观点认为转基因技术对人体健康和环境的长期影响是未知的，并且抗虫、抗病性是转基因作物的主要特点，虫子都不食用的作物更不应该供人类食用；此外，将被外国专利技术控

制的转基因作物商业化将严重影响我国的粮食安全。

（二）转基因粮食的监管有待加强

转基因粮食存在违法种植销售。自2009年转基因水稻和玉米获得生产应用安全证书以来，农业部多次重申，中国从未批准任何一种转基因粮食种子进口到中国境内商业化种植，对于已经获得安全证书的抗虫水稻和玉米，并非意味着转基因粮食商业化种植，还须经过试验和审核获得种子许可证后才可进行生产经营。然而事实上，早在2005年，转基因水稻已在湖北等多省种植销售，2010年绿色和平组织调查发现，湖北、湖南、福建、广东等地仍存在违法转基因稻种销售，并且部分转基因稻米已污染湖北国家粮库。此外，自2012年开始，欧盟已经19次通过《欧盟食品和饲料快速预警通报》指出从中国进口的食品中检出非法转基因。2010年12月，农业部公布了一批玉米淘汰品种，其中登海3686、中农大4号、中农大236、铁研124均属于转基因品种。

在转基因粮食的安全性尚无定论之前，我国政府对转基因粮食的商业化运作应持谨慎态度，加强市场监管。农业部指出，转基因粮食作物的商业化种植、销售、加工均属违法行为。2008年6月，农业部决定对参加国家农作物品种审定生产试验的水稻、玉米和大豆品种进行转基因成分检测。2010年，农业部开展了种子执法专项行动，超过1/5的种子企业被责令限期整改，超1/10的企业被注销许可证。在此次执法行动中，一个重大突破即为首次进行转基因检测，并对违规参加区域试验的相关单位采取了处罚措施。2012年，《粮食法》草案公布，规定转基因粮食种子的科研、试验、生产、销售、进出口应当符合国家有关规定，任何单位和个人不得擅自在主要粮食品种上应用转基因技术。但总体上来说，转基因粮食的市场监管仍需加强。

第三节　粮食消费环节损失与浪费严重

一、在家就餐粮食消费损耗逐渐增加

（一）在家就餐粮食消费损耗逐渐增加

中国城市化与工业化的发展带来了耕地逐年减少、水资源日益短缺以及生态环境恶化等一系列问题，而人口的不断增加又促使粮食消费总量逐年增加。从2000年到2012年，中国粮食产需缺口由41172千吨上升到71715千吨（见表3－1）。面对严峻的粮食市场形势，在重视发展粮食科学生产的同时，节约用粮并杜绝粮食浪费、合理引导粮食消费是保障粮食安全的重要举措之一。然而，事实上中国家庭粮食消费损耗正在逐渐增加。

对河南省家庭户就家庭粮食消费损耗的基本情况进行问卷调查，调查共获得有效问卷

755 份，调查统计结果显示，河南省家庭户米饭消费量占米饭与面制品消费总量的比重为 21%，而面制品消费占总量的 79%；对家庭户粮食消费损耗率进行测算，结果家庭粮食综合损耗率为 7.34%，其中米饭与面制品消费损耗率分别为 6.61% 和 7.54%（河南省家庭户米饭与面制品消费的综合损耗率是根据样本家庭户米饭与面制品的消费比重进行加权计算得出的）[1]。根据补充抽样调查汇总统计结果得出，河南省平均每人每天在家庭消费（吃饭）2.213 次，平均每人每天在家庭消费粮食为 0.1775 公斤，另根据相关统计年鉴可知，2007 年底河南省总人口为 9869 万人，由此计算出河南省家庭户 2007 年家庭粮食消费总量为 1414965 万公斤，家庭粮食消费环节粮食损耗总量为 103858 万公斤[2]。可见，总体上来看，现阶段中国居民家庭粮食消费过程中损耗仍然很大。

（二）多种因素影响在家就餐粮食消费损耗

多种因素影响家庭粮食消费损耗，孙中叶（2009）的研究表明，被调查者认为目前造成家庭粮食消费损耗的最主要的因素为经济收入水平、接待客人以及饭菜质量和口味，其中，选择经济收入为第一因素的比例约为 22%，选择接待客人为第一因素的比例为 19%，饭菜质量和口味占比为 10%，这三大因素共占 51%。家庭人均年收入在 10000 元以下时，家庭人均年收入与粮食消费综合损耗率之间存在高度的线性相关，相关系数 R = 0.94；但当家庭人均年收入超过 10000 元时，家庭的粮食消费损耗率有明显下降，比人均年收入 10000 元以下家庭的粮食消费损耗率还要低，综合损耗率仅为 5.90%，其中面制品损耗率为 5.55%，米饭损耗率为 7.21%。家庭户扔掉主食的最主要原因是食物变质，占所有被调查家庭户的 50.07%；不合口味、喂养家禽和做太多（吃不完）也是其主要原因，其比例分别为 20.26%、15.89% 和 11.26%[3]。

二、在外用餐粮食消费及其份额不断增加

（一）城镇居民人均购买粮食量不断减少

李国祥（2005）的研究表明，中国城镇居民家中购买的粮食数量越来越少，从 1992 年到 2003 年，家中购买的口粮数量从 111.50 公斤/人减少到 79.52 公斤/人，年均减少 2.91 公斤/人，年均下降比例约为 3.03%；相应地，城镇居民家中购买的粮食数量占口粮消费的比重也由 98.14% 下降到 85.82%，平均每年下降 1.03 个百分点。可见，中国城镇居民在家消费总体上呈现出明显的下降趋势，在家消费粮食数量也不断减少[4]。

---

①③ 孙中叶. 解读粮食安全问题的新视角：开源节流并举——兼论河南家庭粮食消费损失现状及对策 [J]. 河南工业大学学报（社会科学版），2009（3）：1-4.

② 河南省 2007 年家庭粮食消费总量＝河南省 2007 年底总人口数×365（天）×平均每人每年每天在家消费次数×平均每次在家消费粮食量＝9869 万×365×2.213×0.1775 公斤＝1414965 万公斤。河南省 2007 年家庭粮食消费环节的损耗总量＝河南省 2007 年家庭粮食消费总量×家庭粮食消费损耗率＝1414965 万公斤×7.34%＝103858 万公斤。

④ 李国祥. 我国城镇居民在外用餐中粮食消费量的估计 [J]. 中国农村观察，2005（1）：28-33，51.

表3-3 重新估计的中国城镇居民家庭人均口粮消费情况

年份	家中购买 (公斤/人)	在外用餐直接消费 (公斤/人)	口粮消费小计 (公斤/人)	在外用餐消费粮食 占口粮比重(%)
1992	111.50	2.11	113.61	1.86
1993	97.78	2.75	100.53	2.74
1994	101.67	2.78	104.45	2.66
1995	97.00	3.90	100.90	3.87
1996	94.68	5.13	99.81	5.14
1997	88.59	5.83	94.42	6.17
1998	86.72	6.74	93.46	7.21
1999	84.91	7.51	92.42	8.13
2000	82.31	8.67	90.98	9.53
2001	79.69	9.39	89.08	10.54
2002	78.48	12.42	90.90	13.66
2003	79.52	13.13	92.65	14.18

资料来源：李国祥．我国城镇居民在外用餐中粮食消费量的估计 [J]．中国农村观察，2005（1）：28-33，51.

（二）城镇居民在外用餐粮食消费不断增加

中国城镇居民家庭在外用餐粮食消费量不断增加，1992 年至 2003 年，居民在外用餐的粮食消费估计值由 6.82 亿公斤增加到 68.79 亿公斤，扩大了 9 倍，年均增长 23.28%。进一步地，尽管我国城镇居民家中人均购买粮食数量逐步减少，但受城镇化率提高、人口增加和在外用餐消费粮食增加三重因素的影响，我国城镇居民口粮消费总量直接由 367.77 亿公斤增加到 485.28 亿公斤，年均增长 2.55%。相应地，中国城镇居民家庭人均在外用餐中直接消费的粮食在口粮消费中所占比重也由 1.86% 上升到 14.18%，平均每年增加 1 个多百分点。可见，尽管中国城镇居民家中人均粮食购买量总体上呈现出明显的减少趋势，但在外用餐中直接消费的粮食数量则呈现出明显的上升趋势[①]。

表3-4 城镇居民在外用餐消费粮食比重

年份	城镇居民消费（亿公斤）		城乡居民口粮消费 总量（亿公斤）	城镇居民在外用餐消费粮食占城乡 口粮消费比重(%)
	口粮消费小计	在外用餐		
1992	367.77	6.82	2546.31	0.31
1993	335.29	9.18	2650.40	0.40
1994	358.26	9.53	2640.25	0.41

---

① 李国祥．我国城镇居民在外用餐中粮食消费量的估计 [J]．中国农村观察，2005（1）：28-33，51.

续表

年份	城镇居民消费（亿公斤）		城乡居民口粮消费总量（亿公斤）	城镇居民在外用餐消费粮食占城乡口粮消费比重（%）
	口粮消费小计	在外用餐		
1995	354.92	13.73	2632.68	0.60
1996	358.80	18.42	2626.28	0.81
1997	349.25	21.56	2572.56	0.96
1998	354.59	25.56	2572.41	1.14
1999	359.44	29.21	2565.77	1.31
2000	414.81	39.52	2490.44	1.82
2001	428.15	45.13	2384.84	2.17
2002	456.42	62.35	2374.23	3.01
2003	485.28	68.79	2266.44	3.48

资料来源：李国祥. 我国城镇居民在外用餐中粮食消费量的估计 [J]. 中国农村观察，2005（1）：28－33，51.

三、在外用餐消费损耗不断增加

（一）在外用餐消费损耗不断增加

张浩和姚咏涵（2009）对河南省城乡饭店开展粮食消费损耗调查，调查范围为河南省全部的 159 个市区、县（县级市）、省直辖市，回收调查问卷 216 份，最终获得有效问卷 187 份。调查结果显示，饭店粮食消费的综合损耗率[①]为 18.63%，其中，米饭消费损耗率为 23.10%、面制品的消费损耗率 16.77%。首先，饭店的档次影响消费者在外用餐粮食消费损耗，在不同档次的饭店中，低档饭店的粮食消费损耗最低，其总损耗率为 10.46%，大米损耗率为 9.23%，面制品损耗率为 10.79%；从低档到中高档饭店，粮食消费损耗率逐渐上升，其中，中高档饭店总损耗率为 34.02%，大米损耗率为 49.92%，面制品损耗率为 20.86%；然而，当饭店为高档时，其粮食消费综合损耗率和大米损耗率却分别下降为 23.92% 和 22.40%，面制品损耗率增加至 24.73%。其次，饭店地理位置也会影响粮食消费综合损耗率，城市饭店平均粮食消费综合损耗率为 16.04%，乡镇饭店为 21.48%，后者明显高于前者；位于行政事业单位区的饭店粮食消费损耗率最高，在城市达到 26.97%，乡镇饭店甚至高达 34.33%。另外，就餐人员职业构成对粮食消费损耗有较大的影响，其中以行政人员为主的餐桌粮食消费损耗率最高，达到 31.37%；以事业单位为主的为 23.08%；其他以公司企业和自由职业为主的则相对较低，分别为 15.47% 和 13.34%[②]。

---

① 饭店粮食消费综合损耗率按照消费者在饭店消费米饭及面制品的比重进行加权计算，其中消费者在饭店消费的米饭与面制品的比例为 1∶3.48。

② 张浩，姚咏涵. 河南省饭店粮食消费损失现状调查研究 [J]. 粮食科技与经济，2009，34（3）：16－18.

（二）多种因素影响在外用餐损耗

在外用餐粮食消费损耗受多种因素的影响，张浩和姚咏涵（2009）的研究表明，从消费者自身来看，认为影响其粮食消费损耗最重要的因素是经济收入水平和饮食习惯，其中，选择经济收入为第一因素的比例约为31%，选择饮食习惯为第一因素的比例为25%，这两大因素共占56%。由于收入水平的提高，消费者在食物消费选择上有了较大的转变，肉、蛋、乳类等蛋白质含量高、营养丰富的优质食物成为首选，而碳水化合物含量高的禾谷类食物消费比例呈下降趋势，因此收入水平较高的消费者在外用餐时的粮食消费损耗较大。消费者的饮食习惯受到地域、物产、文化历史等影响，在外用餐时不符合饮食习惯的食品往往无人问津，这就会造成严重的浪费。另外，消费的受教育程度、年龄、性别等个体特征也会影响到其在外用餐损耗。外界因素也会影响粮食消费损耗，消费者认为影响粮食消费损耗最重要的外界因素是饭菜的质量、饭店的卫生状况和饭菜的数量，其中，选择饭菜的质量为第一外界因素的比例约为32%，选择饭店的卫生状况为第一因素的比例为20%，饭菜的质量占18%，这三大外界因素共占70%。由此可见，优质适量的饭菜可以有效地降低在外用餐粮食消费损耗率。另外，饭店的环境、消费方式、价位以及服务质量等也是影响粮食消费损耗的重要因素①。

---

① 张浩，姚咏涵. 河南省饭店粮食消费损失现状调查研究 [J]. 粮食科技与经济，2009，34（3）：16-18.

第四章　中国粮食流通安全

粮食流通是联系粮食生产和消费的桥梁和纽带。粮食流通是否顺畅不仅直接关系到粮食产需的顺利衔接，而且直接关系到粮食商品资本向货币资本的转换。根据前文中国粮食安全指标体系测算，近年来粮食流通安全状况平稳波动，略有下降，2012 年粮食流通安全系数为 5.30 分，与 2008 年的 7.98 分相比，安全系数得分下降了 2.68 分。从现实中来看，国家高度重视粮食流通工作，于 2015 年正式发布《粮食收储供应安全保障工程建设规划（2015～2020 年）》（"粮食收储供应安全保障工程"简称"粮安工程"），以全面提升粮食收储和供应保障能力，把饭碗牢牢端在我们自己手中。"粮安工程"依据"种粮卖得出、吃粮买得到"的粮食流通工作底线目标和全面建成小康社会对保障国家粮食安全的新要求，加大政策支持和资金投入，彻底改善粮食仓储、应急等基础设施条件，全面提升粮食收储供应安全综合保障能力、宏观调控能力和抗风险能力，确保国家粮食安全。"粮安工程"以建设粮油仓储体系、建立粮食现代物流体系、完善粮食应急供应体系、健全粮油质量安全保障体系、建成粮情检测预警体系、建立促进粮食节约减损长效机制为核心任务。从国家对粮食流通的重视和未来重要发展来看，粮食流通将会有一个质的飞跃，但从目前来看，我国粮食流通领域还面临着一些不容忽视的问题：粮食储备体系落后、粮食流通通道不畅、粮食流通产业效率不高等因素势必影响到粮食流通效率水平。

第一节　粮食储备体系落后

一、"危仓老库"极大影响粮食安全

（一）"危仓老库"数量依然巨大

我国粮食收储设施陈旧老化严重。据调查，目前全国还有包容达 1794 亿斤的"危仓老库"，其中，需要大修的仓容 1204 亿斤，达到报废标准的仓容约 590 亿斤。这些仓房年

久失修，已不具备安全储量功能。现有效仓容中，1998 年以前建设的仓容约 3680 亿斤，其中 13 个主产区约 2600 亿斤，占 70%。这些仓房保温、隔热、气窗气密、地坪防潮等大多不能满足安全储量要求，部分仓房缺乏粮情检测、环流熏蒸和机械通风系统等必需的储量设备以及输送、计量等收购设备，部分仓房需报废或重建。[①]

表 4-1　全国"危仓老库"分布表　　　　　　　　　　单位：亿斤

区域	需大修仓容		需重建仓容			
			需报废重建仓容		一线收纳库仓容	
	仓容	占比（%）	仓容	占比（%）	仓容	占比（%）
全国总计	1204	100	248	100	278	100
主产区	941	78	167	68	205	74
西部地区	168	14	54	22	58	21
其他地区	96	8	26	11	15	5

（二）各类不同仓型存在的问题

按照建设年代的不同，将"危仓老库"划分为 5 个阶段，并对不同的仓型提出不同的整改方案。

第一阶段，建设在 1955~1960 年的仓库，仓型主要以苏式仓为主的平房仓，材料上以砖拱、砖薄壳为主。这类仓房采用粘土砖墙，钢木屋架、瓦屋面，由于受到仓型限制，储量效果差，装粮高度只有 2 米，跨度 8~14 米，占地多；带内柱的木屋架，难以实施机械化作业；瓦屋面，导致仓库气密隔热性差，粮食损耗率高达 4%，使用年限超过 50 年。

第二阶段，建设在 1964~1974 年的仓库，仓型主要是砖木结构的小型平房仓。这类仓库采用粘土砖墙，木屋架、瓦屋面，装粮高度较高，达到 3~3.5 米，跨度为 6 米、9 米，气密隔热性差。防水材料已达到年限，房屋设计标准较低且使用年限已达 40 年左右，不能满足现行规范对房屋的要求。

第三阶段，建设在 1974~1983 年的仓库，仓型主要是平房仓、砖筒仓等。平房仓多为粘土砖墙，钢筋混凝土组合屋架，跨度最大为 15 米，散粮最大堆高为 4.5 米；墙体主要有实心粘土砖墙或空斗粘土砖墙。仓库屋架形式一般有钢木屋架、钢屋架、钢筋混凝土折线型屋架和门式钢架，还有部分钢筋混凝土拱板屋盖。仓房保温隔热性能差并且气密性较低，防水材料已到年限。

第四阶段，建设在 1983~1991 年的仓库，仓型主要是钢木屋顶、预应力折线型屋架，钢筋混凝土门式钢架仓、钢筋混凝土折板等。该时期的仓库已经比前期有了一定进步，粮食平房仓的堆粮高度已提高到 5 米，跨度达 18 米，粮食仓房的机械化程度提高，但仓房

---

① 国家粮食局. 修复"危仓老库"实施规划（2013~2017 年，征求意见稿）［R］. 2012：7.

的保温隔热、气密设置并未有明显改善。尚未安装机械通风设备，没有控温能力，夏季最高仓温高达 40℃ 以上，粮温高达 35℃ 以上，储存的新稻谷不到两年品质就陈化。防水材料已到年限。

第五阶段，建设在 1992～1997 年的仓库，仓型主要是以立筒仓或浅圆仓为主。此阶段的仓库材料为钢筋混凝土结构或砖、混凝土结构，由于该阶段仓库所使用的二级防水的防水层合理年限为 15 年，防水材料已到年限。

对于第一和第二阶段的"危仓老库"已极大不适应现代机械化操作的要求，是"危仓老库"改造的重点内容，需要拆除新建；而第三阶段和第四阶段的"危仓老库"，则以维修改造为主；第五阶段的仓库，则视仓库老化情况，进行部分维修，并不作为重点维修内容。如表 4－2 所示。①

表 4－2　各类仓型存在问题

建设年代	主要仓型	特　点	处理建议
1955～1960 年	苏式仓/砖拱、砖薄壳平房仓	仓房采用粘土砖墙、钢木屋架、瓦屋面，装粮高度只有 2 米，跨度 8～14 米，占地多；带内柱的木屋架，难以实现机械化作业；瓦屋面，气密隔热差，粮食损耗率达 4% 以上。使用年限超过 50 年	建议拆除新建
1964～1974 年	砖木结构小型平房仓	采用粘土砖墙，木屋架、瓦屋面，装粮高度 3～3.5 米，跨度 6 米、9 米，气密隔热差。防水材料已到年限，房屋设计标准较低且使用年限已达 40 年左右，不能满足现行规范对房屋的要求	建议拆除新建
1974～1983 年	平房仓、砖筒仓等	平房仓多为粘土砖墙，钢筋混凝土组合屋架、跨度最大为 15 米，散粮最大堆高为 4.5 米；墙体主要有实心粘土砖墙或空斗粘土砖墙；屋架形式一般有钢木屋架、钢屋架、钢筋混凝土折线型屋架和门式钢架；还有钢筋混凝土拱板屋盖。仓房保温隔热性能、气密性较差，防水材料已到年限	需要维修
1983～1991 年	钢木屋架、预应力折线型屋架、钢筋混凝土门式钢架仓、钢筋混凝土折板等	粮食平房仓的堆粮高度已提高到 5 米；跨度达 18 米，粮食仓房的机械化程度提高，但仓房的保温隔热、气密设置并未有明显改善。没有安装机械通风设备，没有控温能力，夏季最高仓温在 40℃ 以上，粮温达 35℃ 以上，储存的新稻谷不到两年品质就陈化；防水材料已到年限	维修改造为主
1992～1997 年	立筒库/浅圆仓	钢筋混凝土结构或砖、混凝土结构，由于二级防水的防水层合理使用年限为 15 年，防水材料已到年限	暂不作为维修重点

①　国家粮食局. 修复"危仓老库"实施规划（2013～2017 年，征求意见稿）［R］. 2012：8.

（三）"危仓老库"造成安全隐患

"危仓老库"固有设计和仓房条件给粮食储存方面带来较大的损耗。首先，表现为仓库的跨度和高度较低，无法实施机械化操作。由于手工拆卸等，导致粮食流通无法全面实现现代化。其次，仓库气密和隔热防潮的能力较差，导致在南方地区，尤其是在高温湿热的天气下，粮食霉变发生率高，对粮食的通风和防虫变效果差。最后，我国还存在一定的粮食露天存放的现象。由于粮食收购的季节性和时效性，我国粮食收储仓库库容不足，导致粮食大面积露天存放，带来安全隐患。以东北地区为例，早在 2009 年就有专家不断指出，由于粮食增产等原因，东北地区仓容不足使露天储粮增加，从而带来了粮食存储的安全隐患。直到2013 年 5 月 31 日的一场大火，才将露天存粮弊端完全暴露在人们的视野之下。

专栏 4-1："危仓老库"加大粮食损耗

案例 1：东北玉米有坏粮隐患

据《经济参考报》2009 年 4 月 10 日的报道。2008 年 10 月以来，国家下达了总量4000 万吨的玉米临时收储计划，目前东北玉米仓容压力十分紧张，特别是吉林、黑龙江约一半以上的临时收储玉米露天储存，安全隐患较多。在今年玉米播种面积和产量有望继续增加的背景下，秋粮上市后东北粮食收购压力将十分巨大。

仓容基本饱和，大量玉米露天储存

作为玉米产量和商品量最大的省份，吉林省 4 批玉米临时收储指标为 1730 万吨，目前已收 1424 万吨。中国储备粮管理总公司吉林分公司购销计划处处长廉凤国表示，吉林省国有粮食仓容为 1085 万吨，除去中央储备粮已占用的，剩余仓容不到 600 万吨，初步统计现有 1000 多万吨玉米都是露天存储。

在吉林四平市梨树县白山乡粮库，记者采访发现，该粮库已经四五年没收粮食了，今年一下子收了 2.5 万多吨，其中 4700 吨存在房式仓，近 1.3 万吨存在露天圆中。粮库一个工作人员说，现在还有 7000 多吨玉米堆放在地上，他们计划再建 40 多个露天圆存放未入库的粮食。

据中储粮黑龙江分公司介绍，黑龙江省国有粮库设计仓容为 1800 万吨左右，实际储粮能力为 1440 万吨左右，完好仓容设计能力为 800 万吨左右，实际储粮能力只有 650 万吨左右。目前，完好仓容已被各级储备占用，闲置仓容多为简易仓房，一些仓房房顶漏雨、墙壁裂痕、地面返潮，仓储条件差。目前黑龙江省国有粮库闲置仓容实际储粮能力为 450 万吨左右，按照已下达的收购计划，预计露天储存数量在 700 万吨左右。

面临库存和安全"双重隐患"

据了解，现在东北粮食储存方式主要有三类：第一类，具有熏蒸、通风、检温、降温功能；第二类，具有熏蒸、通风、检温功能，如立筒仓等；第三类为简易仓房，包括罩棚仓、露天囤等，露天囤在各类储粮方式中是最差的。

吉林吉安新能源集团有限公司副总裁任公文表示，有一些民营粮库，储粮设施非常简单，比如罩棚仓，这种仓库保温的能力太差，冬天冷没事，就怕夏天热，保存超过一年的可能性非常小。他说："估计吉林省 1000 多万吨玉米至少有 30%～40% 都是罩棚仓、露天囤存储。"

中储粮辽宁分公司购销计划处负责人说，露天囤储粮存在诸多弊端，除每年要损失水分 2 个百分点给国家造成损失外，还存在不少安全隐患，需防汛、防火，节假日要防烟火。温度升高后，质量下降比较快。另外，露天囤的防虫性较差，6～7 月为雨季，是防虫关键期。

中储粮黑龙江分公司鸡西监管处董丽霞也表示，露天囤是用钢筋、苇席围成的，防火安全性较差，如果因燃放烟花或者明火引燃个别露天囤，弄不好会"火烧连营"。此外，露天囤夏季存在漏雨隐患，粮食露天存储，受气温影响大，粮食质量变化难控制。

储粮安全存在隐患，同时库存压力也比较大。从目前各方面了解的情况看，今年我国主产区玉米种植面积将增加，继续丰收的可能性比较大。据相关部门调查，今年黑龙江省、河北、山东的玉米意向种植面积同比分别增长 0.5%、2.2% 和 2.3%。吉林省粮食经济研究所所长刘笑然表示，今年农民种粮积极性很高，水稻和玉米种植面积不会下降，预计今年吉林省大豆播种面积会有所下降，转向种植玉米。

资料来源：王晓明，春雨. 东北玉米有坏粮隐患，专家建议加快出库速度［N］. 经济参考报，2009 - 04 - 10；新华网，http：//jjckb. xinhuanet. com/gnyw/2009 - 04/10/content_ 153044. htm.

案例 2：中储粮大火烧出粮食安全隐患

2013 年 5 月 31 日下午，黑龙江省大庆市林甸县的中储粮林甸直属库发生火灾，共有 78 个储粮囤表面过火，储量 4.7 万吨，直接损失近亿元人民币。

粮库火灾凸显收储规模与存储安全矛盾

央视援引火灾事故应急指挥部的消息称，截至 6 月 1 日下午，明火基本被扑灭。此次火灾事故过火粮食 4.7 万吨，其中玉米囤 60 个共 3.4 万吨，水稻囤 18 个共 1.3 万吨。

2013 年以来受禽流感等因素影响，东北玉米等销量受到影响，粮食在仓库积压的程度可能要比往年严重。截止到 5 月 31 日，中储粮完成 2012 年新作玉米的国家统一收储，据估计约 3003 万吨，接近 2008/2009 年度峰值。加上此前的库存，估计国家掌控的临储玉米已达 5000 万吨。

而据"5·31 大火"救援指挥部介绍，事发粮库核定仓容量为 7.6 万吨。但在火灾发生时，该库实际存放的粮食已经达到了 15 万吨。很多粮食只能露天存放在用草围成的临时粮囤中，加上消防设施有限，客观上加大了防火难度。

尽管此次火灾的受损粮食规模不足以对全国粮食供应市场造成影响，但仍然凸显出国内部分粮食品种庞大的收储规模与存储安全的矛盾。

资料来源：中储粮大火烧出粮食安全隐患 [EB/OL]. 腾讯财经, http://finance.qq.com/zt2013/cjgc/zcl.htm.

"危仓老库"的负面作用一方面体现为粮食损失率的加大，另一方面还体现为安全生产方面的隐患。我国大部分农村基层粮食收纳站点大多建于 20 世纪 60~70 年代，仓型为简易木板仓、砖木结构房式仓、苏式仓等，由于粮食仓储条件差，配套设施设备简陋，加之使用年限较长、维修资金不足，存在很大的安全隐患，这种情况在西部地区和粮食主产区普遍存在。

专栏 4-2："危仓老库"带来安全隐患

案例 1：贵州省遵义市仁怀三合镇一粮仓垮塌造成 10 死 9 伤

据《金黔在线》报道，2009 年 10 月 17 日下午 2 点左右，贵州省遵义市仁怀市三合镇粮管所 7 号仓库突然发生垮塌，当时粮管所工作人员正在收购高粱，卖粮的农民和工作人员有 20 余人。垮塌发生后，这些人员被"掩埋"于高粱以及瓦砾中，造成 10 人死亡，9 人受伤。事故主要是由仓房老旧没有及时维护加固造成的。

资料来源：仁怀三合镇一粮仓垮塌造成 10 人死亡，9 人受伤 [EB/OL]. 金黔在线, http://gzdsb.gog.com.cn/system/2009/10/18/010665278.shtml.

案例 2：河南潢川一粮库倒塌造成 3 死 5 伤

据《大河网》2008 年 3 月 2 日报道，2003 年 2 月 29 日中午 12 点 30 分左右，接潢川县上油岗乡粮管所报告，该粮管所组织民工转运粮食作业时，仓库内夹墙突然倒塌，造成1人当场死亡，7人受伤。7名伤者中，有2名因伤势过重，经县人民医院全力抢救医治无效，于当日死亡。

资料来源：河南潢川一粮库倒塌造成3死5伤已妥善处理［EB/OL］．腾讯网，http：//news.qq.com/a/20080302/001838.htm.

案例3：某粮管所仓库倒塌造成3死5伤

2008年2月，某粮管所实施倒仓作业，将16号仓的粮食倒入15号仓，作业约2小时后，仓中间的隔墙突然倒塌，将正在16号仓房内实施清扫作业的8名工人埋在下面，造成1人当场死亡，2人在送往医院中途死亡。

资料来源：国家粮食局．修复"危仓老库"实施规划（2013～2017年，征求意见稿）［R］．2012：9.

二、粮食储藏技术有待提升

（一）粮食储藏提出绿色、生态、人与自然和谐发展的新要求

随着人类社会的进步，人们对食物品质要求也越来越高，粮食作为食品工业的源头，其储藏技术也正发生着深刻的变化。首先，绿色储粮技术越来越得到重视。有机食品（Organic Food）和绿色食品的蓬勃发展，对粮食绿色储藏技术提出了新的需求和挑战。据国际贸易中心（ITC）调查报告，美国、德国、日本和法国等10个发达国家有机食品销售以每年20%的速度在递增。与之相适应地，粮食储藏技术也正在发生深刻的变化。低温储粮已经被广泛采用，仅德国阿克西玛制冷设备公司生产的谷物冷却机就有1万多台在世界上60多个国家使用，全世界采用低温储粮的粮食已经超过了1亿吨；气调储粮是另一个被广泛采用的绿色储粮技术，已经在澳大利亚、美国、俄罗斯、中国等国得到有效应用。在欧洲，对于绿色储粮技术的应用，政府在政策上给予了大力支持。其次，生态储粮技术得到了长足发展。加拿大在生态储粮的研究和实践方面走在世界的前列，他们提出生态储粮系统包括粮堆生态系统和自然生态系统，甚至还研究了多哥传统的储粮生态系统，埃塞俄比亚的地下储粮生态系统。北欧的科学家研究了储粮生态系统的各相关因子的关系，并提出了不同生态系统的储粮特点。2003年，国家粮食局组织完成了《加拿大储粮生态系统》的翻译工作，为我国生态储粮提供了蓝本。最后，人与自然的和谐得到高度重视。自从磷化氢、溴甲烷等化学杀虫剂问世以后，为防治储粮虫害提供了强有力的武器，但随着储粮害虫抗性的不断增加，有害生物再猖獗和农药造成环境污染等问题日益严重，人们开始认识到化学防治不应该是储粮有害生物防治的唯一手段，提出了储粮害虫的综合防治策略（IPM），1995年在海牙召开的第13届国际植物保护大会，提出了有害生物

持续治理（Sustainable Pest Management，简称 SPM）的新概念，专家认为 PM 是 SPM 的第一步，综合治理策略发展的第三阶段应该是组建以生态区或生态系统为单位的有害生物优化调控体系。到了 20 世纪末，随着全球生态系统的不断恶化，人们对环境问题更是高度关注，环境保护甚至已经成为一个国家文明程度的标志。现在，甚至在化学领域也兴起了绿色化学，其目标是"追求完美，将污染消除于其产生之前"。世界各国都对粮食储藏环节减少和彻底放弃使用有害化学物质提出了实行时间表。[①]

（二）我国粮食储藏技术存在的主要问题

国家高度重视粮食储藏新技术的推广，并取得了较大进步，但依然存在以下方面的问题：一是过度依赖磷化氢。2002 年，成都粮食储藏科学研究所对全国 28 个省份 64 个库点的 104 份虫样进行检测，发现虫样的高抗性和极高抗性分别占 11.5% 和 13.4%。抗性最严重的有米象、谷蠹、锈赤扁谷盗等虫类。针对同一虫种，米象和谷蠹都比 6 年前的抗性倍数明显提高。这说明我国粮食主要害虫对磷化氢的抗性有明显增加。二是粮食储藏过程中水分丢失严重。粮食在储藏过程中，如果粮仓内的相对湿度低于粮食平衡水分所对应的相对湿度，粮食就会丢失水分。在相对湿度较低的华北、西北和西藏地区，粮食水分丢失尤为严重。在拉萨，储藏 1 年的大米，水分可能降至 9% 以下。如果进行机械通风，水分丢失将更加严重。粮食水分的丢失，不仅直接影响企业的经济效益，更重要的是，食用品质和加工品质都将大大降低。三是高水分粮不断增加。南方稻谷的主要干燥方式是传统的晾晒，劳动强度大。目前，随着农村劳动力大量转移，再加上粮食烘干设备没有跟上，粮库不得不收购越来越多的高水分粮。在南方地区，稻谷收获季节又是气温较高的时候，给粮食储藏技术提出了新的需求。四是储粮经济运行模式尚未完全建立。尽管我国在生态储粮技术研究方面取得了不小的成绩，特别是中储粮总公司，在这方面进行了积极的探索，并取得了可喜的成绩。但是，我国地域广阔，各地经济发展也各不相同，各地对储粮新技术应用的重视程度也各不相同。整体而言，我国不同生态区域的储粮经济运行模式尚未完全建立，常规储藏仍然占据主导地位，离精细化管理的要求尚有很大的差距。[②]

（三）我国粮食储藏技术未来发展战略

首先，粮食储藏理念将发生根本性转变，粮食储藏将与粮食加工业紧密结合。随着我国经济社会的不断发展和人们生活水平的不断提高，粮食储藏的理念正在发生深刻的变化，即围绕着粮食的最终用途，紧密与粮食加工相结合。比如，稻谷加工的最佳水分为 14% ~ 15%，而稻谷的安全储藏水分为 13.5%，如何保证最佳加工品质的稻谷，已经对粮食储藏提出了新的挑战。偏高水分粮食储藏技术和粮食调质技术将是解决这一问题的有效手段。其次，绿色生态储藏技术将得到长足发展。自然低温和气调技术相结合，将成为具有中国特色的绿色储藏技术。利用自然低温，技术条件已经比较成熟，但是受地域限

①② 兰盛斌，丁建武，黎万武. 我国粮食储藏技术战略研究 [J]. 粮油食品科技，2007，15（5）：16-19.

制；而在南方高温高湿地区，气调储粮技术则显示出其优越性。另外，通过低温储粮，粮食品质能够得到很好的保持，但是，虫害还是难以避免，如果利用磷化氢熏蒸杀虫，粮食的市场价值将会大大降低，开发绿色杀虫技术将是粮食绿色储藏的关键，利用二氧化碳杀虫将是一种最经济有效的选择。再次，储粮技术区域化是我国粮食储藏技术发展的必然趋势。我国地域广阔，自然气候条件差异很大。以生态储粮理论为指导，因地制宜发展粮食储藏技术，建立不同储粮生态区域储粮最佳经济运行模式，是我国粮食储藏技术发展的必然趋势。又次，建立粮食仓储 HACCP 管理体系。HACCP 体系是以 GMP（良好操作规范）和 SSOP（卫生标准操作程序）为前提条件和重要组成部分的综合性管理体系。它强调危险分析、风险评估和对关键控制点的控制，可用来保证粮油、食品在整个储运、加工、销售等流通过程中免受可能发生的生物、化学、物理因素的危害。在 HACCP 管理体系原则指导下，粮油食品安全被融入整个设计好的过程中，而不是传统意义上的最终产品检测，因此，HACCP 体系能提供一种起到预防作用的体系，并且更能经济和有效地保障粮油食品的安全。[①] 最后，粮食分类储藏是必然趋势。我国粮食品种繁多，一个省的小麦品种就达 1000 多种。由于不同品质的粮食混储，优质粮食的价值得不到体现，制约了农民种植优质粮食的积极性。随着粮食市场的进一步放开、政府宏观调控的加强以及粮食品质测报工作的有效开展，我国粮食的品种将会越来越少，分品种、分类储藏将会得到实现。同时，这也给粮食仓型的设计，粮食品质快速检测仪器的研制带来新的课题。

三、粮食储备布局尚需进一步优化

（一）粮食储备布局现状

我国粮食储备制度逐渐建立且完备起来。国家粮食储备制度可以追溯到 20 世纪 50 年代。1954 年 10 月 18 日，中共中央在《关于粮食征购工作的指示》中提出：为了应付灾害和各种意外，国家必须储备一定数量的粮食。此后，国家粮食储备开始形成。1990 年开始建立粮食专项储备制度，成立国家粮食储备局，负责粮食储备的管理工作[②]。1998 年，党中央、国务院决定对中央储备粮实行垂直管理体制，2000 年，中央决定成立中国储备粮管理总公司（以下简称"中储粮总公司"），具体负责中央储备粮经营管理。至此，我国基本形成了国家粮食专项储备、地方粮食储备、社会粮食储备三大粮权归属主体的粮食储备管理格局。与此同时，又在粮食品种和地区上进行了进一步的储备布局。一是在储备了相应的大米、小麦、玉米三大粮食品种外，还储备了一定数量的大豆、食用植物油，形成了较好的粮食品种储备结构。二是除在粮食主产区建立了众多的国家粮库，储备了大量的粮食外，还在粮食主销区、自给区安排了足够的国家粮食储备，形成了较好的粮食储

---

① 兰盛斌，郭道林，严晓平，丁建武，黎万武. 我国粮食储藏的现状与未来发展趋势 [J]. 粮油仓储科技通讯，2008（4）：2-6.

② 周慧秋，李忠旭. 粮食经济学 [M]. 北京：科学出版社，2010：60-61.

备区域布局结构。三是除国家储备粮食外，还鼓励粮食加工企业、粮食物流企业及农民群众建库储备粮食，形成了国家专项储备、企业周转储备、民间择机储备的不同所有制粮食储备主体结构。① 这种多层次的储备格局，保证了国家通过库存有效调节粮食供求，对稳定粮食价格起到了积极作用。

（二）粮食储备布局存在的问题

从中央储备和地方储备的配置格局来看，粮食储备不平衡。首先，中央储备相对充裕，而地方储备则还需健全。随着粮食产量连续多年的增长和粮食最低收购价政策的执行，中央储备的数量不断增长，目前许多中央直属储备库均是满负荷储备，粮食储备规模达到历史较高水平。② 其次，中央和地方资金保障能力不同，导致粮食储备落实情况有差异。由于储备粮收购的购销费用及产生的盈余由各级财政自行承担，而分税制改革后，地方财政可支配收入占财政总收入的比重逐渐下降，特别是一些经济欠发达地区因受财政实力的制约和对储备风险的担忧，没有财力也没有激励去保障储备粮购销和储藏的资金需求，一些地区至今都没有较好地落实"产区三个月、销区六个月"的政策要求。最后，粮食储备管理体系尚不完善。中央储备管理机制比较健全，但地方储备管理体系还不统一。目前，中储粮系统按照"三级架构、两级法人"体制实施的垂直管理体制已比较健全，但地方储备系统并没有统一的管理体制和运行机制，部分省份如广东、浙江等建立了垂直管理体系，但一些省份仍然实行省、市和县分级储备，管理体制也不尽相同。③

从粮食储备的地区分布来看，粮食储备布局存在一定程度的不合理。产区储量大，销区储量小，产区和销区之间的利益摩擦往往影响粮食安全供给。尽管我国在历史上提出和执行过米袋子省长负责制，要求地方政府对当地的粮食安全负责；曾组织过粮食产销区对接，鼓励销区政府在产区建设粮源基地和增强粮食储备能力，但是由于受本位主义思想的束缚和储备成本利益所制，当前的粮食储备仍然大部分集中在主产区。中央储备粮总量的70%左右集中在粮食主产区，尤其是东北三省和内蒙古集中了大量的中央储备④，产粮大省河南就集中了全国近10%的仓容，而东南沿海的主销区，如浙江、广东、江苏和上海等地的储备规模过小，第一粮食消费大省广东的仓容仅有近千万吨，占全国仓容总量不到3%⑤，这种储备布局造成了每到突发性粮食安全事件发生时，从产区向销区调运粮食成为政府处理应急事件的首要任务和压力。

从我国粮食储备的品种结构来看，粮食储备还有待进一步优化。首先，我国大米和小麦的储备相对不足，玉米储备规模偏高。我国北方地区主食食品主要是小麦，南方

①　吴娟，王雅鹏．我国粮食储备调控体系的现状与完善对策［J］．农业现代化研究，2011（6）：661－665.

②　秦中春．我国新型粮食储备体系的主要特点［J］．农产品加工，2009（11）：14－15.

③④　贾晋．我国粮食储备的合理规模、布局与宏观调控［J］．重庆社会科学，2012（2）：82－94.

⑤　高启杰．城乡居民粮食消费情况分析与预测［J］．中国农村经济，2004（10）：20－25.

广大地区和全国大中型城市居民日常食用的主食食品 60% 以上为大米，玉米的主要用途是饲料加工等转化用粮，居民口粮占的比例较小。储备结构与消费结构的不匹配降低了粮食安全的保障力度。其次，从储存形态看，现有储备粮都是以原粮（小麦、稻谷、玉米）和原油（毛油）的形态储存，成品粮库存（面粉、大米等）的比例较低，在救灾或突发事件需要紧急动用时，使得救灾能力受到限制。最后，中央储备从全国需求出发，在全国范围内进行粮食品种布局。由于不同粮食品种对外部自然环境的要求不同，适合在湿热南方地区存储的品种往往和需求有较大的差距。以上海等南方地区为例，由于考虑到地区自然条件等因素，当地储存了对温度和湿度等变化较为不敏感的玉米品种，而当地在发生缺粮时所需要大米等品种却少有储备。在真正需要时，则需大量外调。①

（三）粮食储备设施布局优化方式

对于中央储备和地方储备的配置方面，根据政府粮食储备的公共品性质和受益范围，中央政府理应承担粮食储备资金的筹资责任。同时，按照筹资与供应职能分离的供给模式，地方储备可以根据市场变化快速反应、就近投放。根据上述思路，中央—地方储备布局可按如下路径安排进行优化：一是政府粮食储备体系精简为中央储备和省级储备两级，撤销市、县级储备，省级储备实施垂直管理。二是中央和省级储备的收购资金均由农发行全额贷款并监督使用，购销、储存和监管费用均由中央财政承担，同时加大对地方储备执行储备计划和资金使用的监管。三是中央储备主要承担战略储备和部分后备储备职能，以城镇居民全年口粮需求量为标准，减少过多的中央储备规模。省级储备承担后备储备任务，严格落实"产区三个月、销区六个月"的储备规模。四是不再新建和增加中央直属储备库，重点将在粮食主销区兴建的储备库纳入省级储备的管理范围。

优化粮食储备的区域布局，应以两个目标为政策设计的着眼点：一是调整当前粮食储备主要集中于主产区的布局格局，大幅增加粮食主销区粮食储备的规模，适度增加产销平衡区的粮食储备，实现产区、销区和产销平衡区粮食储备的基本均衡。二是加大重大铁路沿线粮食储备库的布点，适当增加长江、珠江等主要水路运输通道沿岸大中型城市的粮食储备库点。同时，还要加大主要铁路、水路和公路运输枢纽型节点城市的粮食储备库布点和储备规模。为实现上述政策目标，一方面要构建粮食储备的产、销区利益协调机制。要建立产区和销区之间稳定的粮食购销机制，形成定向流通为主的稳定、长期的区域合作伙伴和流通体系。另一方面，交通运输体系的建设规划要与储备库点的布局规划充分对接，确保中大型粮食储备库点布局与主要铁路、水路及公

---

① 贾晋.我国粮食储备的合理规模、布局与宏观调控［J］.重庆社会科学，2012（2）：82－94.

路运输的无缝衔接。[①]

优化粮食储备品种结构，首先，要加大大米的储备规模，逐渐减少玉米的储备量。其次，要适当保证部分成品粮油的储备比例，以应对突发性的粮食危机事件。最后，要适度加大绿色、有机等高品质粮食品种的储备规模，以满足居民的消费需求。

第二节　粮食流通通道不畅

一、"南粮北运"粮食主通道亟待打通

（一）我国粮食运输格局发生变化

随着我国工业化、城镇化的快速发展，我国粮食产销格局发生了重要改变，粮食生产区域重心由南向北、由东向中逐步转移。目前粮食调出省由 14 个变为 7 个，即东北三省、内蒙古、河南、安徽和江西，传统的粮食主产区浙江、广东、福建逐渐变成了粮食主销区，粮食自给率只有 30% 左右，已经由粮食调出省变为调入省；粮食产销平衡区仅存新疆、甘肃、宁夏。粮食产销格局的变化推动粮食运输格局发生根本性逆转，"南粮北运"逐渐向"北粮南运"、"中粮西运"转变。"北粮南运"和"中粮西运"区域布局的形成，增大了省际粮食流通量。据粗略估计，现在每年粮食流通量达到 2 亿多吨，且呈逐年增加态势。由于散粮运输和粮食流通基础设施不适应粮食流通发展的需要，导致运输通道不通畅，不仅引起粮食大量浪费，而且导致主产区的储备粮不能及时运到销区，销区的粮食需求不能及时得到满足，而产区粮食不能及时出库，因库容有限不得不压低新粮收购价格，影响农民利益。

"北粮南运"主要是指我国东北和中部地区的粮食运往东南部粮食主销区——广东、浙江、福建、上海等省市。按照《全国新增 1000 亿斤粮货生产能力规划（2009～2020年）》的规定，预计 2020 年东北地区粮位产量将达到 13600 万吨，跨省粮食外运量将达到 6400 万吨。目前，我国"北粮南运"有三种运输路径：东北地区玉米沿水路运往华南地区，黑龙江等地区稻谷沿铁路运往华东、华南地区，中原黄淮海地区小麦运往华东、华南地区。从粮食运输方式看，主要是铁路、公路和水路运输。铁路运输主要承担从收纳库到终端库的粮食运输，运量大、连续性强，铁路粮食运输在发达国家仍占有较高的比重；公路运输主要承担粮站库到收纳库之间的粮食运输；水路运输由于运距长，成本低，主要承担中转库向终端库集并的粮食运输和出口粮食的运输。铁路运输基本上由铁道部门承担，

---

① 贾晋. 我国粮食储备的合理规模、布局与宏观调控［J］. 重庆社会科学，2012（2）：82－94.

水路运输中的海运集中度也较高，公路运输和水路运输中的内河运输则处于一种"散、弱、小"的状态。打通"北粮南运"主通道，加强产销衔接和粮食物流资源整合，重点在于推进铁路散粮火车在东北区域及全国其他区域的运营，以及铁路、公路、水路的多式联运，实现跨省粮食主要物流通道的散储、散运、散装、散卸，这也是国家粮食"十二五"规划中提出的重要内容。

（二）"北粮南运"现存的主要问题

"北粮南运"存在的问题主要表现在以下几个方面：首先，运费成本高、运输效率低、损耗大。从运输成本上看，目前我国粮食主产区到需求地的运输成本占粮食销售价格的30%，是发达国家的2倍左右。从运输时间上看，东北地区的粮食运往南方销区一般需要30天左右，比发达国家同等距离多出1倍以上的时间。此外，粮食损耗量每年高达总量的8%左右。目前，由于国内粮食产销区域并不完全对称，东部地区粮食消费量大的省市库容偏小，加之流通效率不高，一旦粮食运输中出现问题造成粮食流通不畅，很容易引起粮价波动。另外，国家铁路货物运输的提价，更加重了粮食运输的成本负担，"北粮南运"的问题愈加突出。其次，东北粮食外运通道狭窄。在东北地区铁路运粮的通道中，山海关入关是必经之地，但该段铁路要承担其他货物的运输，运输通道相当拥挤。因此，可供粮食运输的铁路运能明显不足。尤其是粮食运输集中在每年的第一、第四季度，一旦到了运粮旺季，入关路段常使东北地区粮食外运受阻。此外，目前铁路运输政策规定散粮专用列车尚不允许入关，进一步严重影响"北粮南运"效率。统计数据表明，由东北地区外运的玉米、稻谷，以及由黄淮海地区外运的小麦中，有40%~60%要依靠铁路运输来完成。但是，由于我国铁路运力不足，每年仅有18亿~20亿吨的货运量，只能满足30%的实际需求，尤其是山海关受铁路线路的限制，每天只能通过60对专列，致使粮食铁路运输能力严重滞后于需求。最后，铁海联运运力配置不合理。由于铁海联运系统不够完善，未能充分发挥大批量分流铁路运量的优势。由于海运运价波动大、运输周期长，与铁路运输运力吃紧相比，辽宁沿海各港粮食码头却存在"吃不饱"的现象。据统计，东北地区以铁水联运方式经辽宁沿海各港的粮食外运数量仅占总量的40%。在粮食外运旺季，铁海联运的需求却不旺，辽宁各港均出现了大量闲置运力。同时，由于缺乏实力雄厚的专业化散粮运输船队，粮食沿海运输还面临船龄老化、船型结构不合理、运输市场价格形成机制不规范、运力结构不能满足市场需求的问题，直接影响了粮食外运主体对铁海联运的选择。因此，铁海联运的运能目前仍无法有效缓解铁路运粮的压力。[①]

① 杜亮.基于铁海联运的"北粮南运"路径优化研究［D］.大连海事大学硕士学位论文，2012：33.

专栏4-3："危仓老库"带来安全隐患

"北粮南运"通道中东北地区的重要粮食节点

在铁海联运方式下，"北粮南运"通道中东北地区粮食运输主要由大连、营口、锦州和丹东四大点进行中转。

大连是我国北方最大的粮食集散地，是粮食内外贸易的主要口岸，也是东北经济区"北粮南运"和进出口大通道的主枢纽和桥头堡。大连粮食运输港口主要是大连港和北良港。北良港建成投产后，凭借泊位能力、仓储能力、集疏运能力以及生产效率方面的优势，形成了较大的客户群体，在辽宁口岸粮食总吞吐量中处于绝对的主导地位，但由于北良港世界银行贷款、产权结构不清等一系列问题，降低了北良港的竞争力，近年来，北良港的市场份额略呈下降趋势。相比之下，大连港集团呈上升趋势，随着大连港集团30万吨筒仓和500辆散粮车投产使用，大连港散粮码头的仓储能力得以大幅提升，竞争实力明显增强；同时与锦州港的资源整合，也将保持其货源的稳定。但北良港的领先地位短期内不会有所改变。

在粮食运输上，营口港地理位置比大连港优越，且具备40万吨的仓储能力。就目前来看，由长春经铁路运至营口港费用为51.9元/吨，港口包干费为33元/吨，粮食运输的综合物流成本每吨比大连港和北良港的费用低10元。营口港以粮食贸易带动港口转运，运贸一体，极大地增加了港口的转运量。与驻港的南方客户关系紧密，亦可保持内贸玉米转运量的稳定。

对锦州港而言，粮食运输是其港口的品牌产品。锦州港有得天独厚的地理优势，葫芦岛、阜新、朝阳年产商品玉米在200万吨左右，为锦州港的专属货源。锦州港20万吨筒仓与2台装船机配合使用，极大地提升了锦州港在粮食货种上的竞争力，使其在粮食货种上的转运量和市场份额十分稳定，未来仍能够在竞争中保持一定份额。在集疏运能力上，锦州港亦具有比较优势，火车集疏运能力为120万吨/年，汽车集疏运能力为300万吨/年，远高于其他港口，且具有综合费用上的优势。以散粮运输的玉米为例，由长春经铁路运至锦州港费用为47.36元/吨，港口包干费为33元/吨，每吨综合成本比大连港和北良港费用低15元/吨，比营口港费用低5元/吨。

丹东港在东北粮食外运上具有较好的区位优势，未来进口粮食趋于乐观，目前3个3万~5万吨粮食专用泊位及一期10万吨粮食筒仓已建成。二期工程已完成并投入使用，总仓容已达到7万吨。规划25万吨筒仓、10万平方米平仓将在未来3~5年内建成，这无疑大大增强了丹东港的粮食通过能力。另外，2012年东边道铁路的全线贯通也对丹东港的粮食转运起到了较大的拉动作用。丹东港的区位优势已引来美国帕斯特谷物公司在丹东开展粮食加工业，正与丹东港合资建设加工能力200万吨/年（一期60万吨/年）的大豆油脂加工厂和200万吨/年（一期100万吨/年）的玉米加工厂，原料全部外贸进口，其年加工能力200万吨/年的大豆油脂加工厂项目一期工程已经竣工，二期工程也将竣工。该项目将为丹东港粮食进口吞吐量带来较大增长。

表4-3 东北地区沿海散粮物流节点粮食物流中转能力

港口名称	泊位设计通过能力	仓储能力	散粮专用车配套能力	主要机械设备能力	泊位性质
北良港	1100万（6个）	散粮筒仓150万吨 铁路罩棚3万平方米 堆场30万平方米	L18型专用车2400辆 40吨散粮卡车18辆 65吨散粮自卸车8辆	装船能力6000吨/小时 卸船能力2000吨/小时	粮食专用
大连港	950万（7个）	散粮筒仓52.5万吨 堆场41万平方米	L18型专用车500辆	装船能力1350吨/小时 卸船能力925吨/小时	粮食为主
营口港	800万（1个）	散粮筒仓40万吨 堆场30万平方米	L18型专用车150辆	装船能力2000吨/小时 卸船能力1000吨/小时	粮食专用
锦州港	700万（7个）	散粮筒仓40万吨 堆场40万平方米	散粮卡车200辆	装船能力2000吨/小时 卸船能力2000吨/小时	粮食为主
丹东港	800万（3个）	散粮筒仓25万吨（2010年预计）平仓10万平方米	数据不详	数据不详	粮食专用

资料来源：根据各港口相关统计数据整理得到。

资料来源：杜亮.基于铁海联运的"北粮南运"路径优化研究［D］.大连海事大学硕士学位论文，2012：27-28.

（三）打通"北粮南运"主通道的方式

要突破"北粮南运"的瓶颈，彻底解决东北地区粮食南下的通道问题，方案不外乎两个：一是通过山海关铁路南下；二是通过港口走铁海联运。从目前的情况看，我国铁路运输始终是国民经济发展的稀缺资源，目前中国铁路的满足率还不到2/3，而且铁路山海关限制口的通行能力短期内还很难有大的突破，粮食南下走山海关铁路运输的数量很有限。基于我国铁路运力短缺的现状难以在短期内改变的现实，要提高粮食物流的效率，在很大程度上还应充分利用我国水路资源的优势，建立水陆无缝化连接的运输系统。对于水陆无缝化连接的运输系统，通过铁路企业、公路运输企业、班轮公司与接卸港口合作，不仅可以降低陆运费、海运费和港口费用，而且可以通过更好的衔接，节省各个方面的等待时间，如优先挂靠、优先装卸、优先装船等，从而节省时间成本。所以，东北的粮食通过铁路运至大连港口，再海运到东南沿海的粮食运输通道，是充分发挥现有运输能力的最佳措施。拓展这条通道既可以避开山海关限制口，直接运到大连附近港口，不受通过能力限制，又可以使铁路运用车保留在关外运转，降低铁路排空费用，解决运用车不足问题，缓解长三角方向运输紧张等矛盾，增加粮食铁路运输数量。[①]

搞铁海联运，需要良好的基础设施。早在 1991 年，吉林四平市北山粮库就开始引进澳大利亚的散粮设施。1993 年，经国务院批准，我国利用世界银行贷款在沿海、沿长江地区建设散粮设施，其中，东北粮食走廊的建设特别是大连北良港的建设，运转良好。1998 年开始，国家利用国债资金在全国建设了一批现代化粮库，其中，东北粮食走廊仍是建设重点，房式仓、浅圆仓、立筒仓等先进的储运设施，现代化水平高。2003~2012 年先后建立起来的大连北良港、大连港、营口港、锦州港、丹东港等，年中转能力 3000 万吨以上，仓容 300 万吨以上，主要由港口粮食中转、粮食储备库、铁路运输三大部分组成。其特点是改变传统的粮食袋装储运方式，采用现代化的粮食散装、散卸、散储、散运的四散化储运方式。

二、"西南西北"粮食流入通道不畅

(一) 西部地区粮食需求缺口较大

中国西部地区历来是缺粮区，改革开放以来粮食生产发展较快，自给能力有了很大提高，但仍供给不足。以粮食总产量看，除北京、天津、上海等特大城市外，西部各省区（除内蒙古粮食主产区之外）均处于全国各省区的后列，其中西藏最低。以人均粮食占有量看，1979 年西部地区仅有 302 公斤，1994 年达 323 公斤，2000 年达 375 公斤，2005 年为 378 公斤，2012 年为 436 公斤，按人均 400 公斤标准计算，仅有 2010 年、2011 年和 2012 年达到消费需求，其余年份都无法完全满足消费需求。若从西部各省份看，以 2012 年为例，除内蒙古、宁夏、新疆、甘肃、四川人均粮食占有量均不同程度地超过 400 公斤外，其余各省份均有差距，其中贵州省仅为 310.52 公斤。西部地区供求缺口较大，其中云南、贵州、青海、陕西等省份缺口达 100 万吨以上。实施西部大开发后，实行一退三还，要求 25 度以上的坡地必须退耕，据有关资料显示，西部退耕面积在 515 万亩以上，这将导致在一个不短的时间内，西部粮食总产量必然减少，加之西部自然条件差，如水土流失严重、土地贫瘠、中低产田多、水资源缺乏、气候干旱等，且开发难度大，粮食增产潜力不大，据此估计，到 2020 年粮食缺口可能达 5000 万吨以上。

---

① 孟凡胜. 中国农产品现代物流发展问题研究 [D]. 东北大学博士学位论文，2005：96.

（二）"西南西北"粮食流入通道建设受到多种因素的制约

"西南西北"粮食流通设施较为落后，受到多种因素的制约。首先，西部地区经济发展水平落后。西北地区包括新疆、青海、宁夏、甘肃和陕西五省区，西南地区则包括云南、贵州、四川、重庆、西藏和广西六省（市、自治区）。这两个区域大部分地区处于我国边疆地带，整体而言，经济发展水平落后。从经济发展总量来看，GDP绝对值较低。2012年，全国区域经济总量排名中，除四川、陕西和广西分别居于第8、第16和第18位之外，其余的几个省份均居后10位之列。从人均GDP的数值来看，西北、西南区域经济发展水平有较大差异，贵州、甘肃、云南、西藏和广西居全国的后五位，而陕西、宁夏分别位于全国的第13和第15位。从各省份内部来看，经济发展不平衡较为显著。省会或首府城市经济发达，而地处偏远或交通不便利的地区经济落后。西部地区经济发展水平不高，经济发展目标成为当地的首要目标，导致粮食流通设施建设投入不足。其次，西部地区气候条件差异较大，对粮食储运设施要求较高。西北地区地处干旱地带，冬夏分明。尤其是青海、新疆等地，冬天气温能达到−30℃，夏天达到37℃以上，这都对粮食储藏和运输条件提出很高要求；我国西南地区气候湿热，但地理条件恶劣，高山、沟壑等很不利于粮食的耕作和运输。最后，运输成本较大，运输条件还有待发展。从现有的粮食生产和消费情况来看，西北和西南边疆这些省区中，西北地区的新疆和宁夏粮食略有盈余，其他几个省区均为粮食短缺地区，其中西藏和重庆粮食产销基本平衡，而缺口比较大的地区为广西、陕西和贵州。仅有1/4的省区基本属于粮食自给区域，而一半的省区是粮食短缺省区，新疆和宁夏成为该区域重要的粮食供给省。但西北和西南地区由于经济发展情况和自然条件的限制，除西南部分地区可以利用水资源以外，其他大部分地区的运输方式以铁路和公路为主，甚至有些地区铁路尚未通到，且铁路的运力和运量还有所限制。西北地区较为平整，公路运输条件较为便利，但西南地区高山林立、运输条件差，尚有公路运输不到的地区，因此，运输成本较大。

（三）加强"西南西北"粮食流入通道建设的方式

由于西南和西北地区经济总量低，社会经济发展水平落后，基础设施建设水平是经济发展的瓶颈。因此，突破西部边疆地区粮食物流基础设施发展不足的瓶颈，成为打通西南西北粮食通道的重要内容。作为相对落后贫困型的粮食主销区，国家要加大粮食物流基础设施建设，首先，要大力发展铁路与公路建设，以保障粮食流通的顺利进行；其次，要加强粮食专用码头、专业铁路等的建设，实现粮食公铁的无缝对接，加强粮食"四散化"设施建设，不断提高粮食接卸能力，降低粮食物流成本；最后，要加强西部边疆地区粮食仓储和加工能力建设，改善粮食仓库结构，提升仓储技术水平，以满足粮食"四散化"运输的要求。提升西部边疆地区粮食加工能力建设，提高粮食质量，延伸粮食产业链条，增加粮食制成品附加值，以促进当地农业产业化的发展。

三、粮食通道衔接体系不完善

（一）粮食流通方式

粮食的运输方式主要有铁路、公路、水路、航空和管道运输等多种方式。在我国的粮食物流过程中，粮食的铁路运输量所占比例较大；公路运输较为普遍；水路运输较为经济；航空运输由于价格较高，因此只用于紧急的粮食短缺状况；而管道运输仅用于油脂的运输。目前我国粮食物流中铁路运输是最主要的方式，其次是公路和水路：①粮食的铁路运输量比例约为 50％，约占铁路货物总运输量的 4％。粮食运输资源中，500 公里距离以上的粮食陆路运输仍主要依靠铁路运输。据统计，经铁路运输的粮食每年为 5500 万～8200 万吨，早在 2003 年就突破了 1 亿吨。目前，东北三省粮食铁路运输总量为全国铁路粮食运量的 50％。由于 2800 辆 L18 散粮专用车皮用于东北地区的粮食运输，所以东北地区铁路散粮运输比例为 30％，高于其他地区。而运达其他地区的铁路运输仍以包粮为主，散粮铁路运输所占比例仅为 13％。②粮食的公路运输比例为 30％，约占公路货物总运输量的 1％。全国粮食汽车运输量每年为 1.1 亿～1.2 亿吨。全国公路货物运输的平均运距为 66～70 公里。按粮食主产省统计，2000～2002 年粮食公路运输量河南省为 3468 万～4110 万吨，平均运距 48～57 公里，黑龙江省为 423 万～470 万吨，平均运距 41～43 公里。粮食汽车运输以短途运输、包装运输为主，根据已有数据统计，公路散运比例为 6％；运输工具以社会车辆为主。东北地区公路散运比例约为 20％，高于全国其他地区。③粮食的水路运输量约占 20％，约为全国水路货物运输量的 1％。1998～2002 年粮食装船出港为 1999 万～2966 万吨，入港为 1816 万～2599 万吨，而仅北良港 2003 年装船已达到 780 万吨，卸船 140 万吨。粮食的内河运输总量据统计约 300 万吨，散运比例约 50％。

（二）粮食流通受到多种因素的制约

我国粮食流通受到多种因素的制约。一是粮食流通方式较为落后。国家粮食局科学研究院研究员丁声俊认为，造成粮食运输损失的主要原因是粮食物流方式比较落后，主要以包粮运输为主，散装运输比例约为 15％。包粮运输难以实现机械化作业，造成粮食损耗大、物流效率低、物流成本高。在包粮运输过程中，要实行袋装、袋运、袋卸，粮食要装袋，有的需要开包散装入库，在运往加工厂的地方又要打包，在这个过程中会造成抛撒、遗留。二是粮食经营企业效率低下。目前我国粮食经营企业数量多、规模小、产销脱节、功能单一、吞吐量散而小，难以实行大批量的散运和"厂库"联运以及形成规模效益。物流资源分属不同地区和部门，粮食跨区域、跨部门流动和资源共享存在障碍。比如东北地区粮食发运人多、户年均发运量低，不能满足运输部门整列、整船发运的要求，影响运输效率的提高。三是粮食物流体系衔接不畅。粮食物流没有形成完整体系，仓库、运输工具和中转设置之间不能有效衔接，在装卸过程中造成浪费。受东南沿海销区港口散粮接卸能力的限制，东北地区港口散粮作业设施不能有效利用。在重要的物流节点和主要港口，散粮接卸、中转能力不足，导致粮食装卸过程中抛撒遗留现象严重。

（三）优化粮食物流方式

要彻底解决粮食通道不畅局面，全面提升粮食流通效率，改变粮食物流方式是未来粮食物流的重中之重，即要逐步减少包粮运输，扩大散粮流通方式。包粮流通是最古老的流通方式，存在着劳动强度大，作业环境差，流通成本高，损耗大、运营效率低等缺点，世界上只有少数经济欠发达的国家仍然是包粮流通，而在经济发达国家及部分发展中国家，均是以散粮流通为主。长期以来，我国粮食运输以传统的"包装运输"方式为主，兼有少量的散粮运输。近些年，加拿大、美国、澳大利亚对传统的粮食物流进行了创新，使粮食物流同其他商品一样实现了集装箱单元化。散粮储运相对于传统的袋装运输表现出明显的竞争优势，取得了良好的经济效益和社会效益。一是降低了运输费用。传统粮食运输，要麻袋包装（标准袋为4元/条，麻绳约为每吨5000元），每吨粮食单包装费至少要5~10元，装卸也全靠人力肩扛，劳动强度大、费用高；而散粮储运不需要麻袋包装，装卸全是机器输送。从东北产区到大连北良港，通过散粮系统运输的粮食比传统运输每吨可节省流通费用46元左右。二是减少了损失。传统麻袋包装运输漏泄损失较为严重，每吨运输的损失一般在5%~7%；而散装储运由于采用的是专用的粮食输送设备、专用的密封车辆，在运输途中的抛撒损失每吨在1%以下，每吨粮食可节约50元左右。三是提高了效益。传统袋装储运，由于人工背扛，效率低，装卸时间长。东北地区袋装火车运输往返在途时间要8天，而散装运输只要3~5天。船舶在港口停泊的时间也由原来的7天减少到3天左右。四是保证了质量。由于散粮运输装卸储基本都是在全封闭的条件下进行的，从而有效地杜绝了困扰我国多年的在粮食中含有麻绳、铁块、石块等恶性杂质等问题。在后方中转库和港口库实现了机械化自动分等分级，提高了粮食的卖价，增加了农民收入。[①]

第三节　粮食流通产业竞争力不足

一、粮食企业活力不足

（一）国有粮食企业的功能定位导致其处于两难选择

从功能定位来看，国有粮食企业的功能相互矛盾。我国现有的国有粮食企业实际上承

[①] 孟凡胜. 中国农产品现代物流发展问题研究［D］. 东北大学博士学位论文，2005：96-98.

担着四个任务：一是作为宏观调控的载体，确保国家粮食安全；二是要按保护价敞开收购农民余粮，保护农民利益，保证粮食供应和粮市稳定；三是要实现盈利，创造经济效益；四是要养活一大批职工，企业办社会，承担社会保障职能。在实际工作中，要全部实现这些目标是不可能的。

按照我国现行的政策，粮食企业要真正成为市场主体，就要以经济效益作为唯一行为准则，随行就市收购粮食，例如以最低的价格收购最大销量的粮食；若要保护农民利益，就要按保护价敞开收购农民余粮，譬如说常年以高于市场价的保护价收购粮食。在现有条件下，粮食行政管理部门往往以多重标准来衡量和考核国有粮食企业，一方面要国有粮食企业成为自主经营、自负盈亏的经济实体，另一方面又要按照政府确定的高于市场价的保护价收购粮食，在体制尚未理顺的情况下实现顺价销售。国有粮食企业既从事商业性经营，又承担政策性业务，企业在多重标准下常常陷入两难的境地，因而不得不以政策性亏损掩盖经营性亏损。

（二）国有粮食企业的"三老"问题尚未完全解决

国有粮食企业包括以执行国家粮食政策性收购、储存业务为主的国有粮食购销企业，以粮油加工业务活动为主的国有粮食附营企业两部分。国有粮食企业的"三老"问题是指分流安置富余职工（称为"老人"）、粮食财务挂账（称为"老账"）、原保护价（含订购价）库存粮食（称为"老粮"）。自1998年之后，国家颁布各种政策和措施积极解决"三老"问题，已获得较大的成果，但还有部分问题尚未解决，主要表现在"老人"和"老账"方面。首先，"老人"安置资金落实不足。从近些年各地国有粮食企业执行分流安置富余职工、落实社会保障等政策的情况看，省份之间很不平衡。粮食主销省份、产销平衡省份地方财力好，政策落实的相对好一些。粮食主产省份由于财政困难，多采取量力而行、分步实施的办法，政策落实难以一步到位，反映问题较多的也集中在这些省份。按照2006年国务院《关于完善粮食流通体制改革政策措施的意见》，国有粮食企业分流安置职工和离退休人员所需资金，还需由省级人民政府统筹考虑，采取多渠道加以解决。其次，"老账"并未完全消化。尽管国家有关政策已明确了财务挂账的处置办法，但目前仍有部分遗留问题尚未得到彻底解决：一是全国约94%的政策性粮食财务挂账已从企业剥离上划至县以上（含县级）粮食行政管理部门集中管理，但占用商业银行贷款的部分政策性挂账和西藏区所有政策性粮食挂账尚未从国有粮食企业剥离上划到县以上（含县级）粮食行政管理部门集中管理，影响了企业经营。二是1998年6月1日以来，未占用农业发展银行贷款的政策性亏损由地方政府负责弥补，但各地至今尚未出台具体消化处理方案，仍由企业负担。三是目前大多数国有粮食企业自主经营困难，主要依靠政策性粮食收储维持生存，靠自身难以消化全部经营性挂账。[1]

① 肖春阳. 我国国有粮食企业"三老"问题历史和现状 [J]. 粮食问题研究, 2012 (1): 8-14.

（三）国有粮食企业改制后留存问题依然存在

首先，长期以来，在计划经济体制下，我国企业受条块分割的行政管理体制的影响，粮食流通产业企业按行政区划设置，而且，收购、调拨、储存、加工是分离的，由不同的企业承担，市场范围小，这必然限制企业规模的扩大。其次，我国实行经济体制改革以来，经济发展一度进入快速增长阶段，需求膨胀，诱使过多的新企业盲目进入。再次，由于企业产权关系不明晰，尚未真正形成优胜劣汰的竞争机制，国有粮食企业相当长的一段时间内实行承包制有明显的"鞭打快牛"的倾向，即使是效益较好的粮食流通企业也难以实现自我积累、自我发展，缺乏企业规模自我扩张的机制，难以形成大型企业。最后，企业人员老化问题开始呈现。目前，粮食企业的职工大部分为企业转制后又重新聘任上岗的粮食企业老职工，在年龄和文化水平、专业知识上都不能满足企业发展的要求，企业规模小，对人才的吸引力、接纳力不够，企业发展的后劲不足。

二、粮食流通产业市场结构有待优化

（一）国有企业占有较大比重，与其他所有制经济并存发展

我国粮食流通企业数量过多，仅国有粮食流通企业就有2万多家，个体粮食经营者不计其数。据统计，全国最大的前30家粮食流通企业经营额还不到整个产业的5%，大型粮食流通企业极少，粮食流通产业市场结构还不适应市场经济发展的需要。在我国特定的经济体制下，粮食流通产业市场结构的形成是中央政府和地方政府利益博弈的结果。

（二）粮食流通产业进入壁垒低

从粮食流通产业的进入机制看，进入壁垒偏低。进入壁垒由规模经济壁垒、产品差异壁垒、相对费用壁垒三种经济性壁垒构成。由于粮食流通产业的特殊性和经济性，粮食流通产业的进入壁垒较低。首先，与其他工业企业相比，粮食企业开办容易，规模经济壁垒并不显著。其次，在买方市场条件下，粮食流通产业由于社会产品相对丰富，产品差异小，新企业进入流通产业的产品壁垒也是较低的。最后，相对费用壁垒也低，粮食流通产业并非技术密集型产业，新企业开办时购进设备、引进技术、寻求供应商、培训人员等费用均不高。正是流通产业的这些特点决定了粮食流通产业的经济性壁垒普遍较低。另外，由于我国粮食丰歉年度差异很大，在歉收年度，即使远远没有达到最小经济规模的企业也能获得丰厚的利润，规模经济壁垒对企业进入行业的抑制作用十分微弱。因此，粮食购销市场放开后，大量私营企业和个体经销商拥进粮食流通产业，从而形成低水平过度竞争。

（三）粮食流通产业退出壁垒高

从粮食流通产业退出机制看，退出壁垒高。"退出壁垒"经济学上也叫"沉淀成本"，受整个计划经济制度环境的影响，在相当长的一段时间内，我国国有粮食企业被认为只能

"生"，不能"死"，不论规模大、中、小，不管产品是否适应市场需要，不问企业财务状况如何，都必须搞好，破产被认为是不可思议的。一些长期亏损的国有企业不能退出粮食流通产业，有限的粮食流通产业拥挤着众多"只生不死"、"伤重难医"的企业。与此同时，计划经济体制下形成的企业办社会现象，在粮食流通行业表现得尤为突出。一段时间内，粮食部门成了一个安排就业的好去处，在粮食部门"红火"的时期，不少人挤入粮食部门，一些地方的粮食部门从学校、诊所、饭店到后勤服务中心一应俱全。粮食部门"三老"的负担越来越重，国有粮食企业退出成本越来越高。[①]

三、粮食流通产业效率不高

（一）粮食流通产业整体经营效率低下

成本收入率是指企业经营各项收入合计与总成本的比率，它反映企业经营收入和经营耗费的比例关系，即一定数量的收入所耗费成本的数量。它是衡量企业盈利水平和成本水平的一个综合指标，成本收入率越低，表明企业控制营业费用支出的能力越强，经营效率越高。一般来说，该值应该高于 2.22。表 4 - 4 列示了 2006~2010 年，我国粮食流通产业中的国有企业主营业务收入和主营业务成本状况。从绝对值来看，粮食流通产业中的国有企业经营规模逐年增长，表现为主营业务收入从 2006 年的 2536 亿元增加到 2010 年的4954 亿元，年均增长了 23.86%。但是从反映产业经营效率的成本收入率来看，该值基本保持在 1.02~1.03，远远低于 2.22 的水平。

总资产周转率是反映企业经营能力的另一个指标，是指企业在一定时期业务收入净额同平均资产总额的比率，它是综合评价企业全部资产的经营质量和利用效率的重要指标。周转率越大，说明总资产周转越快，反映出的销售能力越强。企业可以通过薄利多销的办法，加速资产的周转，带来利润绝对额的增加。从表 4 - 4 中可以看出，我国粮食流通企业的总资产周转率仅为 0.4~0.61，虽然 2010 年的总资产周转率达到了 0.61，比 2009 年有大幅度的提升，但总体来看，企业销售能力不足，营运能力偏低。

可见，粮食流通产业整体经营效率低下，国有粮食企业获利能力弱，也反映出企业的经营管理水平不高。有效降低经营成本，提高效率水平是国有粮食企业改革发展的重要内容。

（二）粮食流通产业整体偿债能力差

企业偿债能力一般用流动比率和资产负债率表示。流动比率是指流动资产与流动负债的比率，用来衡量企业流动资产在短期债务到期以前，可以变为现金用于偿还负债的能力。资产负债率是负债总额除以资产总额的百分比，该指标是评价公司负债水平的综合指标，也反映债权人发放贷款的安全程度。一般认为，企业的流动比率以 2:1 为宜，资产负

---

① 黎志成，覃铭健. 中国粮食流通产业市场结构形成的博弈分析 [J]. 求索，2005 (9)：8 - 10.

债率的适宜水平是 40% ~60%。根据可获得的数据，得到 2006 ~2010 年我国粮食流通产业中的国有企业资产负债情况（如表 4 - 5 所示）。从表 4 - 5 中可以看出，我国粮食流通企业资产负债率均在 88% 以上，资产负债率偏高，粮食流通产业整体偿债能力较差。

表 4 - 4　粮食流通产业经营效率

年份	国有企业主营业务收入（万元）	国有企业主营业务成本（万元）	国有企业资产总额（万元）	成本收入率	总资产周转率
2006	25356786	24813259	63476258	1.02	0.40
2007	31962491	30784360	62464242	1.04	0.51
2008	34674432	33523443	68993811	1.03	0.50
2009	37384707	36539358	78646790	1.02	0.48
2010	49542288	48347167	80705971	1.02	0.61

注：2011 年和 2012 年数据缺失。

资料来源：历年《中国粮食年鉴》。

表 4 - 5　粮食流通产业偿债能力情况

年份	国有企业资产总额（万元）	国有企业负债总额（万元）	资产负债率（%）
2006	63476258	59512167	93.76
2007	62464242	58552228	93.74
2008	68993811	63058754	91.40
2009	78646790	70476887	89.61
2010	80705971	71215285	88.24

注：2011 年和 2012 年数据缺失。

资料来源：历年《中国粮食年鉴》。

（三）粮食流通产业整体盈利能力较差

净资产收益率是表示企业盈利能力的重要指标，是企业一定时期净利润与净资产的比率，反映了企业自有资金的投资收益水平，一般认为，该数值越高则表明企业盈利能力越强。国有粮食企业作为国有企业的一部分，也肩负着保值增值的任务。表 4 - 6 列示了粮食流通企业净资产收益情况，从表 4 - 6 中可以看出，2006 年，粮食流通产业整体处于亏损状态，从 2007 年开始扭亏为盈，且盈利水平逐渐增加，反映在净资产收益率上则表现为收益率从 2006 年的 -9.61% 增加到 2010 年的 6.32%，粮食流通产业盈利状况逐渐向好，但从盈利指标的绝对值来看，还是相对偏低，盈利水平有待进一步提升。

表 4-6 粮食流通企业净资产收益情况

年份	国有企业利润（万元）	国有企业净资产额（万元）	净资产盈利率（%）
2006	−381083	3964091	−9.61
2007	16360	3912014	0.42
2008	213260	5935057	3.59
2009	540412	8169903	6.61
2010	600119	9490686	6.32

注：2011 年和 2012 年数据缺失。

资料来源：历年《中国粮食年鉴》。

第五章 中国粮食进出口安全

随着我国加入 WTO 和全球经济一体化的进一步发展，中国国内粮食市场与国际粮食市场的关系越来越紧密，为满足国内粮食需求，我国不断增加粮食的进口数量。就我国粮食供求关系与价格变动大势而言，大体处于相对紧缺阶段，如何有效地利用国际粮食市场稳定国内供给，是构建我国开放型粮食安全保障体系的关键。根据前文的测算，2006 ~ 2012 年，粮食进出口安全形势不容乐观，处于恶化趋势。2012 年粮食进出口安全系数仅为 2.47，与 2006 年的 5.82 相比，得分降低了 3.35。2006 年粮食进出口安全的实现程度为 21.55%，其中，粮食进口依存度得分为 4.39，实现程度为 62.7%；国际粮价波动率得分为 1.13，实现程度为 56.3%；粮食进口集中度得分为 0.3，实现程度为 1.7%。而 2012 年粮食进出口安全的实现程度仅为 9.1%，其中，粮食进口依存度得分为 0.59，实现程度为 8.5%；国际粮价波动率得分为 1.11，实现程度为 55.7%；粮食进口集中度得分为 2.47，实现程度为 4.2%。可以看出，2012 年粮食进口集中度得分虽然有所提高，但 4.2% 的实现程度依然很低，是需要我们关注的重要方面；粮食进口依存度得分虽然与 2011 年相比有所好转，但与其他年份相比，依然属于得分较低的年份；国际粮价波动率指标表现良好，但我国国际粮食市场定价权的缺失，加大了我国进口风险。我国粮食进出口安全存在的主要问题表现在对外依赖程度逐步加深、粮食进口风险进一步加大等方面。

第一节 世界粮食贸易量持续增长[①]

一、世界粮食贸易总量递增

（一）世界粮食贸易量逐年缓升

随着全球经济发展与农业生产国际分工的扩大，世界粮食贸易量呈增加趋势（见

---

① 由于我国和国际粮食品种的统计口径不一致，这一节中的粮食总量数据不包括大豆，大豆数据会另作说明。该节中数据除作特别说明外，均来源于美国农业部网站。

图5-1）。国际粮食出口贸易总量在1980年突破2亿吨，呈不断增长趋势。不断扩大并保持递增的国际粮食贸易，为广大粮食进口国的粮食安全提供了重要的支撑。从2000年到2013年，国际粮食进口和出口贸易量分别实现了年均3.80%和4.01%的增速。2013年，世界粮食出口贸易总量已经达到391.3百万吨。以2008年为界，粮食贸易分为两个阶段（见图5-1）。2000~2008年粮食贸易处于平缓增长阶段，且变动方向缺乏持续性；2009~2013年粮食贸易增长快速，且基本处于持续增长状态。

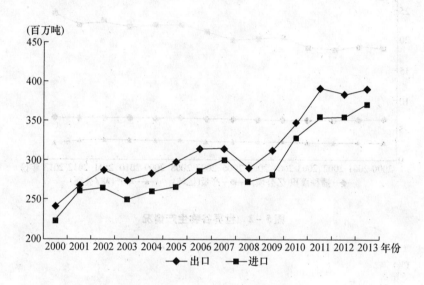

图5-1 世界粮食进出口贸易总量

（二）世界粮食产量增速放缓

世界谷物产量在经历了一个较长时期发展后，增长速度开始放缓。世界谷物总产量在20世纪50年代到20世纪末年均增长率约为2.32%，2000年以来的世界谷物总产量从18.46亿吨增长到2013年的24.31亿吨，增加了约6亿吨，年均增长率下降为1.87%（见图5-2）；世界谷物单产在20世纪50年代到20世纪末从1.17吨/公顷提高到2.8吨/公顷，增加了2.39倍，年均增长速度约为1.9%。2000~2013年，世界谷物单产基本维持不变，在3.00吨/公顷左右，增长率同样经历了由高到低的过程；谷物收获面积在20世纪50~80年代从6.49亿公顷增加到7.18亿公顷，80年代后呈现波动下降趋势，2000年为6.63亿公顷，随后呈缓慢增长趋势，2013年收获面积达到7.04亿公顷。

（三）世界粮食贸易产量比逐年缓增

世界粮食贸易量以世界总产量为基础，粮食增产是粮食贸易增产的基本保障。世界谷物贸易产量比从2000年的13.05%增加到2013年的16.09%，共增加了3.04%。从粮食品种来看，除玉米的贸易产量比呈下降趋势外（2000年贸易产量比为12.96%，2013年下降为 10.74%），其余品种均呈缓增趋势。增幅最大的是小麦，2000 年小麦贸易产量比为 17.38%，2013 年上升为 21.80%；稻米的贸易产量比呈增加趋势，2000 年贸易产量比为 6.03%，2013 年上升为 8.21%；大豆的贸易产量比也呈增加趋势，2000 年大豆贸易产量比为 30.62%，2013 年上升为 38.09%。

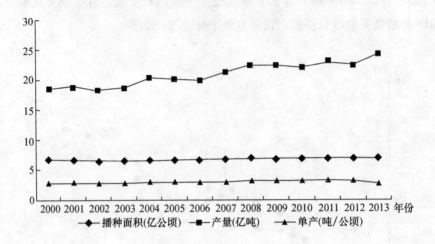

图 5-2　世界谷物生产情况

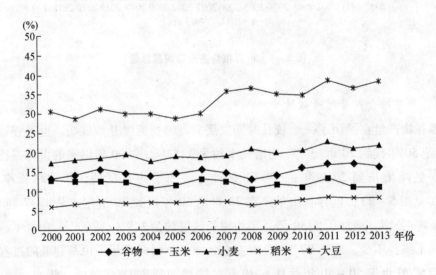

图 5-3　世界主要粮食贸易产量比

二、世界粮食贸易品种基本稳定

（一）小麦是世界粮食出口最大贸易品种

从出口贸易总量来看，主要粮食品种出口贸易量总体呈递增趋势，其中，小麦一直是最大的贸易品种，玉米次之，稻米第三（见图5-4）。小麦出口贸易经历了较大波动，1985年达到历史最低点，贸易量仅为0.84亿吨，波动状态一直维持到2006年，其后呈增长趋势，2013年小麦出口贸易总量达到1.55亿吨；玉米出口量仅次于小麦，2011年玉米出口贸易总量首次超过1亿吨，2013年玉米出口总量为1.02亿吨；稻米出口贸易量增长明显，2013年，出口贸易总量达到0.39亿吨，为1980年的3倍。此外，世界大豆贸易量增长显著。1980~1995年世界大豆年均出口量维持在0.25亿~0.3亿吨，但从1997年开始增长迅猛，到2013年出口量已经高达1.07亿吨。

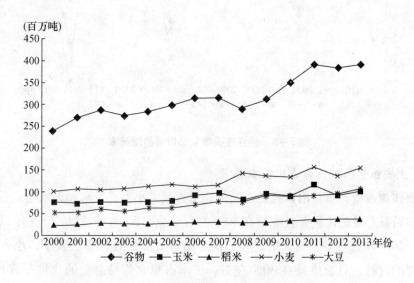

图5-4　世界主要粮食贸易出口总量

（二）主要粮食品种贸易增速减缓

三种谷物的世界贸易都呈现增速减缓趋势（见图5-5）。20世纪80年代以前，小麦贸易增长幅度较快，1961~2000年年均增长率为4.44%，2000年以来增长速度放缓，年均增长率为2.69%；玉米贸易量在1971~1980年增长速度最快，年均增长率达到11.17%，其后十年增长缓慢，90年代后，贸易恢复增长态势，1990~2000年年均增长率为1.28%，2000年以来年均增长率达到2.89%；稻米贸易近几十年来呈波动上升趋势，20世纪80年代前，稻米贸易增长速度较快，1961~1980年年均增长率为9.72%，1981年后贸易量回落，90年代后贸易量恢复增长，1991~2000年年均增长率为13.92%，2000年后增长放缓，出现负增长，2000~2012年年均增长率为4.09%。此外，大豆贸易增速也有放缓趋势，2000年大豆贸易增长率达到17.9%，2013年增长率仅为9.77%，2000~2013年年均增长率为6.63%。

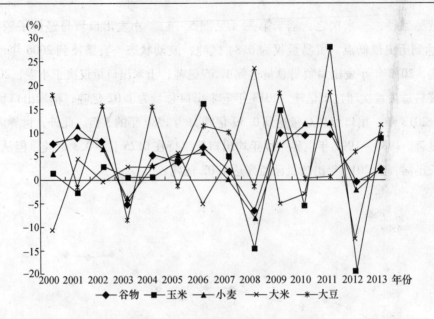

图 5－5　世界主要粮食出口贸易增长率

（三）主要粮食品种贸易占比基本稳定

在主要作物占世界粮食出口贸易总量的比重方面，小麦、玉米和大米出口量之和占世界粮食出口贸易总量的比重一直维持在 80% 左右（见图 5－6），但是 2009 年以来，出现下降趋势，2013 年三种谷物出口量之和占世界出口贸易量的 76%。其中，小麦占比经历了先升后降的过程，目前维持在 40% 左右；玉米占粮食贸易总量的比重一直比较平稳，近年来维持在 28% 左右；稻米占比从 1980 年的 5.6% 平稳递增到目前的 10% 左右；其余粮食则是以大麦为主的粗粮。

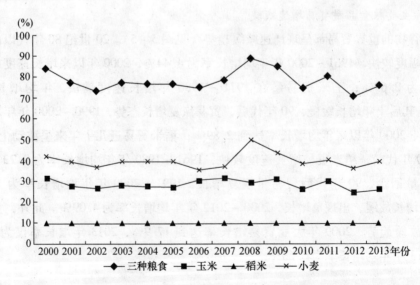

图 5－6　世界主要粮食品种出口贸易占比

三、世界粮食贸易地区结构失衡

（一）国际粮食出口集中在少数国家

国际粮食贸易国家/地区结构存在显著的进出口国失衡问题。国际粮食出口集中在极少数国家，比如小麦、玉米和大豆集中在美国等少数发达国家。表 5-1 给出了目前国际市场主要粮食品种和大豆进出口贸易的国家/地区结构。其中，世界粮食出口大国是美国，是小麦和玉米两个品种的第一大出口国，其每年的玉米出口量已经占到出口总量的 40%。

（二）粮食进口国高度分散

粮食进口国高度分散，主要为发展中国家（见表 5-1）。这种失衡所导致的结果是，以广大发展中国家为主的粮食进口国在国际粮食市场中处于不利地位，缺乏与以发达国家为主的粮食出口国讨价还价的能力，大多是国际粮食价格的被动接受者，给部分高度依赖粮食进口的发展中国家带来较高的粮食安全风险[1]。

表 5-1 国际粮食和大豆贸易的主要出口国和进口国

品种	主要出口国	主要进口国
小麦	美国、阿根廷、澳大利亚、加拿大、欧盟 28 国、俄罗斯、哈萨克斯坦，约占全球小麦出口总量的 85%	北非国家、中东国家、撒哈拉以南的非洲地区、东南亚国家、南美国家、埃及、巴西等国
玉米	美国、阿根廷、乌克兰、巴西，约占全球玉米出口总量的 80%	东亚国家、北非国家、墨西哥、中东国家、埃及、欧盟 28 国
大米	印度、越南、泰国、巴基斯坦、美国，约占全球大米出口总量的 85%	撒哈拉以南的非洲地区、中东国家、东南亚国家、尼日利亚、中国等
大豆	美国、巴西、阿根廷，约占全球大豆出口总量的 90%	中国、欧盟 28 国、东南亚、墨西哥等，其中中国 2012 年进口量占全球进口总量的 63.53%

资料来源：根据美国农业部数据库近 5 年数据整理获得。

（三）大豆进出口集中度均较高

世界大豆贸易主要出口国是美国、巴西、阿根廷，三国出口总量占全球大豆出口总量的 90% 左右（见表 5-1）。大豆进口国以中国和欧盟 28 国为主，其中，中国大豆进口量目前占全球进口总量的 60% 左右。

---

① 袁平. 国际粮食市场演变趋势及其对中国粮食进出口政策选择的启示 [J]. 南京农业大学学报（社会科学版），2013（1）：46-55.

第二节　中国粮食对外依赖程度逐步加深

一、中国粮食对外贸易非常活跃

（一）我国粮食对外贸易量持续增长

我国是粮食净进口国家，粮食进口贸易一直比较活跃（见图5-7）。自2000年加入WTO以来，粮食进口规模不断扩大。2013年中国包括大豆在内的粮食进口总量为9197.3万吨，比2000年增加了7584.7万吨（增幅为470.34%），年均增长14.33%。2000年以来，粮食进口总量不断增加，在世界粮食进口贸易中所占的份额也逐步增加，2000年粮食进口份额为5.86%，2013年粮食进口份额增加到19.37%。

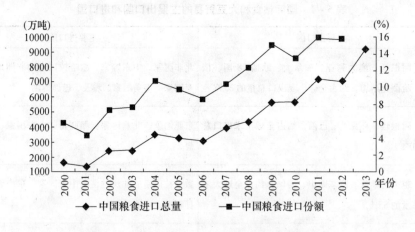

图5-7　中国粮食进口贸易实物量及进口份额

我国粮食出口贸易则处于收缩状态，出口规模持续缩小。2013年中国包括大豆在内的粮食出口总量仅为138.6万吨，比2000年减少了860万吨，在世界粮食出口贸易中所占的份额也从2000年的3.88%进一步下降到0.28%（见图5-8）。

（二）我国粮食进口规模增幅较大

我国粮食进口贸易增速惊人。2000年以来，除在2001年以及2003年出现负增长外，其余年份皆为正增长，2002年年增长率最高，达到74%。且与世界粮食进口贸易相比，增长幅度较大，2000年以来年均增长率为14.33%，是世界粮食进口增长率4.29%的3倍。从图5-9可以看出，我国粮食进口增长率呈波动性减小趋势，粮食进口增长率波动具有与世界粮食进口增长率趋同性。

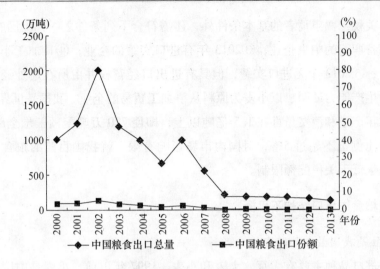

图 5-8　中国粮食出口贸易总量及出口份额

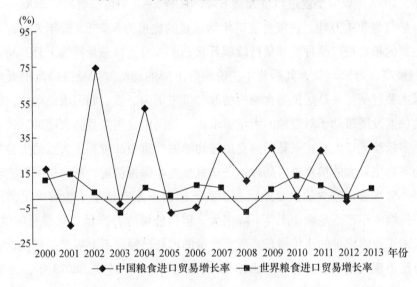

图 5-9　中国与世界粮食进口贸易年增长率

（三）谷物进口规模低于关税配额限制

关税配额是一种进口国限制进口货物数量的措施，我国对进口谷物数量制定某一数量限制，对于凡在某一限额内进口的货物可以适用较低的税率或免税，但关税配额对于超过限额后所进口的货物则适用较高或一般的税率。近几年，我国粮食进口关税配额数量基本没有发生变化，小麦、玉米和大米三大主粮的进口关税配额总量为 2215.6 万吨。其中，小麦为 963.6 万吨，国有贸易比例为 90%；玉米为 720 万吨，国有贸易比例为 60%；大米为532 万吨（其中，长粒米为 266 万吨，中短粒米为 266 万吨），国有贸易比例为 50%。

自 2004 年以来，我国一直维持每年 963.6 万吨的小麦进口关税配额量，国有贸易比例保持为 90%，配额内关税为 1%，超配额关税为 65%。小麦进口关税配额申请者除满足农产品进口关税配额申请者的基本条件外，还需符合下列条件之一：①国有贸易企业；②具有国家储备职能的中央企业；③2013 年有进口实绩的企业；④日加工小麦 400 吨以上的生产企业；⑤2013 年无进口实绩，但具有进出口经营权并由所在地外经贸主管部门出具加工贸易生产能力证明、以小麦为原料从事加工贸易的企业。我国是世界玉米生产和消费大国，常年产量和消费量都在 1.5 亿吨以上，即使 720 万吨配额玉米全部进入国内，占国内市场的比例也不超过 5%，对国内市场影响有限。就我国目前的粮食进口规模来看，谷物进口远低于关税配额限制。

二、中国粮食进出口结构不平衡

（一）大豆是我国最大的粮食进口品种

我国粮食进口品种主要有大豆、大麦和小麦。1997 年以前，小麦是中国最主要的粮食进口产品，1997 年以后小麦进口量大幅下降，从表 5 - 2 中可以看出，2000 年以来的小麦年均进口量仅为 204 万吨，占粮食进口年均总量的比重为 5.2%。近年大豆进口增加迅速，成为主要的粮食进口品种，并呈持续飙升状态，大豆进口总量持续上升，所占份额在 2007 年达到最高，为 95.8%，其后几年，份额有下降的趋势。大豆进口量很大并且不断增长的原因主要包括：一是居民膳食结构的改善带来了肉、蛋、奶需求的增长，国内饲料及养殖业的快速发展带动了对豆粕的大量需求；二是国内食用大豆需求增加，致使国内大豆压榨业更多依赖进口大豆；三是国内食用植物油的严重短缺带动了大豆的大量进口。大麦目前成为谷物中最大的粮食进口品种，进口总量基本保持稳定，所占份额在波动中出现缩减的趋势。玉米进口较少的主要原因在于我国国内玉米产量基本能够满足需求，2000 年以来虽然连续 4 年产不足需，库存下降很大，但仍能够弥补产量变化带来的供需缺口。随着国内玉米工业需求量的逐年增长，玉米产量的增长已经跟不上需求的步伐，近年来中国玉米进口量出现大幅增加态势，并由净出口国向净进口国转变。2013 年，玉米进口量已经达到 314.4 万吨。

表 5 - 2　2000 ~ 2013 年中国粮食分品种进口贸易实物量　　　　单位：万吨

年份	大豆	份额（%）	谷物										粮食进口总计
			小计	份额（%）	其中								
					大麦	份额（%）	小麦	份额（%）	稻米	份额（%）	玉米	份额（%）	
2000	1324.5	82.1	288.1	17.9	230.5	14.3	19.5	1.2	27	1.7	27.8	1.7	1612.6
2001	1038.5	75.5	336.1	24.5	191.3	13.9	109.2	7.9	30.4	2.2	27	2.0	1374.6
2002	2141.7	89.5	250.5	10.5	179.2	7.5	41.8	1.7	25.8	1.1	30.4	1.3	2392.2
2003	1693.3	72.6	640.3	27.4	151.9	6.5	374.9	16.1	112.2	4.8	25.8	1.1	2333.6
2004	2580.2	73.2	942.9	26.8	204.9	5.8	674.7	19.2	60.9	1.7	112.2	3.2	3523.1
2005	2831.7	87.4	408.9	12.6	221.7	6.8	112.9	3.5	65.4	2.0	60.9	1.9	3240.6

年份	大豆	份额 (%)	谷物										粮食进口总计
			小计	份额 (%)	其中								
					大麦	份额 (%)	小麦	份额 (%)	稻米	份额 (%)	玉米	份额 (%)	
2006	2872.6	93.4	201.6	6.6	112.7	3.7	38.8	1.3	47.2	1.5	65.4	2.1	3074.2
2007	3781.6	95.8	165.1	4.2	109.1	2.8	4.9	0.1	44.5	1.1	47.2	1.2	3946.7
2008	4109.8	94.6	233.3	5.4	155.1	3.6	48.1	1.1	20.1	0.5	44.5	1.0	4343.1
2009	5033.8	90.1	555.9	9.9	234.1	4.2	139.4	2.5	38.8	0.7	20.1	0.4	5589.7
2010	5233.9	92.6	416.4	7.4	165.6	2.9	92.7	1.6	54	1.0	38.8	0.7	5650.3
2011	5923.1	82.4	1264.7	17.6	254.1	3.5	293.3	4.1	179	2.5	54	0.8	7187.8
2012	5950	83.6	1170.8	16.4	218.4	3.1	296	4.2	290	4.1	179	2.5	7120.8
2013	6900	75.0	2297.3	25.0	450	4.9	677.3	7.4	340	3.7	314.4	3.4	9197.3

资料来源：美国农业部网站。

表 5-3 给出了中国主要进口粮食品种占世界分品种粮食进口实物量份额。其中大豆占世界大豆进口总量份额急剧上升，2013 年，已经占到世界大豆进口总量的 66.03%，与 2000 年相比，份额增加了约 41%，2009 年以来份额增幅趋势有所减缓。大麦是我国粮食进口的另外一个重要品种，基本稳定在 1% 左右。玉米、稻米、小麦近年来进口总量有所增加，从占世界进口份额来看，2011 年以来，所占份额也呈明显增加趋势。

表 5-3　中国主要进口粮食品种占世界分品种粮食进口实物量份额　　单位:%

年份	大麦	玉米	稻米	小麦	大豆
2000	1.42	0.37	1.22	0.19	24.95
2001	1.14	0.38	1.17	1.03	19.11
2002	1.05	0.40	0.97	0.40	34.06
2003	0.99	0.34	4.49	3.71	31.31
2004	1.28	1.48	2.34	6.11	40.65
2005	1.27	0.76	2.46	1.01	44.19
2006	0.75	0.73	1.65	0.34	41.65
2007	0.70	0.48	1.48	0.04	48.27
2008	0.80	0.54	0.74	0.35	53.10
2009	1.39	0.22	1.38	1.04	57.96
2010	1.17	0.42	1.64	0.70	58.99
2011	1.23	0.54	5.04	1.96	63.54
2012	1.08	1.83	8.16	2.05	62.74
2013	1.94	3.08	8.72	4.53	66.03

资料来源：根据美国农业部网站相关数据计算获得。

（二）我国粮食出口品种变化较大

由于我国国内粮食需求的刚性增长，我国粮食出口呈下降趋势。2013 年粮食出口总量为138.6 万吨，与2000 年相比，减少了约860 万吨（见表5－4）。占世界粮食出口贸易的份额也处于下降趋势，2013 年中国粮食出口仅占世界出口总量的0.27%，远低于中国粮食进口份额。

表5－4　2000～2013 年中国粮食分品种出口贸易实物量　　　　　单位：万吨

年份	大豆	份额（%）	谷物									粮食出口总计
			小计	份额（%）	其中							
					玉米	份额（%）	小麦	份额（%）	稻米	份额（%）		
2000	20.8	2.1	976.6	97.9	727.6	72.9	62.3	6.2	184.7	18.5		997.4
2001	30	2.4	1210.5	97.6	861.1	69.4	151.2	12.2	196.3	15.8		1240.5
2002	26.5	1.3	1963.7	98.7	1524.4	76.6	171.8	8.6	258.3	13.0		1990.2
2003	31.9	2.7	1142.7	97.3	755.3	64.3	282.4	24.0	88	7.5		1174.6
2004	39	4.0	944.7	96.0	758.9	77.1	117.1	11.9	65.6	6.7		983.7
2005	35.4	5.3	636.9	94.7	372.7	55.4	139.7	20.8	121.6	18.1		672.3
2006	44.6	4.4	958.5	95.6	526.9	52.5	278.3	27.7	134	13.4		1003.1
2007	45.3	8.2	506	91.8	54.9	10.0	283.5	51.4	137.2	24.9		551.3
2008	40	19.1	169.1	80.9	17.2	8.2	72.3	34.6	74.7	35.7		209.1
2009	18.4	9.5	174.7	90.5	15.1	7.8	89.1	46.2	65	33.7		193.1
2010	19	10.4	162.9	89.6	11.1	6.1	94.1	51.7	50	27.5		181.9
2011	27.5	15.1	155	84.9	9.1	5.0	97.8	53.6	44.1	24.2		182.5
2012	30	17.5	141.9	82.5	8.1	4.7	96.9	56.4	34.1	19.8		171.9
2013	20	14.4	118.6	85.6	2.5	1.8	88.9	64.1	25.7	18.5		138.6

资料来源：根据美国农业部网站相关数据计算获得。

我国主要粮食产品出口变化较大。2006 年以前，主要品种为玉米和小麦；2006 年以后，小麦和稻米成了主要的粮食品种。2000～2006 年，玉米是我国主要粮食出口产品，占粮食出口总量的50%以上，自2006 年以来，由于我国玉米贸易政策的变化，出口量急剧下降，2007 年玉米出口54.9 万吨，仅占粮食出口总量的10%左右，其后呈逐年下降的趋势，2013 年玉米出口量仅占粮食出口总量的1.8%。小麦的出口数量经历了波动性增长后又逐渐减少，由于玉米出口的急剧减少，小麦占粮食出口总量的份额出现快速增长的趋势，至2013 年，出口份额达到64.1%。稻米出口总量整体呈波动性减少的趋势，但由于玉米出口总量的急剧减少，稻米出口所占份额则呈波动性增加，2013 年，稻米占粮食出口总量的18.5%。相对进口而言，我国大豆的出口比较稳定，年均出口量约为30 万吨。

表5-5给出了中国主要粮食品种占世界分品种粮食出口实物量份额，整体来看，我国各粮食品种占世界粮食出口份额均较低。玉米、小麦和稻米出口所占份额与进口份额相比，具有明显的负相关关系，说明我国这三种粮食进出口贸易是调剂余缺。

表5-5　中国主要粮食品种占世界分品种粮食出口实物量份额　　　　单位:%

年份	玉米	小麦	稻米	大豆
2000	9.48	0.61	7.66	0.39
2001	11.55	1.43	7.30	0.57
2002	19.86	1.63	9.01	0.43
2003	9.79	2.60	3.21	0.57
2004	9.77	1.05	2.32	0.60
2005	4.61	1.19	4.09	0.55
2006	5.61	2.49	4.26	0.63
2007	0.56	2.43	4.36	0.58
2008	0.20	0.50	2.58	0.52
2009	0.16	0.65	2.09	0.20
2010	0.12	0.71	1.43	0.21
2011	0.08	0.62	1.13	0.30
2012	0.09	0.70	0.89	0.31
2013	0.02	0.58	0.66	0.19

资料来源：根据美国农业部网站相关数据计算获得。

（三）我国粮食的进出口地区相对集中

20世纪60年代初开启中国和加拿大大宗小麦贸易先河后，加拿大、澳大利亚、美国、阿根廷和巴西先后成为我国进口粮食的最大供给来源国。表5-6给出了我国主要品种粮食的主要进口来源地和数量。可以看出，我国作为世界上主要的大豆进口国，依赖海外供应来满足国内一半以上的大豆需求，以2013年为例，大豆主要来源于巴西、美国、阿根廷，分别进口3180.86万吨、2220.94万吨、612.45万吨，分别占进口总量的46.1%、32.2%、8.9%，从这三个国家进口的大豆几乎占进口总量的87%以上。小麦进口地区相对比较集中，主要来源地为美国、加拿大和澳大利亚三个国家。这三个国家占中国小麦进口的78.23%。玉米进口主要来源于美国，2013年的中国玉米进口市场，美国占有94%的市场份额。目前，中国稻米的主要进口市场集中在亚洲。2013年，中国从越南、巴基斯坦分别进口稻米148.1万吨、41.7万吨，分别占中国稻米进口的43.6%、12.3%，合计达到近56%，集中程度较高。

我国粮食出口的国际市场主要分布在亚洲邻近国家。韩国、马来西亚、俄罗斯等是中国粮食出口的最主要的目标市场。不但粮食品种不同，而且年际间国家变化也比较大。表5－7给出了2013年中国粮食品种主要出口目的地和数量，可以看出，我国大豆出口贸易集中度相对较高，主要出口市场为朝鲜、美国和日本，分别占大豆出口总量的39.2%、15.1%、6.6%，三个国家出口量占大豆出口总量的60%；我国玉米的出口目的地主要为朝鲜，2013年出口量为7.66万吨；大米出口目的地为朝鲜、日本、中国香港，2013年出口量分别为4.64万吨、3.16万吨、2.38万吨，集中程度较高。

表5－6 2013年中国粮食品种主要进口来源地和数量　　　　单位：万吨

大豆		小麦粉		玉米		稻米	
进口来源地	数量	进口来源地	数量	进口来源地	数量	进口来源地	数量
巴西	3180.86	美国	382.04	美国	296.73	越南	148.1
美国	2220.94	加拿大	86.68	泰国	17.92	巴基斯坦	41.7
阿根廷	612.45	澳大利亚	61.14	老挝	8.18	泰国	29.98
—	—	哈萨克斯坦	9.01	缅甸	2.61	柬埔寨	2.14

资料来源：中国海关信息网。

表5－7 2013年中国粮食品种主要出口目的地和数量　　　　单位：万吨

大豆		小麦		玉米		稻米	
出口目的地	数量	出口目的地	数量	出口目的地	数量	出口目的地	数量
朝鲜	7.83	朝鲜	15.59	朝鲜	7.66	朝鲜	4.64
美国	3.02	中国香港	10.61	日本	0.001	日本	3.16
日本	1.31	—	—	—	—	中国香港	2.38
—	—	—	—	—	—	蒙古	1.68

资料来源：中国海关信息网。

三、中国粮食对外依存度逐步扩大

（一）我国成为粮食净进口国家

表5－8给出了我国粮食的净进出口变化情况。从实物量上来看，我国是粮食净进口国家。2013年粮食净进口量为9059万吨，与2000年相比增加了8444万吨，净进口占进口总量份额由2000年的38.1%上升到2013年的98.5%。其中主要是由于大豆的大量进口，2013年大豆净进口量为6880万吨，占粮食净进口总量的74.8%。谷物的进出口贸易出现了逆转，2000～2007年，我国一直是谷物净出口国家，但自2008年以来，也转变为净进口国家，2013年谷物净进口量为2179万吨，占粮食净进口总量的25.2%。

表5-8　中国粮食净进出口变化情况　　　　　　　　　单位：万吨

年份	大豆		谷物		粮食	
	净进口	进口	净进口	进口	净进口	进口
2000	1304	1325	-689	288	615	1613
2001	1009	1039	-874	336	134	1375
2002	2115	2142	-1713	251	402	2392
2003	1661	1693	-502	640	1159	2334
2004	2541	2580	-2	943	2539	3523
2005	2796	2832	-228	409	2568	3241
2006	2828	2873	-757	202	2071	3074
2007	3736	3782	-341	165	3395	3947
2008	4070	4110	64	233	4134	4343
2009	5015	5034	381	556	5397	5590
2010	5215	5234	254	416	5468	5650
2011	5896	5923	1110	1265	7005	7188
2012	5920	5950	1029	1171	6949	7121
2013	6880	6900	2179	2297	9059	9197

资料来源：根据美国农业部网站相关数据计算获得。

　　根据表5-9，可以进一步分析谷物各品种的进出口贸易变化情况，可以看出，我国各品种进出口贸易均出现了逆转，在2008年以前，我国一直是玉米净出口国，但2008年以来则为净进口国，2013年玉米净进口量为387.5万吨，占玉米进口总量的99.4%；稻米、小麦的净出口贸易变化较为频繁，有些年份为净出口国，有些年份则为净进口国，2013年稻米净进口314.3万吨，占稻米进口总量的92.4%，小麦净进口588.4万吨，占小麦进口总量的86.9%。

表5-9　中国谷物分品种净进口变化情况　　　　　　　　单位：万吨

年份	玉米		稻米		小麦	
	净进口	进口	净进口	进口	净进口	进口
2000	-700.6	27	-157.7	27	-42.8	19.5
2001	-830.7	30.4	-165.9	30.4	-42	109.2
2002	-1498.6	25.8	-232.5	25.8	-130	41.8
2003	-643.1	112.2	24.2	112.2	92.5	374.9
2004	-698	60.9	-4.7	60.9	557.6	674.7
2005	-307.3	65.4	-56.2	65.4	-26.8	112.9
2006	-479.7	47.2	-86.8	47.2	-239.5	38.8

年份	玉米		稻米		小麦	
	净进口	进口	净进口	进口	净进口	进口
2007	-10.4	44.5	-92.7	44.5	-278.6	4.9
2008	2.9	20.1	-54.6	20.1	-24.2	48.1
2009	23.7	38.8	-26.2	38.8	50.2	139.4
2010	42.9	54	4	54	-1.4	92.7
2011	169.9	179	134.9	179	195.5	293.3
2012	306.3	314.4	255.9	290	199.1	296
2013	387.5	390	314.3	340	588.4	677.3

资料来源：根据美国农业部网站相关数据计算获得。

（二）我国粮食产需缺口总量呈扩大趋势

综合粮食产需两方面情况，近10年来，我国粮食仍处于供不应求状态，粮食产需缺口经历了"扩大—缩小—扩大"的变化趋势，粮食产需缺口在一些年份还相对较大，2003年甚至达到产量的21%，近5年来，又呈现扩大的趋势，2008年，我国粮食产需缺口仅为1637.2万吨，2013年已经达到9274.5万吨，占产量的18.8%（见表5-10）。

表5-10 我国粮食产需缺口情况   单位：万吨

年份	产量（A）	需求量（B）	产需缺口（B-A）	(B-A)/A（%）	(B-A)/B（%）	净进口
2000	36052.9	40170.1	4117.2	11.4	10.2	615.2
2001	35602.4	40652.6	5050.2	14.2	12.4	134.1
2002	35959.8	41247.6	5287.8	14.7	12.8	402.0
2003	33835.3	40931.6	7096.3	21.0	17.3	1159.0
2004	37296.7	41359.4	4062.7	10.9	9.8	2539.4
2005	38800.5	42105.0	3304.5	8.5	7.8	2568.3
2006	40985.9	42891.6	1905.7	4.6	4.4	2071.1
2007	41207.8	44120.1	2912.3	7.1	6.6	3395.4
2008	43472.5	45109.7	1637.2	3.8	3.6	4134.0
2009	43644.5	47400.1	3755.6	8.6	7.9	5396.6
2010	45105.1	49989.8	4884.7	10.8	9.8	5468.4
2011	47187.7	53116.2	5928.5	12.6	11.2	7005.3
2012	48949.0	56120.5	7171.5	14.7	12.8	6948.9
2013	49268.0	58542.5	9274.5	18.8	15.8	9058.7

注：这里的粮食包含大豆在内。

资料来源：根据美国农业部网站相关数据计算获得。

（三）主要粮食品种对外依存度存在结构差异

表 5－11 给出了我国主要粮食品种产需缺口变化。近 5 年来，小麦、玉米以及稻米自给率均在 90% 以上，大豆自给率呈逐年递减的趋势，2013 年仅有 15% 左右，主要依赖于国际大豆市场。

表 5－11　我国主要粮食品种产需缺口变化　　　　　单位：万吨,%

年份	大豆		小麦		玉米		稻米	
	产需缺口	自给率	产需缺口	自给率	产需缺口	自给率	产需缺口	自给率
2000	1129.7	57.7	1063.8	90.4	1424.0	88.2	276.4	97.9
2001	1290.0	54.4	1486.9	86.3	901.2	92.7	1219.4	91.1
2002	1878.0	46.8	1491.0	85.8	460.0	96.3	1352.0	90.0
2003	1898.1	44.8	1801.0	82.8	1257.0	90.2	1963.8	85.1
2004	2281.2	43.3	1004.8	90.1	71.0	99.5	493.7	96.2
2005	2809.0	36.8	405.5	96.0	-236.5	101.7	158.6	98.8
2006	3104.6	32.7	-646.6	106.3	-660.0	104.6	0.0	100.0
2007	3641.8	26.9	-329.8	103.1	-230.0	101.5	-277.4	102.2
2008	3589.5	30.2	-696.4	106.6	-1291.4	108.4	-133.0	101.0
2009	4445.0	25.2	-812.0	107.6	102.6	99.4	-225.0	101.7
2010	5085.0	22.9	-468.0	104.8	275.5	98.5	-200.0	101.5
2011	5759.0	20.1	510.0	95.8	-478.0	102.5	-110.0	100.8
2012	6303.0	16.9	400.0	96.8	140.0	99.3	70.0	99.5
2013	6710.0	15.4	550.0	95.7	1300.0	94.2	400.0	97.3

资料来源：根据美国农业部相关数据计算获得。

第三节　中国粮食进口风险进一步加大

一、国内粮食市场受国际影响程度加深

（一）世界粮食市场价格波动频繁

近 30 年来，世界粮食以及大豆的总产量和贸易总量均有显著增长并维持在历史高位，但是粮食和大豆的贸易价格变动显著。1996～2000 年，国际粮价处于高位下行阶段；

2000 年以来，主要粮食产品的世界价格普遍呈现上升趋势，到 2006 年为止，价格的增长幅度较为平缓，但 2007 ~ 2008 年粮食价格迅速增长，2009 年初虽然有所回落，但到目前为止，仍明显高于 2006 年价格（见图 5 – 10）。从产品看，世界粮食危机中价格变动最明显的是大米以及大豆，特别是高档大米。玉米、小麦的价格虽然都有一定的变动，但幅度并不是很大。2013 年以来，国际市场的小麦、大米价格弱势运行，玉米价格先稳后降，国际粮价总体呈小幅下行走势，但国际市场上的不确定性依然存在。对于未来国际粮价走势，世界银行报告认为，北欧和中欧、俄罗斯联邦及中国不利的天气条件可能影响世界小麦产量的回升前景。此外，包括天气恶劣、供应不断减少、货币贬值和公共采购政策等多重因素也会持续造成粮价波动。

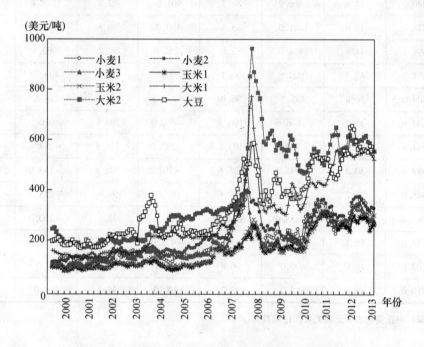

图 5 – 10　世界期货市场主要粮食产品价格的变动趋势

注：①小麦 1 指 Argentina, Up River, f. o. b. (Tuesday) 的期货价格；②小麦 2 指 US No. 2, Hard Red Winter ord. Prot, US Fob Gulf (Tuesday) 的期货价格；③小麦 3 指 US No. 2, Soft Red Winter Wheat, US Gulf (Tuesday) 的期货价格；④玉米 1 指 Argentina, Up River, f. o. b. (Tuesday) 的期货价格；⑤玉米 2 指 US No. 2, Yellow, U. S. Gulf (Friday) 的期货价格；⑥大米 1 指 White Broken Rice, Thai A1 Super, f. o. b Bangkok (Wednesday) 的期货价格；⑦大米 2 指 White Rice, Thai 100% B second grade, f. o. b. Bangkok (Wednesday) 的期货价格；⑧大豆指 US No. 1, Yellow, U. S. Gulf (Friday) 的期货价格。

资料来源：FAO 的价格数据库 2000 年 1 月至 2013 年 6 月的月度数据。

　　2007 年以来，国际粮食价格的大幅攀升，引起国际社会的高度关注。其中对粮食价格上涨高度敏感的，首先是通过粮食进口以保障本国粮食安全的进口大国，尤其是低收入缺粮的发展中国家。国际粮食价格自 2007 年以来不断创出新高，毫无疑问地直接加重了国际社会对世界粮食安全的担忧。粮食价格，特别是大米价格的大幅上涨，会对我国的粮食安全造成一定的不利影响，但影响程度还取决于我国粮食进口占世界粮食出口贸易总量的份额，也就是我国与世界粮食市场的关联程度。

（二）国内粮食价格与国际市场关系紧密

从当前形势看，国际粮价可能将会维持十年左右高价运行状态，随着国际经济一体化步伐的加快，国际市场粮食价格对国内粮食价格的影响也将会越来越大。一方面，国际粮食市场是由不同国家的市场所构成的，我国是世界上最大的粮食生产国和消费国；我国粮食无论从产量、消费量来说都占世界粮食产量、消费量的 1/5 左右，我国粮食市场的产需结构及价格变化必然会对国际粮食价格产生影响；另一方面，国际粮食市场中占据主导地位的国家的价格变化、产需结构又会影响我国粮价的走势。图 5 - 11 给出了我国农产品集贸市场主要粮食品种 2002 ~ 2014 年 9 月的月度价格波动图。可以看出，我国粮食市场的价格波动趋势各品种之间较为一致，均在 2004 年初以及 2007 年底出现了较大的波动，其他时间段波动幅度较小。从品种来看，2004 年初，粳稻的价格波动幅度最大，其次为籼稻；2007 年底，大豆的价格幅度较大，这与国际市场大豆价格波动趋势是相一致的。

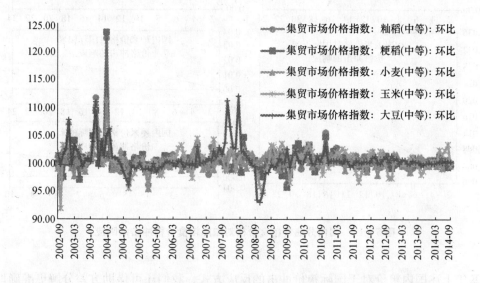

图 5 - 11　我国农产品集贸市场主要粮食品种价格指数

资料来源：同花顺行业经济数据库。

2007 ~ 2008 年国际粮食市场价格出现了暴涨暴跌（见图 5 - 10），但除大豆外，国内基本维持较小的升幅。2009 年后，国际粮食价格又出现了大幅上涨，中国粮价也在继续上涨，但涨幅相对而言不算很大。可以看出，除大豆外，其他粮食品种的国内市场虽受国际粮食市场波动波及，但没有形成很大冲击。

刘宇（2012）通过协整分析说明国内外粮价之间存在着长期关联性，但难以揭示国际粮价对国内粮价的影响程度以及传导时滞[1]。在此基础上，本书以 Cholesky 分解得到正交化的脉冲响应函数为衡量方法，并选取 24 期（24 个月）作为时间跨度，以此将国内粮食价格对国际粮食价格的脉冲响应总结为图 5-12。此处的脉冲响应反映了随机扰动项的一个标准差冲击对内生变量即期和远期取值的影响，它揭示出模型中内生变量之间互相取值的动态关系。可以看出国内大豆价格对国际价格的脉冲响应程度最高，之后分别是小麦、籼米、玉米、粳米。整体而言，国际粮价的冲击会导致我国对应粮食品种的价格呈现同向波动且存在显著的品种差异，其中大豆品种的波动程度最为显著且作用时间最长。

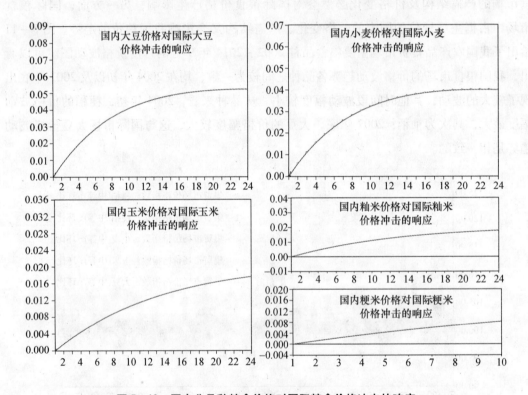

图 5-12　国内分品种粮食价格对国际粮食价格冲击的响应

基于上述国内粮价对于国际粮价冲击的反应方式，我们还可借助方差分解更准确地衡量国际粮价对国内粮价波动的影响程度，考察结果整理为表 5-12。国际分品种粮食价格对国内粮价均在第 1 期就产生影响，此后影响程度进一步加深。分品种来看，大豆受国际价格波动的影响最大，籼米次之，粳米、玉米、小麦最小。例如，在第 4 期（4 个月）国

---

① 刘宇. 国际粮价与国内粮价波动的相关性研究——基于 2001~2012 年 4 月的数据分析 [J]. 价格理论与实践，2012（5）：56-57.

际价格对国内大豆、籼米、粳米、玉米和小麦的影响程度依次为 29.71%、9.29%、4.96%、3.79% 和 3.51%。

由上述结果可知，我国国内粮食市场价格波动主要受国内因素影响，但在经济全球化背景下，我国粮价变动同样也来源于国际粮价变化，尤其是，国际大豆价格对国内价格的影响程度在 4 个月内接近 30%，在 6 个月内接近 50%，国际粮价（尤其是大豆价格）已经成为影响我国粮价短期波动的重要因素。从上述结果出发，也可以价格波动贡献度 5% 为基准，测度国际粮价对国内粮价的影响时滞，即国际粮价对国内粮价波动的解释度超过 5% 时，表示前者对后者存在显著影响，否则表示国际粮价的影响程度很低。表 5-12 说明，大豆、籼米、粳米、玉米和小麦的传导时滞分别为 1 期、1 期、4 期、5 期和 4 期，即在 1 个月内国际大豆、大米价格波动就会对我国大豆、籼米价格产生影响，在 6 个月内国际粮食价格对我国四种主要粮食品种价格均会产生明显影响。

表 5-12 国内外分品种粮价变动的方差分解表 单位:%

阶段	D（大豆-国内）			D（玉米-国内）			D（小麦-国内）			D（籼米-国内）			D（粳米-国内）		
	S. E.	国际	国内	S. E.	国际	国内	S. E.	国际	国内	S. E.	国际	国内	S. E.	国际	国内
1	0.03	1.46	98.54	0.03	1.01	98.99	0.09	0.47	99.53	0.03	4.71	95.29	0.03	2.47	97.53
2	0.04	8.65	91.35	0.04	1.77	98.23	0.12	1.19	98.81	0.04	6.11	93.89	0.04	3.22	96.78
3	0.05	18.79	81.21	0.05	2.71	97.29	0.14	2.22	97.78	0.05	7.65	92.35	0.05	4.06	95.94
4	0.05	29.71	70.29	0.05	3.79	96.21	0.15	3.51	96.49	0.06	9.29	90.71	0.05	4.96	95.04
5	0.06	39.97	60.03	0.06	4.99	95.01	0.16	5.04	94.96	0.07	11.00	89.00	0.06	5.92	94.08
6	0.07	48.91	51.09	0.06	6.29	93.71	0.17	6.76	93.24	0.07	12.76	87.24	0.07	6.92	93.08
7	0.08	56.40	43.60	0.07	7.66	92.34	0.18	8.63	91.37	0.07	14.54	85.46	0.07	7.96	92.04
8	0.09	62.55	37.45	0.07	9.08	90.92	0.19	10.61	89.39	0.08	16.33	83.67	0.08	9.02	90.98
9	0.10	67.57	32.43	0.08	10.53	89.47	0.20	12.67	87.33	0.08	18.11	81.89	0.08	10.10	89.90
10	0.11	71.67	28.33	0.08	11.99	88.01	0.21	14.76	85.24	0.09	19.86	80.14	0.08	11.19	88.81
⋮	⋮	⋮	⋮	⋮	⋮	⋮	⋮	⋮	⋮	⋮	⋮	⋮	⋮	⋮	⋮
24	0.22	91.14	8.86	0.13	29.87	70.13	0.27	39.17	60.83	0.13	39.43	60.57	0.13	25.06	74.94

注：D（大豆-国内）表示国内大豆价格的波动率，其他以此类推；S. E. 表示标准差；国内、国际表示国内因素和国际因素对相应粮食品种价格波动的解释度或贡献度。

综上所述，在长期整合和短期波动意义上，国际国内粮价均存在显著的关联性，要实现国内粮价的相对平稳就必须从全球视角出发，紧密跟踪和有效防范国际粮价急剧变动，从封闭视角去理解国内粮价问题是有局限性的。

（三）国际粮价对国内粮价的影响存在品种差异

为了定量考察国际粮食市场衔接国内粮食市场的机理，本书将特定品种的国内粮价作为因变量，而将国内其他粮食品种的价格以及对应的贸易、期货和汇率等指标作为自变量。其中，粮食进口价格以中国海关总署统计的进口金额/进口数量计算得出；选取国内外粮食互动分析中的国际粮食价格数据作为对应品种的期货价格指标，以人民币兑美元的即时汇率作为汇率指标。具体计量公式如下：

$$\operatorname{Ln}Y_{it} = c_0 + \sum_{j=1}^{4} c_j \operatorname{Ln}Y_{jt} + c_5 \operatorname{Ln}ER_t + c_6 \operatorname{Ln}FUTURE_{it-1} + c_7 \operatorname{Ln}P_{it}^{imp} + u_t$$

$$u_t = \alpha u_{t-1} + \beta t$$

其中，i，j 是指国内四种主要粮食品种，且当 $i = j$ 时，$c_j = 0$；t 表示时间，单位是月；Y 是指某品种粮食的国内价格；ER 是指人民币对美元汇率；$FUTURE$ 是指国际期货市场某品种粮食价格；P^{imp} 是指某品种粮食的进口价格。其中 $c_1 \sim c_4$ 的大小可以测度替代效应的高低；c_5、c_7 测度贸易传导的直接和间接效应；c_6 测度期货预期等信息诱发机制的影响效应。回归结果整理为表 5 - 13。表 5 - 13 显示：四个回归方程的判定系数 R^2 均在 99% 以上，回归结果较理想，自变量对因变量有较强解释力。

表 5 - 13　国内粮食价格影响因素的 OLS 回归结果

	大米		大豆		玉米		小麦	
	系数值	t 统计值	系数值	t 统计值	系数值	t 统计值	系数值	t 统计值
c_0	-0.83 ***	-16.86	2.17 ***	21.82	0.42 ***	8.32	1.51 ***	5.17
c_1	n. a.	n. a.			0.70 ***	43.56	0.56 ***	19.66
c_2			n. a.	n. a.	0.16 ***	9.37	0.21 ***	8.91
c_3	0.24 ***	8.61	0.21 ***	5.38	n. a.	n. a.	0.12 ***	4.14
c_4	0.94 ***	33.17	0.21 ***	5.85			n. a.	n. a.
c_5							-0.10 ***	-3.08
c_6	0.06 ***	7.55	-0.15 ***	-4.96			-0.07 ***	-6.32
c_7	-0.04 ***	-5.12	0.66 ***	20.06			-0.03 ***	-3.65
R^2	0.9968		0.9875		0.9947		0.9955	
F	7634.0880		2424.3230		8188.9030		3461.1920	
D. W	1.8062		1.9079		1.4165		1.4529	

注：空白处表示系数对应的变量在回归模型中不存在，是不显著的影响变量；n. a. 表示对应的系数不可得；*** 、** 和 * 分别表示该系数在 1%、5% 和 10% 的水平下显著。

回归结果显示：①期货价格对玉米价格的影响不显著，其他粮食品种价格均显著，期货价格目前已经成为国际粮食市场影响国内粮食市场的重要途径；②替代效应和贸易传导对国内粮价的影响存在品种差异，玉米仅受替代效应影响，大米、大豆和小麦同时受替代效应和贸易传导影响；③不同粮食品种之间的替代效应也存在显著差异，大米和小麦之间的替代性最强，小麦对大米以及大米对小麦的替代弹性系数分别为 0.94 和 0.56，大豆与玉米对应的替代弹性次之，除此之外，玉米与小麦以及大米和大豆之间也存在一定的替代作用，粮食品种的生产特性和消费属性决定了此种替代弹性的差异性。综上，以替代效应为主的信息诱发机制是国际粮价影响国内粮价的主要途径，而基于贸易途径的直接作用，除了大豆品种外，在其他品种上表现都较小。

为了探究国外粮价影响国内粮价机制的时间转变特征，本书还借助 Chow 断点检验发现：2003 年 3 月是国际粮价影响国内粮价的有效断点。其原因是：①2001 年底，"入世"是我国经济发展历程的重大事件，伴随着我国参与国际经济程度的实质性提高，国际国内粮食市场的衔接机制在"入世"前后很容易产生结构性转变，以 2003 年 3 月作为样本断点能够有效地反映此种衔接机制的转变；②进入 21 世纪之后，我国国内的粮食流通体制市场化改革也实现了突破性进展，尤其是，2003 年新一轮粮食流通体制改革开始在吉林和安徽等主产区展开，2002 年 5 月国务院再次发布了《关于进一步深化粮食流通体制改革的意见》，这些举措意味着粮食经营者对国内外价格信号的反应方式出现了显著变化。同时，从样本量来看，以 2003 年 3 月为断点能够更好地保证分段分析的数据量，进而提高计量分析的有效性。运行模型检验后，回归结果表明：在前一阶段，贸易传递途径基于期货市场的信息诱发机制对国内粮食品种价格波动的影响均不显著，而在后一阶段，除了玉米外，贸易传递以及汇率因素对其他品种的价格波动影响显著，并且基于品种替代的诱发效应也十分显著，其中，大豆与玉米、小麦与大米之间的替代弹性都较高。由此可见，新时期国际市场影响国内粮食市场的形式表现为贸易传导和信息诱发两种机制的"叠加"。

分析结果表明：①国际粮价对国内粮价的影响存在品种差异，其中，国内大豆价格对外部依赖度较高，其他粮食品种受国际粮价影响的程度相对较低。因此，我国构建国际粮价预警机制和防范体系，必须以大豆价格作为核心监测指标，并以选取 1~6 个月的传导时滞为宜。②国际粮价对我国粮价的影响机制具有先贸易传递（以大豆为主）、后信息诱发的显著特征，我国不能因为大豆在整个粮食消费中的"小部门化"而忽略其价格先导功能，而应在农业适度规模经营和期货市场发育的背景下，促使我国粮食生产兼顾短期价格与未来价格。③整体上资本市场的信息诱发功能尚未成为国内外粮价关联的主导方式，但伴随着我国资本市场的逐步开放和国际资本流动的频繁化，我国未来必须将国际资本的异常流动和粮价信息的异常散布更多引入到粮价调控体系之中。④除了大豆这种先导性品种之外，我国其他粮食价格主要取决于替代效应和供求等基本因素。据此，我国既要依靠持续化的农业技术创新、组织创新以及公共品投入，促使农民粮食经营能够与其议价能力和收入增长相匹配，从而为城市化背景下的粮食稳定增产奠定坚实基础，同时更要持续推进粮食流通领域的市场化改革，促使粮食期货市场、批发市场和集贸市场形成布局合理、功能互补的良性格局，努力降低粮食"从田间到餐桌"整个产业链的交易成本，进而使市场价格能够更为充分和快速地反映供需变动。

二、国际形势加大我国粮食进口风险

（一）世界金融危机为我国粮食进出口贸易带来不稳定因素

因美国次贷危机引发的金融危机肆虐全球，虚拟经济备受重创并累及实体经济，进而引起了粮食这一世界基础性商品价格"过山车"式的大波动，对世界粮食生产的投入、产量乃至未来走向产生明显的消极影响，一度动摇了粮食市场的稳定性，全球粮价也因此飙升到最高峰，加深全球粮食危机。2009 年 7 月，国际货币基金组织在对世界未来经济发展趋势的预测报告中指出，全球经济依旧处于低迷状态，且各个国家、各地区经济衰退状况各不相同。国际货币基金组织还认为，全球经济的萧条，商品价格持续波动，必然会导致发达国家粮食供应量的相对减少，影响世界粮食市场的供需平衡，使其动荡不安[1]。

在粮食生产方面，由于受金融危机的影响，各国政府为拯救城市主要产业资金支出的增加，在客观上对农业形成了"挤出效应"，削减了农业和粮食生产的投入。即使是在一些世界重要的粮食生产国如美国、一些欧洲国家及巴西等国也因为受金融危机的影响，造成国内粮食价格走低，国际贸易收入急剧减少，大量用于粮食市场的资金也因此被调回，相应缩减了该国用于粮食生产的资金，许多国家和地区在粮食生产投入方面出现了信贷紧缩，农民在生产资金和贷款等诸多方面面临困难，从而降低了粮食的产量，减少了粮食市场上的供应量。

在粮食消费方面，世界金融危机下，许多地区经济衰退，企业纷纷倒闭，失业率增加，银行贷款抽紧，收入减少，购买力严重萎缩。在这种情况下，一些国家和地区粮食作物的种植面积和产量大幅下降，如在全球最大的农产品出口国美国，农民将耕地面积减少 700 万英亩，结束了连续 5 年的耕地扩张，创下 20 年以来最大降幅；在其他地区，尤其是乌克兰、阿根廷和巴西等谷物主产国，农民们减少使用高产杂交粮种和肥料，粮食产量受损。这种状况势必会加剧粮食供给不足的严重程度，为世界粮食市场的供需失衡埋下伏笔[2]。

（二）发达国家农业保护使我国粮食进出口贸易面临更大挑战

作为战后"资本主义世界领袖"的美国，为解决自 20 世纪初以来长期持续的国内农产品过剩问题：一方面竭力鼓吹贸易自由化，以各种方式推销其国内农产品；另一方面却不断完善国内农业补贴保护体系，使其形成了由关税壁垒与农业补贴相结合的农业保护政策体系。在巨额农业补贴政策支持下，美国农民在国际粮食市场竞争中占据了其他国家农民无法比拟的优势。既保持了较高农业生产力水平，又可以在补贴支持下以较低的甚至低于粮食本身价值的价格在国际市场上倾销粮食[3]。在这种不对称的竞争中，发展中国家的

① 高长武. 当前世界粮食危机发生的深层原因 [J]. 当代世界，2008 (8)：50-52.
② 潘旭东，马晓平. 世界粮食危机背景下我国粮食安全问题探析 [J]. 价格月刊，2010 (12)：70-75.
③ 陈祥英，陈玉华. 世界粮食危机的历史审视 [J]. 国外理论动态，2010 (3)：9-16.

农业受到严重冲击①。其实，世界上的大部分国家在多年前就能做到粮食自给自足，后来这些国家引进了美欧等发达国家的粮食，这些粮食以较低价格渐渐占据了一些国家的粮食市场，挤垮了进口国的粮食生产商和农民，打破了进口国的粮食自给自足的状态，致使这些国家的粮食安全对美欧等发达国家产生了很强的依赖性。

（三）世界生物能源工业的快速发展加大我国粮食进出口压力

生物燃料的发展已经使得粮食价格与能源价格的变化趋于一致，这将改变世界粮食价格不断下降的趋势。生物能源发展会不会导致农产品价格持续上涨，学术界目前对此尚无定论。然而，生物能源发展将显著提高农产品价格却已是普遍共识。粮食的首要任务是保证人口的食物消费，但在目前世界粮食供需不平衡的局面下，一些国家依然大力发展生物能源工业（生物能源是指以淀粉质生物，如粮食、薯类、作物秸秆等为原料生产的燃料）。生物能源发展对农业的影响主要有两个方面：①生物能源发展增加了对农产品的需求，使农业资源变得相对稀缺，农产品的价格普遍上涨，从而为增加农村就业和农民收入提供新的机遇。美国的很多研究表明，生物能源的发展减少了农产品剩余，提高了农产品价格，在农村创造了更多的就业机会，提高了农民收入。②粮食需求量提高，会引起全球范围内农产品和畜产品价格的提高，这使得一些依赖粮食进口的发展中国家的粮食安全问题面临着严峻挑战。

国际生物质能源的发展为世界粮食安全带来了巨大压力。20世纪90年代以来，不可再生能源的枯竭问题开始真正显现，世界经济，尤其是发达国家的经济发展面临"缺血"威胁。为应对这一挑战，美欧等能源消费大国和巴西等农产品贸易大国开始大力发展新型的可再生能源——生物质能源。由于美欧及巴西等国的第一代生物质能源发展是建立在对农业资源大量占用和对农产品大量消耗的基础之上，能源与农业及农产品因此被直接联系在一起。生物质能源的快速、大规模发展是高粮价的"罪魁祸首"之一，生物质能源生产大国的美国更是成了众矢之的。美国的粮仓地带兴建了很多新型工厂，这些工厂是被用来生产生物质能源的，美国政府为了摆脱对外国能源的依赖，宣布要在6年之内使全国乙醇使用量增加近2倍。美国政府为促进含乙醇汽油的消费，制定了优惠政策，使其能低价销售，在这些措施作用下，到目前为止，美国生产的玉米有1/4都被乙醇工厂收购，美国还计划到2017年使全国15%的汽车由生物燃料驱动，而这需要美国玉米产量增加2倍；欧盟也计划在2010年将生物能源占欧盟交通能源使用量的比例提高到5.75%②。巴西等热带发展中国家，为规避农产品的贸易保护，改变与发达国家的斗争形式和斗争领域，也在积极发展生物质能源。据统计，目前全球12%、美国20%的玉米，巴西50%的甘蔗均用于乙醇制造；全球20%、欧盟65%的菜籽油，全球20%的豆油，东南亚30%的棕榈油

---

① 陈文胜. 世界粮食危机下的中国粮食安全机遇与挑战 [J]. 贵州社会科学, 2010 (10)：37-42.
② 高铁生，安毅. 世界粮食危机的深层原因、影响及启示 [J]. 中国流通经济, 2009 (8)：9-12.

用于生物柴油制造。大量的粮食和油料作物被转入生物燃料产业，严重加剧了世界粮食短缺的局面。[①]

（四）跨国公司的垄断经营给我国粮食进出口安全带来潜在威胁

目前，全世界最重要的十几家跨国企业同大约 40 家中型企业一起共同掌控着全球食物链。由于跨国粮食寡头对于世界主要粮食产区仓储、交通物流、港口等基础设施的掌控能力，可以有效排除其他的竞争者，更由于其对于国际有效资源的实际控制和主导能力，远远大于一个地区性主权国家，这样也就造成了多数粮食进口国陷入别无选择的依赖困境。其中，由嘉吉公司、阿彻丹尼尔斯米德兰公司（ADM）、路易·德雷菲斯公司和安德烈公司等几个跨国农业公司组成的粮食卡特尔，实际上拥有对几乎整个世界农产品市场的绝对控制权。这些跨国公司最擅长的手段就是利用资金优势，通过资本运作消灭对手，垄断市场，从而实现操控价格以牟取巨额利润的目的，它们已经利用这样的办法控制了拉美等地的粮食市场。

随着中国加入 WTO 以及融入国际社会，中国的市场包括粮食市场向外资开放。许多国际资本在贸易自由化和投资自由化的旗号下加紧对中国粮食加工产业和流通产业进行渗透，并力图加以主导和控制。例如，美国粮食寡头 ADM 公司和新加坡 WILMAR 集团共同投资组建的益海（中国）集团是 ADM 在中国扩张的典型代表。益海（中国）集团除通过控股或参股的形式控制国内 60% 以上的小包装油市场份额外，在大力发展油脂、油料加工项目的基础上，全面进军小麦、水稻、棉籽、芝麻、大豆浓缩蛋白等粮油精深加工项目，同时又先后投资控股和参股铁路物流、收储基地、船务、船代等辅助公司，向着多品种经营和多元化发展。所以，其市场的主导权不断上升。并且，开始涉足粮食的收储、贸易业务，甚至订单。同时，随着中国民众生活和消费水平的提高，对粮食的刚性需求也越来越大。在目前中国国内粮食供给有限的情况下，只能越来越多地依靠国外进口。而人民币汇率不断升值使国际粮食价格低于国内价格，这种价格的"倒挂"使得粮食进口大量增加。2011 年小麦、玉米和大豆净进口量，由 1997 年的 416 万吨增加到 6988 万吨，成为世界上最大的粮食进口国之一。对于几乎完全依赖进口的大豆来讲，高价的大豆引起相关产业的连锁反应，构成输入型通货膨胀的诱因[②]。而对于中国三大主粮之一的玉米来讲，面对国内玉米供应紧张和玉米的大量消耗，从 2010 年开始，中国大量进口玉米，中国官员到处寻找玉米的供应国。中国的进口无疑给外资的跨国粮商提供了进一步在中国扩张和并购的机会。因为跨国粮商掌握着国际粮价的定价权，他们可以通过操纵国际期货市场来打压中国的民族企业，通过参股和并购的方式赚取高额垄断利润。同时，大量进口外国粮食会冲击中国农民的种粮积极性，成本和收益的巨大反差，让农民无钱可赚，只能进城打工。

① 袁平. 国际粮食市场演变趋势及其对中国粮食进出口政策选择的启示 [J]. 南京农业大学学报（社会科学版），2013（1）：46-55.
② 韩丽鹏，谢秀娥，郭晓杰. 世界粮食贸易环境与中国粮食进口战略 [J]. 商场现代化，2009（8）：15.

三、大国效应为我国粮食进口带来风险

（一）中国对外粮食贸易存在大国效应

与中国对外贸易高速增长保持一致，中国粮食贸易得到快速发展，中国已经成为继美国、欧盟、加拿大、巴西之后的世界第五大农产品出口国，也是除欧盟、美国、日本之外的第四大农产品进口国，而在中国农产品贸易中，粮食在农产品贸易中占的权重最大。作为粮食生产和消费大国，中国的粮食国际贸易一直受到世界的关注。1994 年，美国学者莱斯特·布朗（Brown）发表了一篇论文"谁来养活中国？"，他预测中国粮食产品将出现巨大的供需缺口，并认为中国在世界市场大量购粮，必然导致粮价上涨，即"大国效应"显现。

按照"大国效应"理论，如果某国的一种商品占有较高的市场份额，其进口量的多少对国际价格的变动有着重要的影响。进口多，该种商品的国际价格就会上涨，根据供求原理，价格的上涨又会自动抑制需求、减少进口。在中国粮食进出口贸易中，大豆进口远高于其他品种，因此用大豆进口来说明非常具有代表性。图 5－13 给出了中国大豆进口量与国际大豆价格指数走势图，可以看出，凡是我国大量进口的年份，都是国际市场价格较高的年份，这也就说明了中国大豆进口量与国际大豆价格可能存在一定的"大国效应"——中国大豆的进口量越高，国际市场大豆的价格就越高。

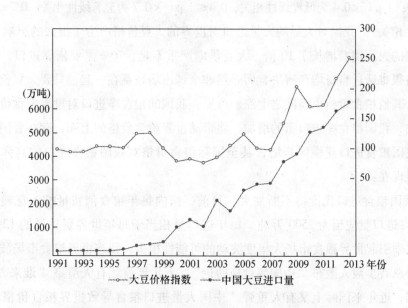

图 5－13 中国大豆进口量与国际大豆价格指数关系

注：大豆价格指数为定基价格指数（2005 年 = 100）。

资料来源：FAO 网站；美国农业部网站。

（二）国际市场高弹性反应风险显现

近年来，全球主要粮食产品平均价格上涨迅猛，联合国粮食及农业组织（FAO）价格指数显示，全球粮食价格 2007 年上涨 24%，2008 年前 8 个月涨幅超过了 50%，所有大宗粮食价格都创下近 10 年新高。据 FAO 预测，食品价格在今后 10 年内还将大幅度上涨。2008 年 8 月后，受国际金融危机及石油价格下跌等因素影响，国际粮价出现短期性回落，但仍处历史高位，反映国际粮价走势的联合国粮食及农业组织粮食价格指数比 2006 年同期高 28%，国际粮食供求形势依然严峻。至 2009 年 5 月，包括大豆和玉米在内的一些商品价格大幅反弹，达到 2007～2008 年粮食危机前的价格水平，较 2008 年 12 月的最低价格上涨了 50%[1]。

根据中国社会科学院乔召旗和罗荣海的计算[2]：从品种上看，小麦净进口对于我国国内粮食价格和国际粮食价格都具有正的相关性，我国小麦净进口带动了国际小麦市场价格的上涨。就玉米净进口来看，我国玉米净进口与国内外玉米的价格也是正相关，且国内的影响较大。就不同品种比较来看，大豆的净进口与国际粮食价格相关性最强，相关系数是 0.50，其次是大米的 0.40，小麦与玉米分别是 0.29 与 0.24（相关系数 ρ 是用以反映变量之间相关关系密切程度的统计指标，当 $\rho>0$ 时，表示两变量正相关；当 $\rho<0$ 时，表示两变量为负相关。当 $0<|\rho|<1$ 时，表示两变量存在一定程度的线性相关，且 $|\rho|$ 越接近 1，两变量间线性关系越密切；$|\rho|$ 越接近于 0，表示两变量的线性相关越弱。一般可按三级划分：$|\rho|<0.4$ 为低度线性相关；$0.4\leqslant|\rho|<0.7$ 为显著线性相关；$0.7\leqslant|\rho|<1$ 为高度线性相关）。我国对大豆的大量进口对世界的大豆价格产生了很大的影响，过去 10 年来，中国的大豆消费增长了 10 倍，大豆供应严重不足，70% 需要依靠进口。中国大豆增量需求将很难通过自身增产解决，而必然和全球市场联系在一起。只要大豆价格和全球价格联动，其他粮食价格也将随之上涨。可见，我国的粮食净进口对世界粮食价格具有一定的正影响，我国粮食净进口量的增加，将带动世界粮食价格的上涨，存在着国际粮食市场价格与我国粮食进口规模同步增长甚至国际粮食价格对我国粮食进口的高弹性反应趋势。主要表现在：

（1）我国粮食进口代价将不断加大。目前，国内每年粮食消费量按 5 亿吨计算，按 5% 正常允许进口量应当为 2500 万吨。每年进口量相当于每年世界贸易量的 12% 左右[3]，如此大的比率引起世界粮食市场大幅度波动的可能性很大。每当世界粮食市场波动、粮价上涨，国外总有少数人散布"中国粮食威胁论"。十几年前就有人渲染"谁来养活中国"的悲观论调，近年来国际上又有人重弹"中国大量进口粮食导致世界粮食价格暴涨"的

① 曹宝明，李光泗等．中国粮食安全的现状、挑战与对策研究［M］．北京：中国农业出版社，2011：127-130.
② 乔召旗，罗荣海．我国粮食贸易与世界粮食价格的相关性研究［J］．粮油加工，2009（5）：28-31.
③ 彭珂珊.2008 年全球粮食危机与中国粮食安全问题观察［EB/OL］．中国食品产业网，2009-02-06，www.foodgs.cn.

老调。2006 年以来，一些国际基金以获利为目的，利用全球性资源供求关系紧张的发展趋势和公众担忧日益增长的市场氛围，在包括农产品、金属和能源在内的商品期货市场上大肆进行投机交易，导致农产品价格在短期内迅猛上涨。据估计，到 2030 年中国人口会达到 16 亿的顶峰，届时的粮食消费将达到 6.5 亿吨，我国自由进口粮食的难度和代价将不断加大。

（2）国际金融危机推动粮食价格上涨。世界主要农产品和原油交易都是以美元计价。自 2002 年以来，美元对其他外币不断贬值，促使生产要素价格逐步上扬，农业生产成本不断增加，部分国家农产品进口也随之不断增加。特别是美国次贷危机引发的金融危机和原油涨价，导致全球性通货膨胀日趋明显。近年来，随着美元下跌，国际市场上以美元计价的大部分粮食价格相应高涨。鉴于国际粮食市场的情况，联合国粮农组织认为，全球基本农产品价格上涨的趋势将持续到 2010 年，届时世界粮食平均价格将会上涨 20%①。

（3）各国存在限制粮食出口倾向。面对全球性粮油价格上涨，为了保护国内消费者，一些国家纷纷采取保护性措施。例如：一些传统粮油出口国（如俄罗斯、乌克兰、阿根廷、印度、越南、马来西亚等）于 2007 年秋天开始限制出口数量，取消出口补贴，增设或提高出口税，甚至干脆禁止粮油出口；一些进口国家和地区（如印度、欧盟、印度尼西亚、泰国、韩国等）则于 2008 年初开始降低进口关税，鼓励进口，增加储备，甚至以国家财政补贴消费者。出口供应减少，而进口需求加大，导致世界粮油价格在 2008 年 4 月进一步上涨。面对这种形势，再考虑到粮食的种类结构、质量和可食用性，作为拥有 13 亿人口、现人均不足 400 公斤粮食占有量的中国，如何保障粮食安全成为更加严峻的课题②。

（三）中国粮食贸易"大国效应"存在两面性

随着世界经济一体化进程加快，各国粮食市场的联系更加紧密，国际联动效应突出。开放程度较高的国家联动效应尤为突出。大多数国家的粮食安全问题难以完全独立于国际粮食市场，个别国家的粮食问题又会在全球产生连锁反应。在我国逐步放开粮食市场贸易条件下，国内外两个市场的互相影响在逐渐加强，粮食进口已经成为调节我国国内粮食生产的一个关键，同时也是我国粮食供给的一个重要来源。大国效应反映的是一国对某种商品的国际市场影响力，也就是该国对这种商品的某种程度的垄断能力。那么就进出口贸易大国自身利益的影响而言，"大国效应"具有正、反两重性。

有利的一面是在粮食进出口贸易上，中国可以通过加强"大国效应"的正面作用，改善本国的贸易条件，增加贸易利益。国际贸易与国内的经济发展是紧密联系在一起的，要改善贸易条件牵涉到各方的利益，并非易事。但是中国是粮食进出口贸易的大国，完全

①　曹宝明、李光泗等．中国粮食安全的现状、挑战与对策研究 [M]．北京：中国农业出版社，2011：127－130．
②　李经谋．2009 年中国粮食市场发展报告 [M]．北京：中国财政经济出版社，2009：265．

有能力通过实施有效的进出口贸易政策和外国直接投资的政策，发挥我国的贸易大国的优势，改善我国的贸易条件，增加福利①。应该充分认识到作为一个贸易大国，我国可以通过"大国效应"来影响国际粮食市场价格，为本国尽可能地争取最大的贸易利益。针对不同产品和不同的市场情况采取不同的进出口政策和措施。在进口方面，可以通过控制和调节对所进口的物品的国内需求，以及利用市场上的讨价还价的谈判能力，获得最好的价格；尽可能以平稳的方式进行采购，不要以集中的计划来确定采购量，防止国际市场提前提高价格；并可建立必要的调节储备，以平滑国际采购价格波动。此外，随着我国粮食贸易规模的不断扩大，对世界粮食的依存度也在逐渐增加，这势必对国家粮食安全造成一定的压力。

不利的一面是对国际市场的依赖会造成贸易条件下降，本国福利受损。在进口时，庞大的进口量会引起国际市场价格的上涨，也可能通过价格的传导，引起国内相关粮食品种价格上升，随后可能带来通货膨胀；而出口时，大出口量会导致价格下降，甚至遭遇国外的反倾销等各种贸易壁垒和摩擦，最终使本国福利受损。具体到中国的粮食进口上来说，短期内具有部分交易谈判能力，会有利于本国，但从长期看会使其他粮食进口国对本国的进口保持警觉，以致可能散布不利于本国的言论或采取相关的措施，最终导致本国福利受损。

---

① 李静逸．中国粮食进出口贸易的"大国效应"研究［D］．上海外国语大学硕士学位论文，2010：56．

主要附录

附录1：粮食安全水平评价方法

一、粮食安全评价指标体系及说明

（一）粮食安全评价指标体系的设置

本指标体系包含4个二级指标，每个二级指标包含3个三级指标，共计12个三级指标。具体指标设置如下：

附表1-1　粮食安全评价指标体系

一级指标	二级指标	三级指标
粮食安全总指数	粮食生产安全系数	粮食生产波动率
		粮食播种面积变化率
		成灾率
	粮食消费安全系数	粮食自给率
		低收入群体粮食获得能力
		粮食质量安全
	粮食流通安全系数	粮食价格波动率
		粮食流通效率
		粮食库存消费比
	粮食进出口安全系数	粮食进口依存度
		国际粮价波动率
		粮食进口集中度

（二）粮食安全评价指标计算方法说明

1. 粮食生产波动率

反映因气候变化、政策变动等因素影响而导致年际间粮食产量呈现出一定的波动性变化，其波动的程度即为波动指数。计算方法如下：

$$V_t = \frac{Y_t - \hat{Y}}{\hat{Y}} \times 100\% \qquad (1-1)$$

其中，V_t 表示第 t 年的粮食生产波动指数；Y_t 表示第 t 年的粮食总产量；$\hat{Y}$ 表示第 t 年的趋势产量，反映的是粮食产量随着时间推移而应表现出的一种稳定的波动趋势。

2. 粮食播种面积变化率

反映我国的粮食生产主要投入资源——粮食播种面积变化情况，计算方法如下：

$$a_i = \frac{A_t - A_{t-1}}{A_{t-1}} \qquad (1-2)$$

其中，a_i 表示我国的粮食播种面积变化率，A_t 表示第 t 年的粮食播种面积，A_{t-1} 表示上一年粮食播种面积。

3. 成灾率

表示成灾面积占受灾面积的比重。

4. 粮食自给率

反映一国或地域内消费的产品中由本国所生产的比率，计算方法如下：

$$s_i = \frac{Y_i}{D_i} \qquad (1-3)$$

其中，s_i 表示粮食自给率，Y_i、D_i 分别代表本年度粮食产量和消费量。

5. 低收入群体粮食获得能力

反映我国低收入群体的粮食获得能力。《中国统计年鉴》将所有调查户按户人均可支配收入由低到高排序，按 10%、10%、20%、20%、20%、10%、10% 的比例依次分为：最低收入户、低收入户、中等偏下收入户、中等收入户、中等偏上收入户、高收入户、最高收入户七组，总体中最低的 5% 为困难户，本研究称为低收入群体。具体计算方法为：

$$c_i = \frac{GC_i}{IP_i} \qquad (1-4)$$

其中，c_i 表示城镇低收入群体粮食获得能力，GC_i 表示城镇低收入群体年均粮食消费支出，IP_i 表示城镇低收入群体年均可支配收入。

6. 粮食质量安全

反映居民所消费粮食的质量安全情况。计算方法如下：

$$q_i = \frac{1}{2} \sum_{j=1}^{4} \frac{q_{ij}}{4} + \frac{1}{2} q_{ip} \qquad (1-5)$$

其中，q_i 表示 i 年的粮食质量安全水平；j 表示粮食品种，包括水稻、小麦、大豆、玉米；q_{ij} 表示 i 年 j 品种中等级以上的粮食占比；q_{ip} 表示储备粮食抽检合格率。

7. 粮食价格波动率

反映国内粮食市场波动情况，利用粮食批发价格指数进行计算。

8. 粮食流通效率

反映我国粮食流通效率水平，用国有粮食企业经营情况表示。

$$R_i = \frac{P_i}{C_i} \times 100\% \qquad (1-6)$$

其中，R_i 表示国有粮食企业主营业务成本收入比，P_i 表示国有粮食企业的主营业务收入，C_i 表示国有粮食企业的主营业务成本。

9. 粮食库存消费比

反映国家应对粮食供求失衡，抵御粮食市场中可能出现的各种不测事件的能力。

$$SR_i = \frac{S_i}{D_i} \times 100\% \qquad (1-7)$$

其中，SR_i 表示库存消费比，S_i 表示年度库存，D_i 表示当年粮食消费量。

10. 粮食进口依存度

衡量我国粮食安全对国际粮食市场依存程度的指标。

$$DE_i = \frac{IM_i}{D_i} \times 100\% \qquad (1-8)$$

其中，DE_i 表示粮食进口依存度，IM_i 表示我国粮食进口总量，D_i 表示当年国内粮食消费总量。

11. 国际粮价波动率

反映国际粮食市场的波动程度。

12. 粮食进口集中度

反映粮食的受控风险。进口过度依赖于某几个国家，会增加粮食进口的风险，从而影响粮食供求平衡。

$$f_m = \sum_{i=1}^{4} \sum_{m=1}^{3} \left(\frac{IM_{im}}{IM} \right) \times 100\% \qquad (1-9)$$

其中，f_m 表示我国主要粮食品种的进口集中度，计算方法为：按主要粮食品种分类，分别计算我国从前 m 名（本研究中 m 取值为 3）国家的进口总额占我国粮食进口总额的百分比。

二、粮食安全评价指标体系的权重设定方法

（一）层次分析法简介

本研究采用层次分析法设置指标权重。

层次分析法将复杂的问题分解为各个组成因素，将这些因素按支配关系分组成有序的层次结构，通过两两比较确定各因素的重要性。它能统一处理定量数据和定性判断，具有实用性、简洁性和系统性的特点，已广泛应用于社会经济系统的决策和评价当中。

AHP 的基本步骤为：①分析决策问题中各因素间的关系，建立递阶层次结构模型；②对同一层次的各因素关于上一层次某准则的重要性进行两两比较，构造两两比较判断矩阵；③由判断矩阵计算被比较因素对该准则的相对重要性，即层次单排序；④计算各层元素对总目标的合成权重，逐层合成进行层次总排序。通过以上 4 个步骤计算各层次构成要素对于总目标的综合权重，从而得出不同对象的综合评分值。

（二）定性指标的权重计算

传统 AHP 方法在对同一层次的因素进行定性比较时，将两个因素对上一层次某元素的相对重要性的判断转换为标度。对定性因素采用 1~9 标度法（见附表 1-2），通过对同一层次内各因素的两两比较将定性判断转化为判断矩阵 $A = [a_{ij}]n \times n$，其中 $a_{ij} > 0$，$a_{ij} = 1/a_{ij}$，$a_{ij} = 1$，A 为正互反矩阵。由判断矩阵 A 可计算出下层 n 个因素对上层某因素的相对重要性 $w = [w_1, w_2, \cdots, w_n]$，即层次单排序。采用根法计算排序权重的公式如下：

$$w_i = \left(\prod_{j=1}^{n} b_{ij}\right)^{\frac{1}{n}} \bigg/ \sum_{k=1}^{n} \left(\prod_{j=1}^{n} b_{kj}\right)^{\frac{1}{n}}, i = 1, 2, \cdots, n \tag{1-10}$$

附表 1-2　传统 AHP 法标度与语言等级对应表

语言等级	同样重要	稍微重要	明显重要	重要得多	极端重要
标度	1	3	5	7	9

注：2、4、6、8 则表示介于相邻数字对应语言等级之间。

判断矩阵是否具有满意的一致性，直接影响到由此判断矩阵得到的排序向量是否能真实地反映各比较方案之间的客观排序，因此需要检验判断矩阵的一致性。一致性检验指标 CI 计算公式为：

$$CI = (\lambda_{\max} - n)/n - 1 \tag{1-11}$$

其中，$\lambda_{\max}$ 为判断矩阵 B 的最大特征值，$\lambda_{\max} = \sum_{i=1}^{n} \left[\left(\sum_{j=1}^{n} b_{ij} w_j\right) / n w_i\right]$，平均随机一致性指标查附表 1-3 得到，当一致性比例 $CR = CI/RI < 0.1$ 时，通过检验，否则对判断矩阵进行修正，直到满足条件为止。

附表 1-3　平均随机一致性指标 RI

矩阵阶数	1	2	3	4	5	6	7
RI	0	0	0.52	0.89	1.12	1.26	1.36
矩阵阶数	8	9	10	11	12	13	14
RI	1.41	1.46	1.49	1.52	1.54	1.56	1.58

（三）定量指标的权重计算

定量指标 a_i 可分为越大越好型和越小越好型两类，为使越大越好型和越小越好型指标具有同一变化规律，作如下变换：

$$\begin{cases} \bar{a}_i = a_i, & S_k \text{ 为越大越好型} \\ \bar{a}_i = 1/a_i, & S_k \text{ 为越小越好型} \end{cases} \tag{1-12}$$

对定量因素，若某一指标 n 个被评价对象的得分为 $\bar{a}_i$（$i = 1, 2, \cdots, n$），则该指标各被评价对象得分值为：

$$w_i = \bar{a}_i / \sum_{i=1}^{n} \bar{a}_i \tag{1-13}$$

（四）总权重计算

由式（1-10）和式（1-13）进行层次单排序得到的仅仅是一组元素相对其上一层中某元素的权重的向量。最终是要得到各元素相对于总目标的相对权重，特别是要得到最低层各评价对象相对目标的合成权重，即综合评价分值。

假定已经算出第 $k-1$ 层上 n_{k-1} 个元素相对于总目标的排序权重向量 $w^{(k-1)} = [w_1^{(k-1)},$ $w_2^{(k-1)}, \cdots, w_{n_{k-1}}^{(k-1)}]^\gamma$，第 k 层上 n^k 个元素对第 $k-1$ 层第 j 个准则的层次单排序权重向量为 $P_j^k = [p_{1j}^k, p_{2j}^k, \cdots, p_{n_kj}^k]^\gamma$，其中不受 j 支配的元素的权重为 0。令 $P^k = [P_1^k, P_2^k, \cdots, P_{n_{k-1}}^k]^\gamma$，这是 $n_k \times n_{k-1}$ 的矩阵，表示 k 层元素对 $k-1$ 层上各元素的排序，那么 k 层元素对总目标的合成排序向量由下式给出：

$$w^k = P^k w^{(k-1)} \tag{1-14}$$

并且一般有：

$$w^k = P^k P^{(k-1)} \cdots P^{(3)} w^{(2)} \tag{1-15}$$

其中，$w^{(2)}$ 是第二层对总目标的排序向量，即第二层的层次单排序得到的排序向量。

三、粮食安全水平的测定

（一）测评方法

1. 基本原理

采用多指标综合评价方法的目的是通过所有指标的综合，得到对我国粮食安全水平总体评价的总分值。其基本思想是将多个指标转化为一个能够反映综合情况的指标来进行评价。多指标综合评价的评价过程不是逐个指标顺次完成的，而是通过一些特殊方法使多个指标的评价同时完成。在评价过程中，需要根据指标的重要性进行加权处理，因此得出的评价结果也不再是具有具体含义的统计指标，而是以指数或分值表示参评单位"综合状况"的排序。

2. 基本步骤

多指标综合评价方法通常分为以下几个步骤：

（1）建立多指标综合评价指标体系，这是评价的基础。

（2）收集数据，并对不同计量单位的基础指标数据进行同度量处理，本研究对指标进行无量纲化和正向化处理。

（3）确定指标体系中各指标的权重。

（4）对处理后的指标值进行汇总，计算出综合评价指数或综合评价分值。

（5）对评价结果进行分析，找出目前中国粮食安全保障中存在的问题与不足，从而制定相应的解决方案。

3. 综合指数计算

综合评价方法指标值有多种计算方法，本研究采用线性加权求和法计算中国粮食安全水平的综合指数，公式如下：

$$E_i = \sum_{i=1}^{12} E_{ij}W_i \qquad (1-16)$$

其中，E_j 表示 j 年中国粮食安全水平综合指数；E_{ij} 表示 j 年所对应的第 i 个指标进行无量纲化处理后的值；W_i 表示第 i 个指标的权重。

（二）数据来源与处理

1. 数据来源

中国粮食安全水平指标体系指标值的获取涉及多个部门。其中，粮食生产安全层面的基础数据来源于历年《中国统计年鉴》；粮食流通安全层面中，国内粮食价格波动率的基础数据来源于历年《中国统计年鉴》，粮食流通效率的基础数据来源于历年《中国粮食年鉴》，粮食库存消费比数据来源于美国农业部；粮食消费安全层面中，粮食自给率的基础数据来源于美国农业部，低收入群体的粮食获得能力基础数据来源于历年《中国统计年鉴》，粮食质量安全的基础数据来源于历年《中国粮食年鉴》；粮食进出口安全层面中，粮食进口依存度的基础数据来源于美国农业部，国际粮价波动率的基础数据来源于国际货币基金组织，粮食进口集中度的基础数据来源于历年《中国海关统计年鉴》。

2. 数据处理方法（无量纲化方法）

中国粮食安全水平评价指标体系中，既有定性指标又有定量指标，既有越大越好的指标，又有越小越好的指标，或落在某个区间内为好的指标。因此，在计算指标综合得分前，需要对指标的类型进行同趋势化处理。此外，指标体系中包含不同计算单位及量纲的指标，部分指标以得分表示，部分指标以百分比表示。指标的量纲不同，就无法在综合评价时进行加权平均的运算。因此，为了能够使用综合评价方法对指标进行计算，得出更加科学的结果，应当在指标同趋势化的基础上再进行无量纲化处理。

指标的无量纲化处理方法有很多，如标准化变换法、均值化法、极值处理法、功效系数法等。由于评价指标的性质是变动的，因而不能对所有指标采用同一种无量纲化计算函数进行处理。本研究根据指标的三种不同性质分别采用不同的计算函数进行无量纲化：

当指标值为"越大越好时",采用上限效果测度,公式如下:

$$E'_{ij} = \frac{E_{ij} - m_{ij}}{M_{ij} - m_{ij}}, \text{ 其中, } M_{ij} = \max\{E_{ij}\}, m_{ij} = \min\{E_{ij}\} \tag{1-17}$$

当指标要求"越小越好"时,采用下限效果测度,公式如下:

$$E'_{ij} = \frac{M_{ij} - E_{ij}}{M_{ij} - m_{ij}}, \text{ 其中, } M_{ij} = \max\{E_{ij}\}, m_{ij} = \min\{E_{ij}\} \tag{1-18}$$

当指标要求"适中为宜"时,采用中心效果测度,公式如下:

$$E'_{ij} = 1 - \frac{|E_{ij}| - e_i}{\max(|E_{ij}(\max, \min) - e_i|)} \tag{1-19}$$

其中,E'_{ij}表示j年所对应的第i个指标进行无量纲化处理前的原始数据;e_i表示目标值。

由于不同指标性质在后期无量纲化计算函数不同,在此我们对前面所建立的指标体系中各指标的性质进行界定(详见附表1-4)。

附表1-4 指标无量纲化计算函数

二级指标	三级指标	单位	权重	指标计算函数选择
粮食生产安全系数	粮食生产波动率	%	24	式(1-17)
	粮食播种面积变化率	%	11	式(1-19)
	成灾率	%	4	式(1-18)
粮食消费安全系数	粮食自给率	%	5	式(1-17)
	低收入群体粮食获得能力	%	2	式(1-18)
	粮食质量安全	%	6	式(1-17)
粮食流通安全系数	粮食价格波动率	%	5	式(1-19)
	粮食流通效率	%	2	式(1-17)
	粮食库存消费比	%	14	式(1-17)
粮食进出口安全系数	粮食进口依存度	%	7	式(1-18)
	国际粮价波动率	%	2	式(1-19)
	粮食进口集中度	%	18	式(1-18)

(三)测算结果

运用中国粮食安全水平评价指标体系,搜集相关数据,获得2008~2011年我国粮食安全水平得分(详见附表1-5)。

附表 1－5　中国粮食安全水平指标得分

一级指标	二级指标	三级指标	权重（%）	2006 年	2007 年	2008 年	2009 年	2010 年	2011 年	2012 年
粮食安全总指数	粮食生产安全系数（39）	粮食生产波动率	24	12.00	11.39	16.16	15.18	17.27	21.43	24.00
		粮食播种面积变化率	11	9.21	9.47	8.19	5.63	8.95	9.47	9.47
		成灾率	4	0.47	1.91	1.16	2.91	2.17	4.00	2.76
	粮食消费安全系数（13）	粮食自给率	5	4.73	4.26	4.86	4.72	3.76	4.92	3.44
		低收入群体粮食获得能力	2	0.00	2.00	1.52	0.15	0.34	0.40	0.50
		粮食质量安全	6	0.00	0.11	1.60	2.19	2.01	2.03	1.36
	粮食流通安全系数（21）	粮食价格波动率	5	4.70	3.92	5.00	3.43	2.76	2.25	1.66
		粮食流通效率	2	1.08	0.48	0.56	0.30	0.24	0.43	0.00
		粮食库存消费比	14	—	—	5.38	5.50	0.00	6.00	5.21
	粮食进出口安全系数（27）	粮食进口依存度	7	4.39	3.16	2.69	1.20	1.54	0.00	0.59
		国际粮价波动率	2	1.13	0.00	1.22	1.74	0.84	1.69	1.11
		粮食进口集中度	18	0.30	0.21	0.23	0.42	0.45	0.58	0.76
		总得分	100	38.01	36.89	48.57	43.37	40.33	53.19	50.86

附录2：世界粮食供求资料

一、世界谷物供求平衡表

附表 2－1　世界谷物供求平衡表　　　　　　　　单位：千吨

年份	期初库存	产量	国内总消费量	进口量	出口量	期末库存
2000	587608	1846594	1862288	223687	229428	566173
2001	566173	1880458	1905552	230536	234668	536947
2002	536947	1822571	1909570	231523	236354	445117
2003	445117	1864011	1937245	227399	239108	360174
2004	360174	2043460	1990060	236341	240446	409469
2005	409469	2017743	2020731	243648	254023	396106
2006	396106	2005463	2045932	255473	260686	350424
2007	350424	2125387	2095985	270025	275270	374581
2008	374581	2242114	2150778	275303	285981	455239
2009	455239	2246105	2192539	276718	291229	494294
2010	494294	2200145	2225622	280167	284250	464734
2011	464734	2319883	2281699	313184	344814	471288
2012	471288	2267220	2294604	309351	299492	453763
2013	453763	2470027	2398654	350184	369461	505859

注：谷物包括稻谷、小麦、玉米、大麦、燕麦、黑麦、高粱、小米。

资料来源：美国农业部。

二、主要品种供求平衡表

（一）世界稻谷供求平衡表

附表 2-2　世界稻谷供求平衡表　　　　　　　单位：千吨

年份	期初库存	产量	国内总消费量	进口量	出口量	期末库存
2000	143070	399260	393697	23171	24396	146736
2001	146736	399472	412489	26000	27814	132889
2002	132889	378199	405916	26091	27540	102964
2003	102964	392312	411277	25888	27253	81575
2004	81575	400920	406276	26863	28957	74030
2005	74030	417312	411511	26700	29102	76715
2006	76715	419901	418392	29875	31922	75455
2007	75455	432594	425709	28474	29575	80883
2008	80883	448701	435527	27012	29398	92405
2009	92405	440638	435165	29308	31569	94935
2010	94935	449299	443506	33870	36245	98727
2011	98727	465826	456126	37040	39127	104842
2012	104842	468994	465860	35750	38327	105173
2013	105173	476769	472446	37076	39007	107391

资料来源：美国农业部。

（二）世界小麦供求平衡表

附表 2-3　世界小麦供求平衡表　　　　　　　单位：千吨

年份	期初库存	产量	国内总消费量	进口量	出口量	期末库存
2000	210893	583210	585514	99864	102180	207256
2001	207256	583823	587132	106959	108018	204315
2002	204315	569627	602813	103414	106634	169503
2003	169503	555360	581499	100566	103453	136025
2004	136025	626701	605423	110717	113228	156455
2005	156455	618808	615894	111987	114206	153706
2006	153706	596544	618315	113481	115433	134333
2007	134333	612624	614828	113325	116224	128882
2008	128882	683516	637129	140703	143224	168946
2009	168946	686985	650862	132614	135397	201780
2010	201780	652415	653640	130816	134005	198980
2011	198980	697168	688314	151573	153847	199327
2012	199327	655195	687081	143626	146984	173854
2013	173854	708891	701530	149420	152383	176275

资料来源：美国农业部。

（三）世界玉米供求平衡表

附表2-4　世界玉米供求平衡表　　　　单位：千吨

年份	期初库存	产量	国内总消费量	进口量	出口量	期末库存
2000	194381	591898	609176	74949	75903	175277
2001	175277	601632	622371	71752	72739	151441
2002	151441	603891	627513	75727	76782	126772
2003	126772	627511	649525	76808	79037	104452
2004	104452	716207	688243	76131	75971	130698
2005	130698	700086	706094	79716	82537	123945
2006	123945	715840	725674	90205	91289	110430
2007	110430	795110	773750	99903	98150	131450
2008	131450	800559	782780	82101	83589	147330
2009	147330	824854	819502	90063	92723	145689
2010	145689	833270	851738	90976	91678	128278
2011	128278	884371	863752	100977	103753	131839
2012	131839	860062	872854	97625	99155	122589
2013	122589	956672	927381	102170	104500	151419

资料来源：美国农业部。

（四）世界大豆供求平衡表

附表2-5　世界大豆供求平衡表　　　　单位：千吨

年份	期初库存	产量	口粮消费量	国内总消费量	进口量	出口量	期末库存
2000	30172	175759	11051	171498	53089	53817	33705
2001	33705	184831	11532	184245	54356	53012	35635
2002	35635	196896	11882	191064	62884	61321	43030
2003	43030	186620	12048	188906	54082	56046	38780
2004	38780	215724	12979	204004	63477	64754	49223
2005	49223	220700	13345	215756	64086	63852	54401
2006	54401	236067	13847	224606	68966	71137	63691
2007	63691	219552	13991	229748	78349	78323	53521
2008	53521	211602	14198	221209	77394	77213	44095
2009	44095	260403	14613	237702	86853	91438	62211
2010	62211	263924	15025	251448	88729	91700	71716
2011	71716	239152	15360	256935	93222	92267	54888
2012	54888	267483	15535	257911	94832	97743	61549
2013	61549	281662	104502	15940	268884	107289	71540

资料来源：美国农业部。

三、世界主要国家粮食供求平衡表

（一）美国粮食供求平衡表

1. 美国谷物供求平衡表

附表 2－6　美国谷物供求平衡表　　　　　单位：千吨

年份	期初库存	产量	进口量	出口量	国内总消费量	饲料粮消费量	期末库存
2000	75572	339685	5508	88109	255222	167752	77434
2001	77434	321438	5905	84290	253084	164123	67403
2002	67403	293960	5143	72714	248649	152750	45143
2003	45143	345273	4630	88587	262062	160993	44397
2004	44397	385538	4580	83910	275895	170179	74710
2005	74710	363054	4810	90724	280168	166489	71682
2006	71682	335482	6521	85992	277839	150054	49854
2007	49854	411970	7274	107592	307189	156247	54317
2008	54317	400429	7120	81609	314353	147865	65904
2009	65904	416254	6148	82042	330395	140899	75869
2010	75869	397891	5740	89206	333026	131437	57268
2011	57268	384007	6541	72830	325652	124300	49334
2012	49334	354010	10713	51545	318228	126116	44284
2013	44225	433668	8550	89421	345548	141885	51474

注：谷物包括稻谷、小麦、玉米、大麦、燕麦、黑麦、高粱、小米等。
资料来源：美国农业部。

2. 美国稻谷供求平衡表

附表 2－7　美国稻谷供求平衡表　　　　　单位：千吨

年份	期初库存	产量	进口量	出口量	国内总消费量	期末库存
2000	867	5941	345	2590	3676	887
2001	887	6714	419	2954	3850	1216
2002	1216	6536	471	3860	3534	829
2003	829	6420	478	3310	3656	761
2004	761	7462	419	3496	3935	1211
2005	1211	7101	544	3660	3826	1370
2006	1370	6267	653	2923	4101	1266
2007	1266	6288	759	3336	4042	935
2008	935	6546	610	3032	4082	977
2009	977	7133	604	3516	4014	1184
2010	1184	7593	582	3515	4330	1514
2011	1514	5866	615	3199	3493	1303
2012	1303	6334	669	3400	3750	1156
2013	1156	6115	733	2985	3994	1025

资料来源：美国农业部。

3. 美国小麦供求平衡表

附表 2-8　美国小麦供求平衡表　　　　单位：千吨

年份	期初库存	产量	进口量	出口量	国内总消费量	饲料粮及残渣	期末库存
2000	25848	60641	2445	28904	36184	8176	23846
2001	23846	53001	2927	26190	32434	4953	21150
2002	21150	43705	2106	23139	30448	3150	13374
2003	13374	63805	1715	31524	32498	5512	14872
2004	14872	58698	1921	29009	31783	4916	14699
2005	14699	57243	2214	27291	31320	4263	15545
2006	15545	49217	3317	24725	30940	3186	12414
2007	12414	55821	3065	34363	28614	434	8323
2008	8323	68016	3456	27635	34293	6946	17867
2009	17867	60366	3227	23931	30977	4078	26552
2010	26552	60062	2638	35147	30639	3518	23466
2011	23466	54413	3050	28606	32112	4419	20211
2012	20211	61671	3341	27416	38269	10563	19538
2013	19538	58105	4588	32012	34174	6192	16045

资料来源：美国农业部。

4. 美国玉米供求平衡表

附表 2-9　美国玉米供求平衡表　　　　单位：千吨

年份	期初库存	产量	进口量	出口量	国内总消费量	饲料粮及残渣	期末库存
2000	43628	251854	173	49313	198102	147887	48240
2001	48240	241377	258	48383	200941	148565	40551
2002	40551	227767	367	40334	200748	140934	27603
2003	27603	256229	358	48258	211595	146850	24337
2004	24337	299876	275	46181	224610	155838	53697
2005	53697	282263	224	54201	232015	155330	49968
2006	49968	267503	304	53987	230674	140726	33114
2007	33114	331177	509	61913	261632	148793	41255
2008	41255	307142	344	46965	259272	131625	42504
2009	42504	332549	212	50270	281615	130199	43380
2010	43380	316165	703	46481	285123	121908	28644
2011	28644	313949	746	39182	279035	115744	25122
2012	25122	273832	4125	18579	263579	110058	20921
2013	20859	353715	909	48703	295392	130185	31388

资料来源：美国农业部。

5. 美国大豆供求平衡表

附表2-10 美国大豆供求平衡表 单位：千吨

年份	期初库存	产量	进口量	出口量	国内总消费量	期末库存
2000	7897	75055	97	27103	49203	6743
2001	6743	78672	63	28948	50867	5663
2002	5663	75010	127	28423	47524	4853
2003	4853	66783	151	24128	44600	3059
2004	3059	85019	152	29860	51410	6960
2005	6960	83507	92	25579	52751	12229
2006	12229	87001	246	30386	53473	15617
2007	15617	72859	269	31538	51627	5580
2008	5580	80749	361	34817	48112	3761
2009	3761	91417	397	40798	50671	4106
2010	4106	90605	393	40957	48295	5852
2011	5852	84192	439	37150	48723	4610
2012	4610	82561	984	35913	48416	3826
2013	3825	91389	1951	44815	49847	2503

资料来源：美国农业部。

（二）印度粮食供求平衡表

1. 印度谷物供求平衡表

附表2-11 印度谷物供求平衡表 单位：千吨

年份	期初库存	产量	进口量	出口量	国内总消费量	饲料粮及残渣	期末库存
2000	31839	192955	491	3349	174297	9860	47639
2001	47639	197350	34	9413	186311	10750	49299
2002	49299	170220	35	10347	181789	9950	27418
2003	27418	191710	8	10049	190198	10500	18889
2004	18889	188840	14	7165	186939	10800	13639
2005	13639	194470	70	6014	188868	10300	13297
2006	13297	196510	6725	7051	192697	10900	16784
2007	16784	213130	1966	9618	202389	11800	19873
2008	19873	217300	23	4940	198514	12300	33742
2009	33742	203660	242	4257	195658	12400	37729
2010	37729	220150	293	6425	210816	14650	40931
2011	40931	234430	18	16016	212588	14750	46775
2012	46775	239190	66	23099	212447	14600	50485
2013	51006	242760	37	20315	227906	17700	45582

资料来源：美国农业部。

2. 印度稻谷供求平衡表

附表 2-12　印度稻谷供求平衡表　　　　　单位：千吨

年份	期初库存	产量	进口量	出口量	国内总消费量	期末库存
2000	17716	84980	0	1685	75960	25051
2001	25051	93340	0	6300	87611	24480
2002	24480	71820	0	5440	79860	11000
2003	11000	88530	0	3100	85630	10800
2004	10800	83130	0	4569	80861	8500
2005	8500	91790	6	4688	85088	10520
2006	10520	93350	0	5740	86700	11430
2007	11430	96690	0	4654	90466	13000
2008	13000	99180	0	2090	91090	19000
2009	19000	89090	0	2082	85508	20500
2010	20500	95980	0	2774	90206	23500
2011	23500	105310	0	10376	93334	25100
2012	25100	104400	0	11000	93500	25000
2013	25440	106540	0	10000	96500	25480

资料来源：美国农业部。

3. 印度小麦供求平衡表

附表 2-13　印度小麦供求平衡表　　　　　单位：千吨

年份	期初库存	产量	进口量	出口量	饲料粮及残渣	国内总消费量	期末库存
2000	13080	76369	441	1569	2700	66821	21500
2001	21500	69680	32	3087	2700	65125	23000
2002	23000	72770	34	4850	2900	75254	15700
2003	15700	65760	8	5650	2400	68918	6900
2004	6900	72150	8	2120	2400	72838	4100
2005	4100	68640	41	801	2200	69980	2000
2006	2000	69350	6721	94	2300	73477	4500
2007	4500	75810	1962	49	2500	76423	5800
2008	5800	78570	7	23	2500	70924	13430
2009	13430	80680	218	58	2800	78150	16120
2010	16120	80800	272	72	2900	81760	15360
2011	15360	86870	15	891	3100	81404	19950
2012	19950	94880	16	6824	3400	83822	24200
2013	24200	93510	25	5899	94006	4800	17830

资料来源：美国农业部。

4. 印度玉米供求平衡表

附表 2 – 14 印度玉米供求平衡表　　　　单位：千吨

年份	期初库存	产量	进口量	出口量	饲料粮及残渣	国内总消费量	期末库存
2000	693	12040	50	95	5150	11950	738
2001	738	13160	1	25	6000	12700	1174
2002	1174	11150	1	50	5200	12000	275
2003	275	14980	0	1257	6100	13500	498
2004	498	14180	3	448	6400	13900	333
2005	333	14710	4	521	6000	14200	326
2006	326	15100	4	1208	6400	13900	322
2007	322	18960	4	4473	6700	14200	613
2008	613	19730	13	2608	7500	17000	748
2009	748	16720	24	1939	7300	15100	453
2010	453	21730	19	3526	9000	18100	576
2011	576	21760	3	4569	8800	17200	570
2012	570	22230	10	4800	8900	17400	610
2013	651	24190	10	3900	19500	10500	1451

资料来源：美国农业部。

5. 印度大豆供求平衡表

附表 2 – 15 印度大豆供求平衡表　　　　单位：千吨

年份	期初库存	产量	进口量	口粮消费量	国内总消费量	期末库存
2000	159	5250	60	200	5215	134
2001	134	5400	1	202	5377	156
2002	156	4000	5	200	4025	126
2003	126	6800	239	221	6341	346
2004	346	5850	6	224	5314	876
2005	876	7000	6	255	7795	75
2006	75	7690	1	336	7546	218
2007	218	9470	12	380	9530	146
2008	146	9100	55	458	8533	658
2009	658	9700	10	475	8775	1573
2010	1573	9800	18	500	10850	505
2011	505	11000	39	550	11150	316
2012	316	11500	75	600	11350	391
2013	218	11000	0	150	10475	593

资料来源：美国农业部。

（三）俄罗斯粮食供求平衡表

1. 俄罗斯谷物供求平衡表

附表2-16　俄罗斯谷物供求平衡表　　　　　单位：千吨

年份	期初库存	产量	进口量	出口量	国内总消费量	饲料粮消费量	期末库存
2000	2416	62973	2611	1280	62407	27225	4313
2001	4313	82547	1777	6978	66808	30650	14851
2002	14851	84258	1784	16081	68873	33300	15939
2003	15939	64687	2328	5633	69439	34025	7882
2004	7882	75207	2252	9095	67283	32450	8963
2005	8963	75460	2223	12463	66680	32400	7503
2006	7503	75455	1535	12456	65488	32700	6549
2007	6549	78999	1221	13462	67275	33907	6032
2008	6032	105126	540	23276	72551	38400	15871
2009	15871	94203	444	21809	70710	37065	17999
2010	17999	58614	951	4451	57411	26455	15702
2011	15702	90003	1175	27764	66378	33600	12738
2012	12738	67062	1750	15724	59404	28300	6422
2013	6422	88434	1264	25534	63239	31300	7347

资料来源：美国农业部。

2. 俄罗斯稻谷供求平衡表

附表2-17　俄罗斯稻谷供求平衡表　　　　　单位：千吨

年份	期初库存	产量	进口量	出口量	国内总消费量	期末库存
2000	328	381	247	10	650	296
2001	296	323	406	6	680	339
2002	339	314	385	20	710	308
2003	308	293	350	45	715	191
2004	191	306	350	10	720	117
2005	117	372	358	18	725	104
2006	104	445	221	12	689	69
2007	69	460	237	21	676	69
2008	69	480	230	90	640	49
2009	49	590	240	154	670	55
2010	55	690	188	162	680	91
2011	91	686	214	314	650	27
2012	27	684	240	140	720	91
2013	91	608	250	140	720	89

资料来源：美国农业部。

3. 俄罗斯小麦供求平衡表

附表 2 – 18　俄罗斯小麦供求平衡表　　　　　　　　单位：千吨

年份	期初库存	产量	进口量	出口量	饲料粮及残渣	国内总消费量	期末库存
2000	1257	34455	1604	696	11500	35158	1462
2001	1462	46982	629	4372	13000	37078	7623
2002	7623	50609	1045	12621	15000	38320	8336
2003	8336	34070	1026	3114	12500	35500	4818
2004	4818	45434	1225	7951	13600	37400	6126
2005	6126	47615	1321	10664	14900	38400	5998
2006	5998	44927	928	10790	14100	36400	4663
2007	4663	49368	440	12220	15332	37982	4269
2008	4269	63765	203	18393	16200	38900	10944
2009	10944	61770	164	18556	16800	39600	14722
2010	14722	41508	89	3983	16000	38600	13736
2011	13736	56240	550	21627	15500	38000	10899
2012	10899	37720	1172	11289	11900	33550	4952
2013	4952	52091	800	18534	12500	34000	5309

资料来源：美国农业部。

4. 俄罗斯玉米供求平衡表

附表 2 – 19　俄罗斯玉米供求平衡表　　　　　　　　单位：千吨

年份	期初库存	产量	进口量	出口量	国内总消费量	饲料粮及残渣	期末库存
2000	160	1489	150	1	1700	1300	98
2001	98	808	534	0	1350	950	90
2002	90	1499	99	12	1600	1200	76
2003	76	2031	496	0	2550	2150	53
2004	53	3373	226	44	3500	3000	108
2005	108	3060	306	53	3300	2800	121
2006	121	3510	108	77	3600	3100	62
2007	62	3798	341	49	4100	3500	52
2008	52	6682	51	1331	5200	4500	254
2009	254	3963	32	427	3700	3200	122
2010	122	3075	112	37	3200	2800	72
2011	72	6962	43	2027	4700	4000	350
2012	350	8213	51	1917	6400	5600	297
2013	297	11635	50	4100	7500	6600	382

资料来源：美国农业部。

5. 俄罗斯大豆供求平衡表

附表2－20　俄罗斯大豆供求平衡表　　　　单位：千吨

年份	期初库存	产量	进口量	出口量	国内总消费量	期末库存
2000	35	342	22	12	367	20
2001	20	350	64	0	415	19
2002	19	423	15	1	452	4
2003	4	393	1	1	390	7
2004	7	555	40	9	564	29
2005	29	689	2	3	695	22
2006	22	807	34	16	825	22
2007	22	652	442	5	1071	40
2008	40	744	837	2	1527	92
2009	92	942	1037	0	1980	91
2010	91	1222	1000	1	2200	112
2011	112	1749	741	90	2445	67
2012	67	1880	691	97	2496	45
2013	45	1636	1500	30	3020	131

资料来源：美国农业部。

（四）阿根廷粮食供求平衡表

1. 阿根廷谷物供求平衡表

附表2－21　阿根廷谷物供求平衡表　　　　单位：千吨

年份	期初库存	产量	进口量	出口量	国内总消费量	饲料粮消费量	期末库存
2000	2778	36454	43	22048	14806	7071	2421
2001	2421	34909	20	21800	13129	5544	2421
2002	2421	32607	25	18932	13077	5192	3044
2003	3044	34343	100	21087	13132	5148	3268
2004	3268	42496	24	27466	14755	6570	3567
2005	3567	33912	14	20135	14871	6836	2487
2006	2487	44085	20	28098	15369	6784	3125
2007	3125	46528	40	28584	15342	6432	5767
2008	5767	31501	40	19808	14423	5813	3077
2009	3077	42937	17	24345	16149	6954	5537
2010	5537	51576	21	29866	17333	7838	9935
2011	9935	46613	17	37378	16850	6950	2337
2012	2337	47456	20	28480	18360	7690	2973
2013	2996	45992	20	21805	19780	8635	7423

资料来源：美国农业部。

2. 阿根廷稻谷供求平衡表

附表 2 - 22　阿根廷稻谷供求平衡表　　　　　　　　　　单位：千吨

年份	期初库存	产量	进口量	出口量	国内总消费量	期末库存
2000	244	567	13	381	325	118
2001	118	463	5	134	325	127
2002	127	467	14	193	325	90
2003	90	742	16	294	350	204
2004	204	683	10	325	375	197
2005	197	764	8	485	325	159
2006	159	691	7	452	325	80
2007	80	810	9	443	325	131
2008	131	867	6	554	330	120
2009	120	706	7	488	270	75
2010	75	1118	2	700	350	145
2011	145	1008	5	593	390	175
2012	175	910	5	525	410	155
2013	227	1027	5	600	435	224

资料来源：美国农业部。

3. 阿根廷小麦供求平衡表

附表 2 - 23　阿根廷小麦供求平衡表　　　　　　　　　　单位：千吨

年份	期初库存	产量	进口量	出口量	饲料粮及残渣	国内总消费量	期末库存
2000	515	16300	7	11325	100	5100	397
2001	397	15700	12	10284	100	5150	675
2002	675	12700	7	6798	100	5300	1284
2003	1284	15100	37	9466	100	5350	1605
2004	1605	16900	2	11898	100	5350	1259
2005	1259	13800	3	9635	25	5075	352
2006	352	16300	6	10721	100	5350	587
2007	587	18600	23	11208	100	5650	2352
2008	2352	11000	26	6794	25	5325	1259
2009	1259	12000	3	5099	25	5825	2338
2010	2338	17200	13	9495	100	5950	4106
2011	4106	15500	5	12926	100	5950	735
2012	735	9500	5	3550	200	6100	590
2013	286	10500	5	2200	100	6050	2541

资料来源：美国农业部。

4. 阿根廷玉米供求平衡表

附表2-24 阿根廷玉米供求平衡表   单位：千吨

年份	期初库存	产量	进口量	出口量	饲料粮及残渣	国内总消费量	期末库存
2000	761	15359	23	9676	3900	5600	867
2001	867	14712	2	10864	2650	4150	567
2002	567	15500	3	11199	2500	4100	771
2003	771	14951	35	10944	2800	4400	413
2004	413	20483	10	14574	3500	5200	1132
2005	1132	15800	2	9464	4400	6200	1270
2006	1270	22500	4	15309	4800	6700	1765
2007	1765	22017	6	14798	4900	6800	2190
2008	2190	15500	4	10324	4500	6400	970
2009	970	25000	7	16504	5000	6900	2573
2010	2573	25200	6	16349	5300	7300	4130
2011	4130	21000	7	17146	4800	7000	991
2012	991	26500	10	19000	5000	7600	901
2013	1315	25000	10	15000	8500	5600	2825

资料来源：美国农业部。

5. 阿根廷大豆供求平衡表

附表2-25 阿根廷大豆供求平衡表   单位：千吨

年份	期初库存	产量	进口量	出口量	国内总消费量	期末库存
2000	7052	27800	320	7304	18331	9537
2001	9537	30000	251	5960	22012	11816
2002	11816	35500	383	8624	24813	14262
2003	14262	33000	537	6741	26443	14615
2004	14615	39000	692	9568	28763	15976
2005	15976	40500	584	7249	33338	16473
2006	16473	48800	1986	9560	35093	22606
2007	22606	46200	2954	13839	36161	21760
2008	21760	32000	1241	5590	32823	16588
2009	16588	54500	1	13088	35724	22277
2010	22277	49000	13	9205	39213	22872
2011	22872	40100	0	7368	37504	18100
2012	18100	49300	2	7850	35202	24350
2013	22402	54000	2	8500	38225	29679

资料来源：美国农业部。

（五）澳大利亚粮食供求平衡表

1. 澳大利亚谷物供求平衡表

附表 2 - 26　澳大利亚谷物供求平衡表　　　　单位：千吨

年份	期初库存	产量	进口量	出口量	国内总消费量	饲料粮及残渣	期末库存
2000	5365	33433	140	21274	10531	6215	7133
2001	7133	37454	185	22025	12017	7605	10730
2002	10730	17123	382	11494	11776	7381	4965
2003	4965	41387	163	25418	13019	8660	8078
2004	8078	33557	207	19409	13176	8690	9257
2005	9257	39416	177	21924	14240	9665	12686
2006	12686	17523	322	10865	14070	9290	5596
2007	5596	26476	330	11967	13974	9165	6461
2008	6461	33759	330	19170	14947	9950	6433
2009	6433	32911	349	19318	12538	7399	7837
2010	7837	39416	279	24760	13020	7820	9752
2011	9752	42824	257	32039	12769	7555	8025
2012	8025	32973	260	24700	12024	6705	4534
2013	5733	39983	300	26575	12812	7435	6629

资料来源：美国农业部。

2. 澳大利亚稻谷供求平衡表

附表 2 - 27　澳大利亚稻谷供求平衡表　　　　单位：千吨

年份	期初库存	产量	进口量	出口量	国内总消费量	期末库存
2000	85	1175	68	617	356	355
2001	355	888	65	247	360	701
2002	701	313	88	150	370	582
2003	582	395	88	175	380	510
2004	510	243	106	80	348	431
2005	431	716	94	326	400	515
2006	515	118	198	166	435	230
2007	230	13	188	36	343	52
2008	52	44	215	15	270	26
2009	26	142	228	59	291	46
2010	46	521	157	389	308	27
2011	27	662	133	457	325	40
2012	40	835	140	500	395	120
2013	231	600	150	500	350	131

资料来源：美国农业部。

3. 澳大利亚小麦供求平衡表

附表 2 – 28   澳大利亚小麦供求平衡表　　　　单位：千吨

年份	期初库存	产量	进口量	出口量	饲料粮及残渣	国内总消费量	期末库存
2000	4585	22108	72	15930	2600	5328	5507
2001	5507	24299	72	16409	2700	5427	8042
2002	8042	10132	282	9146	3400	6125	3185
2003	3185	26132	75	18031	3200	5950	5411
2004	5411	21905	78	14722	3200	6000	6672
2005	6672	25173	82	16012	3700	6550	9365
2006	9365	10822	94	8728	4500	7400	4153
2007	4153	13569	116	7487	3500	6615	3736
2008	3736	21420	115	14747	4150	7415	3109
2009	3109	21834	121	14827	1900	5170	5067
2010	5067	27410	121	18600	2500	5815	8183
2011	8183	29905	123	24661	3200	6505	7045
2012	7045	22079	120	19000	3200	6540	3704
2013	4654	27013	150	19000	3600	6950	5867

资料来源：美国农业部。

4. 澳大利亚玉米供求平衡表

附表 2 – 29   澳大利亚玉米供求平衡表　　　　单位：千吨

年份	期初库存	产量	进口量	出口量	饲料粮及残渣	国内总消费量	期末库存
2000	3	345	0	44	200	300	4
2001	4	457	48	118	290	390	1
2002	1	316	0	18	190	290	9
2003	9	392	0	9	270	380	12
2004	12	312	22	4	225	335	7
2005	7	380	0	3	260	370	14
2006	14	240	24	1	150	265	12
2007	12	387	26	67	200	320	38
2008	38	375	0	13	225	350	50
2009	50	328	0	9	200	325	44
2010	44	357	1	46	200	325	31
2011	31	451	1	106	225	350	27
2012	27	445	0	100	225	350	22
2013	54	335	0	25	200	325	39

资料来源：美国农业部。

5. 澳大利亚大豆供求平衡表

附表 2-30　澳大利亚大豆供求平衡表　　　　　　　　　　单位：千吨

年份	期初库存	产量	进口量	出口量	国内总消费量	期末库存
2000	24	49	0	11	50	12
2001	12	63	18	6	68	19
2002	19	18	65	8	65	29
2003	29	74	9	3	64	45
2004	45	54	1	5	60	35
2005	35	56	1	3	59	30
2006	30	32	11	3	58	12
2007	12	35	1	2	43	3
2008	3	80	1	7	68	9
2009	9	60	1	2	67	1
2010	1	30	1	2	29	1
2011	1	86	1	2	83	3
2012	3	92	1	9	82	5
2013	5	63	1	8	60	1

资料来源：美国农业部。

（六）巴西粮食供求平衡表

1. 巴西谷物供求平衡表

附表 2-31　巴西谷物供求平衡表　　　　　　　　　　单位：千吨

年份	期初库存	产量	进口量	出口量	国内总消费量	饲料粮及残渣	期末库存
2000	4379	51426	8446	6370	53727	30825	4154
2001	4154	47239	7860	2096	54303	30750	2854
2002	2854	55811	9163	4714	55315	31240	7799
2003	7799	59149	6771	6271	57094	32315	10354
2004	10354	52671	6475	1005	60754	34850	7741
2005	7741	56827	8720	5605	61496	35565	6187
2006	6187	63145	10404	11199	62012	36485	6525
2007	6525	72544	8164	9261	63255	37625	14717
2008	14717	67936	8683	8117	67291	40710	15928
2009	15928	71137	8587	13267	68991	42235	13394
2010	13394	75580	8442	12429	71733	45255	13254
2011	13254	89572	9162	27329	72866	46035	11793
2012	11793	96137	9163	24314	74838	47535	17941
2013	16088	96013	8905	22515	77678	49175	20813

资料来源：美国农业部。

2. 巴西稻谷供求平衡表

附表 2-32   巴西稻谷供求平衡表   单位：千吨

年份	期初库存	产量	进口量	出口量	国内总消费量	期末库存
2000	1318	6933	663	22	8025	867
2001	867	7067	579	25	8050	438
2002	438	7050	1226	19	8150	545
2003	545	8709	881	79	8700	1356
2004	1356	8996	510	282	9000	1580
2005	1580	7874	750	274	8800	1130
2006	1130	7695	732	242	8400	915
2007	915	8199	422	550	8350	636
2008	636	8570	675	569	8400	912
2009	912	7929	688	502	8477	550
2010	550	9300	632	1479	8200	803
2011	803	7888	730	953	7928	540
2012	540	7990	700	700	7850	680
2013	528	8300	700	900	7900	728

资料来源：美国农业部。

3. 巴西小麦供求平衡表

附表 2-33   巴西小麦供求平衡表   单位：千吨

年份	期初库存	产量	进口量	出口量	饲料粮及残渣	国内总消费量	期末库存
2000	1300	1660	7189	3	200	9600	546
2001	546	3250	6747	5	200	9700	838
2002	838	2925	6973	5	250	9850	881
2003	881	5851	5359	1378	200	9900	813
2004	813	5845	5238	15	300	10200	1681
2005	1681	4873	6609	807	450	10450	1906
2006	1906	2234	8014	4	200	10300	1850
2007	1850	3825	6773	770	100	10300	1378
2008	1378	5880	6411	403	200	10700	2566
2009	2566	5026	7157	1162	400	11000	2587
2010	2587	5900	6694	2535	200	10800	1846
2011	1846	5800	7338	2036	500	11200	1748
2012	1748	4380	7358	1584	200	10900	1002
2013	1001	5300	7000	100	600	11400	1801

资料来源：美国农业部。

4. 巴西玉米供求平衡表

附表 2-34　巴西玉米供求平衡表　　　　　　　　单位：千吨

年份	期初库存	产量	进口量	出口量	饲料粮及残渣	国内总消费量	期末库存
2000	1667	41536	244	6261	29500	34500	2686
2001	2686	35501	367	2054	29500	35000	1500
2002	1500	44500	683	4625	30000	35800	6258
2003	6258	42000	361	4441	30500	36300	7878
2004	7878	35000	496	682	32100	38500	4192
2005	4192	41700	1147	4524	33000	39500	3015
2006	3015	51000	1413	10836	34500	41000	3592
2007	3592	58600	678	7791	36000	42500	12579
2008	12579	51000	1141	7136	38500	45500	12084
2009	12084	56100	404	11599	40000	47000	9989
2010	9989	57400	791	8404	42500	49500	10276
2011	10276	73000	771	24337	43000	50500	9210
2012	9210	81000	800	22000	45000	53000	16010
2013	14150	79300	800	21500	46000	55000	17750

资料来源：美国农业部。

5. 巴西大豆供求平衡表

附表 2-35　巴西大豆供求平衡表　　　　　　　　单位：千吨

年份	期初库存	产量	进口量	出口量	国内总消费量	期末库存
2000	9418	39500	733	15469	24734	9448
2001	9448	43500	1112	14504	26963	12593
2002	12593	52000	1321	19629	29568	16717
2003	16717	51000	328	20417	31472	16156
2004	16156	53000	475	20137	31992	17502
2005	17502	57000	63	25911	30986	17668
2006	17668	59000	53	23485	33859	19377
2007	19377	61000	150	25364	34917	20246
2008	20246	57800	44	29987	34669	13434
2009	13434	69000	174	28578	36550	17480
2010	17480	75300	37	29951	39230	23636
2011	23636	66500	128	36315	41033	12916
2012	12916	82000	395	41904	37650	15757
2013	15330	86700	600	46829	39000	16801

资料来源：美国农业部。

（七）欧盟28国粮食供求平衡表

1. 欧盟28国谷物供求平衡表

附表2-36　欧盟28国谷物供求平衡表　　　　单位：千吨

年份	期初库存	产量	进口量	出口量	国内消费量	饲料粮及残渣	期末库存
2000	40987	276667	8953	25116	263733	164108	37758
2001	37758	278654	13862	19907	267923	166885	42444
2002	42444	286323	16027	26040	275899	171866	42855
2003	42855	247214	16739	14118	266127	164393	26563
2004	26563	318720	11126	19650	281736	178198	55023
2005	55023	284050	10548	20133	281531	175396	47957
2006	47957	267487	14569	18610	279877	173127	31526
2007	31526	261399	28657	17041	277554	174061	26987
2008	26987	318616	12177	31203	284894	176641	41683
2009	41683	299443	9542	25548	281184	172306	43936
2010	43936	281668	14523	29535	280751	169393	29841
2011	29841	290393	15591	23404	281701	170612	30720
2012	30720	281492	18250	30085	276435	164875	23942
2013	24727	303505	21650	40753	282570	169875	26559

资料来源：美国农业部。

2. 欧盟28国稻谷供求平衡表

附表2-37　欧盟28国稻谷供求平衡表　　　　单位：千吨

年份	期初库存	产量	进口量	出口量	国内总消费量	期末库存
2000	888	1584	1310	286	2608	888
2001	888	1639	1254	336	2567	878
2002	878	1741	1288	250	2697	960
2003	960	1741	1125	225	2627	974
2004	974	1880	1095	175	2636	1138
2005	1138	1731	1124	161	2651	1181
2006	1181	1817	1340	148	3052	1138
2007	1138	1906	1568	152	3334	1126
2008	1126	1773	1339	140	3075	1023
2009	1023	2176	1317	244	3150	1122
2010	1122	2172	1391	259	3250	1176
2011	1176	2105	1295	212	3135	1229
2012	1229	2101	1200	200	3140	1190
2013	1159	1944	1350	200	3225	1028

资料来源：美国农业部。

3. 欧盟 28 国小麦供求平衡表

附表 2 - 38 欧盟 28 国小麦供求平衡表   单位：千吨

年份	期初库存	产量	进口量	出口量	饲料粮及残渣	国内总消费量	期末库存
2000	16652	132729	3530	15716	56546	119273	17922
2001	17922	124153	8715	13003	56540	119115	18672
2002	18672	133522	10559	18226	60044	125704	18823
2003	18823	111418	7401	9867	52452	115752	12023
2004	12023	147726	7073	14656	59250	123900	28266
2005	28266	132856	6758	15661	63015	128190	24029
2006	24029	125670	5179	13946	60232	126182	14750
2007	14750	120833	6758	12387	52426	117151	12803
2008	12803	151922	7708	25410	60527	127627	19396
2009	19396	139720	5358	22279	57522	125622	16573
2010	16573	136667	4623	23086	52519	122844	11933
2011	11933	138411	7368	16691	57500	127234	13787
2012	13787	133581	5264	22621	50500	120000	10011
2013	10716	143134	3982	31925	48000	115750	10157

资料来源：美国农业部。

4. 欧盟 28 国玉米供求平衡表

附表 2 - 39 欧盟 28 国玉米供求平衡表   单位：千吨

年份	期初库存	产量	进口量	出口量	饲料粮及残渣	国内总消费量	期末库存
2000	5120	51939	3720	456	44838	57088	3235
2001	3235	60132	2187	1196	47558	60438	3920
2002	3920	60060	2626	767	47209	59826	6013
2003	6013	49995	5876	348	45664	58014	3522
2004	3522	68671	2434	681	52750	65500	8446
2005	8446	63168	2525	458	49200	63800	9881
2006	9881	55629	7123	604	51100	64300	7729
2007	7729	49355	14051	508	52800	65900	4727
2008	4727	64821	2457	1873	48900	63600	6532
2009	6532	59147	2758	1569	46500	61300	5568
2010	5568	58265	7385	1096	49900	64900	5222
2011	5222	68118	6113	3287	54000	69500	6666
2012	6666	58855	11300	2100	53000	69300	5421
2013	5090	64190	16000	2400	57500	76000	6880

资料来源：美国农业部。

5. 欧盟 28 国大豆供求平衡表

附表 2 - 40　欧盟 28 国大豆供求平衡表　　　　单位：千吨

年份	期初库存	产量	进口量	出口量	口粮消费量	国内总消费量	期末库存
2000	667	1323	17675	22	112	18684	959
2001	959	1467	18783	41	114	20094	1074
2002	1074	1122	17023	24	108	18319	876
2003	876	908	14751	40	113	15589	906
2004	906	1166	14591	44	113	15862	757
2005	757	1294	14014	78	116	15254	733
2006	733	1402	15181	60	117	16249	1007
2007	1007	814	15139	44	112	16209	707
2008	707	747	13213	36	111	14177	454
2009	454	951	12683	60	123	13487	541
2010	541	1198	12472	95	117	13580	536
2011	536	1220	12070	55	120	13234	537
2012	537	998	12450	95	120	13690	200
2013	246	1229	12650	60	120	13430	635

资料来源：美国农业部。

（八）越南粮食供求平衡表

1. 越南谷物供求平衡表

附表 2 - 41　越南谷物供求平衡表　　　　单位：千吨

年份	期初库存	产量	进口量	出口量	国内总消费量	饲料粮及残渣	期末库存
2000	925	22478	740	3626	19489	1587	1028
2001	1028	23148	1078	3262	21033	2067	959
2002	959	23840	1226	3796	20972	2525	1257
2003	1257	24882	1334	4338	21755	2475	1380
2004	1380	26473	1752	5215	22545	3450	1845
2005	1845	26590	2011	4831	23542	3550	2073
2006	2073	27173	2392	4619	24800	4175	2219
2007	2219	28975	1866	4753	25725	4500	2582
2008	2582	28825	2616	6050	25450	4500	2523
2009	2523	29623	3822	6836	26900	5850	2232
2010	2232	31019	4259	7117	27450	5650	2943
2011	2943	31800	3911	7881	28200	6100	2573
2012	2573	32338	3471	6869	30150	5650	1363
2013	1363	33196	4623	6872	30100	5850	2210

资料来源：美国农业部。

2. 越南稻谷供求平衡表

附表 2 - 42　越南稻谷供求平衡表　　　　　　　单位：千吨

年份	期初库存	产量	进口量	出口量	国内总消费量	期末库存
2000	925	20473	40	3528	16932	978
2001	978	21036	40	3245	17966	843
2002	843	21527	40	3795	17447	1168
2003	1168	22082	300	4295	18230	1025
2004	1025	22716	320	5174	17595	1292
2005	1292	22772	350	4705	18392	1317
2006	1317	22922	450	4522	18775	1392
2007	1392	24375	300	4649	19400	2018
2008	2018	24393	500	5950	19000	1961
2009	1961	24993	400	6734	19150	1470
2010	1470	26371	500	7000	19400	1941
2011	1941	27152	100	7717	19650	1826
2012	1826	27700	100	7400	20100	1801
2013	1801	27670	100	7800	20500	1270

资料来源：美国农业部。

3. 越南小麦供求平衡表

附表 2 - 43　越南小麦供求平衡表　　　　　　　单位：千吨

年份	期初库存	进口量	出口量	饲料粮及残渣	国内总消费量	期末库存
2000	0	650	0	50	600	50
2001	50	916	0	300	850	116
2002	116	875	0	375	925	66
2003	66	830	0	275	875	21
2004	21	1226	0	350	1050	197
2005	197	1186	125	150	900	358
2006	358	1292	96	325	1125	429
2007	429	1066	103	300	1125	267
2008	267	1016	90	200	1050	143
2009	143	1927	102	750	1650	318
2010	318	2460	117	850	2150	511
2011	511	2711	159	1100	2550	513
2012	513	1671	160	250	1850	203
2013	203	1900	160	350	1850	93

资料来源：美国农业部。

4. 越南玉米供求平衡表

附表2-44 越南玉米供求平衡表　　　　单位：千吨

年份	期初库存	产量	进口量	出口量	饲料粮及残渣	国内总消费量	期末库存
2000	0	2005	50	98	1537	1957	0
2001	0	2112	122	17	1767	2217	0
2002	0	2313	311	1	2150	2600	23
2003	23	2800	204	43	2200	2650	334
2004	334	3757	206	41	3100	3900	356
2005	356	3818	475	1	3400	4250	398
2006	398	4251	650	1	3850	4900	398
2007	398	4600	500	1	4200	5200	297
2008	297	4432	1100	10	4300	5400	419
2009	419	4630	1500	0	5100	6100	449
2010	449	4648	1300	0	4800	5900	497
2011	497	4648	1100	5	5000	6000	240
2012	240	4803	1700	5	5400	6500	236
2013	236	5196	2200	200	5500	6700	732

资料来源：美国农业部。

5. 越南大豆供求平衡表

附表2-45 越南大豆供求平衡表　　　　单位：千吨

年份	期初库存	产量	进口量	出口量	口粮消费量	国内总消费量	期末库存
2000	0	149	32	2	179	179	0
2001	0	174	27	4	197	197	0
2002	0	206	34	5	235	235	0
2003	0	220	39	0	259	259	0
2004	0	246	6	0	252	252	0
2005	0	292	46	0	318	318	20
2006	20	258	74	0	329	329	23
2007	23	276	120	0	414	414	5
2008	5	269	184	0	445	445	13
2009	13	214	231	7	432	432	19
2010	19	254	932	0	1021	1021	184
2011	184	175	1290	0	1507	1507	142
2012	142	168	1291	1	1435	1435	165
2013	165	176	1400	0	1585	1585	156

资料来源：美国农业部。

（九）泰国粮食供求平衡表

1. 泰国谷物供求平衡表

附表 2 - 46　泰国谷物供求平衡表　　　　　单位：千吨

年份	期初库存	产量	进口量	出口量	国内总消费量	饲料粮及残渣	期末库存
2000	2401	21905	1063	7888	14544	4705	2937
2001	2937	22143	987	7624	14724	4724	3719
2002	3719	21580	1022	7945	14470	4365	3906
2003	3906	22207	1166	10897	14050	3790	2332
2004	2332	21630	1207	7820	14230	3900	3119
2005	3119	22277	1315	7599	14664	4240	4448
2006	4448	22103	1304	10034	14515	3825	3306
2007	3306	23707	1337	10663	14405	3875	3282
2008	3282	24405	2331	9373	14365	3940	6280
2009	6280	24414	2414	10468	15385	4230	7255
2010	7255	24516	2743	11110	16245	4940	7159
2011	7159	24814	3646	7437	17275	5850	10907
2012	10907	24855	2845	6999	17350	5645	14258
2013	14258	25415	2593	10823	17540	5490	13903

资料来源：美国农业部。

2. 泰国稻谷供求平衡表

附表 2 - 47　泰国稻谷供求平衡表　　　　　单位：千吨

年份	期初库存	产量	进口量	出口量	国内总消费量	期末库存
2000	1961	17057	0	7521	9250	2247
2001	2247	17499	15	7245	9400	3116
2002	3116	17198	0	7552	9460	3302
2003	3302	18011	0	10137	9470	1706
2004	1706	17360	0	7274	9480	2312
2005	2312	18200	2	7376	9544	3594
2006	3594	18250	3	9557	9780	2510
2007	2510	19800	8	10011	9600	2707
2008	2707	19850	300	8570	9500	4787
2009	4787	20260	300	9047	10200	6100
2010	6100	20262	200	10647	10300	5615
2011	5615	20460	600	6945	10400	9330
2012	9330	20200	600	6722	10600	12808
2013	12808	20460	300	9500	10875	13193

资料来源：美国农业部。

3. 泰国小麦供求平衡表

附表 2-48　泰国小麦供求平衡表　　　　　　　　　单位：千吨

年份	期初库存	进口量	出口量	饲料粮及残渣	国内总消费量	期末库存
2000	200	941	68	310	789	284
2001	284	967	78	330	820	353
2002	353	895	78	275	810	360
2003	360	1139	81	270	950	468
2004	468	1081	83	260	1000	466
2005	466	1192	93	280	1050	515
2006	515	1201	112	300	1100	504
2007	504	1079	140	150	970	473
2008	473	1131	147	200	1020	437
2009	437	1614	154	400	1250	647
2010	647	1943	172	700	1600	818
2011	818	2646	185	1300	2220	1059
2012	1059	1845	202	900	1900	802
2013	802	1693	214	650	1720	561

资料来源：美国农业部。

4. 泰国玉米供求平衡表

附表 2-49　泰国玉米供求平衡表　　　　　　　　　单位：千吨

年份	期初库存	产量	进口量	出口量	饲料粮及残渣	国内总消费量	期末库存
2000	240	4700	122	288	4275	4375	399
2001	399	4500	5	285	4275	4375	244
2002	244	4250	126	284	4000	4100	236
2003	236	4100	26	658	3450	3550	154
2004	154	4210	126	459	3600	3700	331
2005	331	4000	121	117	3900	4000	335
2006	335	3800	100	349	3500	3600	286
2007	286	3850	250	488	3700	3800	98
2008	98	4500	900	647	3700	3800	1051
2009	1051	4100	500	1246	3800	3900	505
2010	505	4200	600	283	4200	4300	722
2011	722	4300	400	307	4500	4600	515
2012	515	4600	400	72	4700	4800	643
2013	643	4900	600	1099	4800	4900	144

资料来源：美国农业部。

5. 泰国大豆供求平衡表

附表 2 - 50　泰国大豆供求平衡表　　　　　　单位：千吨

年份	期初库存	产量	进口量	出口量	口粮消费量	国内总消费量	期末库存
2000	37	312	1286	0	118	1571	64
2001	64	270	1550	1	125	1793	90
2002	90	250	1779	1	125	2018	100
2003	100	220	1407	1	170	1637	89
2004	89	217	1517	1	177	1762	60
2005	60	226	1473	1	187	1693	65
2006	65	210	1532	1	210	1742	64
2007	64	210	1753	2	210	1882	143
2008	143	180	1510	1	205	1735	97
2009	97	170	1660	1	215	1880	46
2010	46	180	2139	3	224	2198	164
2011	164	109	1907	2	225	2146	32
2012	32	85	1867	2	230	1885	97
2013	97	70	1930	2	230	2050	45

资料来源：美国农业部。

四、世界粮食价格

附表 2 - 51　世界主要粮食品种价格指数

时间　　　品种	玉米	稻谷	大豆	小麦
1999 - 12	87.22	231.00	169.96	102.16
2000 - 12	96.22	183.57	185.96	128.01
2001 - 12	92.31	179.38	160.15	122.53
2002 - 12	107.01	185.27	208.24	168.98
2003 - 12	111.98	197.00	283.21	165.57
2004 - 12	95.59	278.43	198.62	153.87
2005 - 12	102.66	277.27	216.54	164.44
2006 - 12	160.66	309.29	243.31	204.31
2007 - 12	180.25	378.00	423.08	368.62
2008 - 12	158.16	550.75	318.81	220.14
2009 - 12	164.58	606.00	379.30	206.25
2010 - 12	250.63	536.78	483.76	306.53
2011 - 12	258.44	580.91	420.05	269.03
2012 - 12	308.72	565.52	534.79	347.89

资料来源：国际货币基金组织。

附录 3：中国粮食供求资料

一、中国谷物供求平衡表

附表 3-1　中国谷物供求平衡表　　　　　　　　　单位：千吨

年份	期初库存	产量	进口量	出口量	国内总消费量	饲料粮及残渣	期末库存
2000	324494	345129	2881	9766	375004	104377	287734
2001	287734	340614	3361	12105	378216	105307	241388
2002	241388	343088	2505	19637	377186	104910	190158
2003	190158	322959	6403	11427	374941	105100	133152
2004	133152	355567	9429	9447	373382	104320	115319
2005	115319	371655	4089	6369	376610	107000	108084
2006	108084	394785	2016	9585	382796	108850	112504
2007	112504	398678	1651	5060	391383	114700	116390
2008	116390	419185	2333	1691	399662	117050	136555
2009	136555	421465	5559	1747	414571	129100	147261
2010	147261	435951	4164	1629	433948	141750	151799
2011	151799	456735	12647	1550	458292	156000	161339
2012	161339	476215	11708	1419	478671	171050	169172
2013	169172	489530	22973	1186	494975	182350	185514

资料来源：美国农业部。

二、中国主要粮食品种供求平衡表

（一）中国稻谷供求平衡表

附表 3-2　中国稻谷供求平衡表　　　　　　　　　单位：千吨

年份	期初库存	产量	国内消费量	进口量	出口量	期末库存
2000	97350	131536	134300	270	1847	93009
2001	93009	124306	136500	304	1963	79156
2002	79156	122180	135700	258	2583	63311
2003	63311	112462	132100	1122	880	43915
2004	43915	125363	130300	609	656	38931

续表

年份	期初库存	产量	国内消费量	进口量	出口量	期末库存
2005	38931	126414	128000	654	1216	36783
2006	36783	127200	127200	472	1340	35915
2007	35915	130224	127450	445	1372	37762
2008	37762	134330	133000	201	747	38546
2009	38546	136570	134320	388	650	40534
2010	40534	137000	135000	540	500	42574
2011	42574	140700	139600	1790	441	45023
2012	45023	143300	144000	3144	341	46826
2013	46826	142530	146300	3900	257	46699

资料来源：美国农业部。

（二）中国小麦供求平衡表

附表 3-3　中国小麦供求平衡表　　　　单位：千吨

年份	期初库存	产量	国内消费量	进口量	出口量	期末库存
2000	102943	99640	110278	195	623	91877
2001	91877	93873	108742	1092	1512	76588
2002	76588	90290	105200	418	1718	60378
2003	60378	86490	104500	3749	2824	43293
2004	43293	91952	102000	6747	1171	38821
2005	38821	97445	101500	1129	1397	34498
2006	34498	108466	102000	388	2783	38569
2007	38569	109298	106000	49	2835	39081
2008	39081	112464	105500	481	723	45803
2009	45803	115120	107000	1394	892	54425
2010	54425	115180	110500	927	941	59091
2011	59091	117400	122500	2933	978	55946
2012	55946	121023	125000	2960	969	53960
2013	53960	121930	121500	6773	889	60274

资料来源：美国农业部。

（三）中国玉米供求平衡表

附表3-4　中国玉米供求平衡表　　　　单位：千吨

年份	期初库存	产量	国内消费量	进口量	出口量	期末库存
2000	123799	106000	120240	89	7276	102372
2001	102372	114088	123100	39	8611	84788
2002	84788	121300	125900	29	15244	64973
2003	64973	115830	128400	2	7553	44852
2004	44852	130290	131000	2	7589	36555
2005	36555	139365	137000	62	3727	35255
2006	35255	151600	145000	16	5269	36602
2007	36602	152300	150000	41	549	38394
2008	38394	165914	153000	47	172	51183
2009	51183	163974	165000	1296	151	51302
2010	51302	177245	180000	979	111	49415
2011	49415	192780	188000	5231	91	59335
2012	59335	205600	207000	2702	81	67570
2013	67570	218490	207000	3400	25	77435

资料来源：美国农业部。

（四）中国大豆供求平衡表

附表3-5　中国大豆供求平衡表　　　　单位：千吨

年份	期初库存	产量	进口量	出口量	口粮消费量	国内总消费量	期末库存
2000	3170	15400	13245	208	6222	26697	4910
2001	4910	15410	10385	300	6500	28310	2095
2002	2095	16510	21417	265	7000	35290	4467
2003	4467	15394	16933	319	7210	34375	2100
2004	2100	17400	25802	390	8000	40212	4700
2005	4700	16350	28317	354	8200	44440	4573
2006	4573	15074	28726	446	8500	46120	1807
2007	1807	13400	37816	453	8600	49818	2472
2008	2752	15540	41098	400	8700	51435	7455
2009	7555	14980	50338	184	8850	59430	13209
2010	13259	15100	52339	190	9100	65950	14538
2011	14558	14480	59231	275	9300	72070	15909
2012	15924	12800	59500	266	9450	76180	12378
2013	12378	12200	69000	240	9600	80100	13238

资料来源：美国农业部。

附录4：中国粮食政策文件

国家粮食安全中长期规划纲要
(2008～2020 年)

国务院

(二〇〇八年十一月十三日)

一、我国粮食安全取得的成就

新中国成立以来，党中央、国务院高度重视粮食安全问题，始终把农业放在发展国民经济的首位，千方百计促进粮食生产，较好地解决了人民吃饭问题，取得了举世公认的成就，为世界粮食安全做出了巨大贡献。特别是近年来，在工业化和城镇化进程加快、耕地面积逐年减少、居民消费水平日益提高的情况下，实现了粮食产量的稳定增长，保证了居民食物消费和经济社会发展对粮食的基本需求。近 10 年来，我国粮食自给率基本保持在95％以上。2007 年我国粮食总产量5016 亿公斤，人均占有量 380 公斤，人均消费量 388公斤。居民膳食结构不断改善，食物消费日趋多样，口粮消费逐步减少，肉、禽、蛋、奶、水产品及食用植物油等消费逐步增加，营养水平不断提高。据联合国粮农组织测算，2002 年我国居民人均每日食物热值、蛋白质和脂肪含量已超过世界平均水平。

（一）粮食综合生产能力保持基本稳定

20 世纪 90 年代以来，我国农业生产迈上了新台阶，粮食进入供求基本平衡、丰年有余的新阶段，食物供给水平不断提高。1996 年粮食播种面积达到 16.9 亿亩，产量突破5000 亿公斤，其中谷物超过 45000 亿公斤。"九五"期间，粮食产量基本保持在 5000 亿公斤水平。1998 年以后，由于连年丰收，库存逐年增加，市场粮价下跌，加之调整农业生产结构，粮食播种面积逐年减少。2003 年粮食播种面积降至 14.9 亿亩，比 1998 年减少 2.16 亿亩；粮食产量由 1998 年 5123 亿公斤降至 4307 亿公斤，减产 816 亿公斤，主要是稻谷、小麦和玉米等谷物减产。2004年以来，党中央、国务院采取保护耕地、按最低收购价托市收购粮食、减免税收、建立直接补贴制度、加大投入等一系列政策措施，调动了农民种粮积极性，粮食生产实现恢复性增长。2007年，粮食播种面积恢复到15.86亿亩，比2003年增加0.96亿亩；产量达到5016亿公斤，比2003年增产709亿公斤。其中，谷物面积12.9亿亩，增加1.36亿亩；产量4563亿公斤，增产820亿公斤。

农业生产条件逐步改善，粮食综合生产能力稳步提高。1996~2006年，全国新增有效灌溉面积近1亿亩，新增节水灌溉面积近1.5亿亩，全国耕种收综合机械化水平提高4.6个百分点，农业科技进步贡献率提高1.3个百分点，良种覆盖率达到95%以上。粮食单产水平显著提高，2007年全国粮食平均亩产316.2公斤，其中谷物亩产355公斤，创历史最高水平。粮食品质结构不断优化，优质小麦、水稻种植比重分别达到55%和69%。

在保证粮食生产稳步发展的基础上，其他食物供给日益丰富。与1995年相比，2007年肉类产品人均占有量52公斤，增加8.5公斤，其中牛羊肉所占比重提高3个百分点；禽蛋人均占有量19公斤，增加5.2公斤；牛奶人均占有量26.7公斤，增加近22公斤；水产品人均占有量36公斤，增加16公斤左右。

（二）粮食流通体制改革取得重大突破

1998年以来，根据建立社会主义市场经济体制的要求，国家积极稳妥地推进以市场化为取向的粮食流通体制改革。以市场供求为基础的粮食价格形成机制逐步建立，粮食收购市场和收购价格全面放开，市场机制配置粮食资源的基础性作用得到充分发挥。统一开放、竞争有序的粮食市场体系初步形成，现货交易进一步活跃，期货交易稳步发展。国有粮食企业全面推向市场，"老人、老粮、老账"历史包袱基本解决，在粮食收购中继续发挥主渠道作用。粮食市场主体趋向多元化，规模化、组织化程度有所提高，市场竞争能力增强。

（三）粮食安全政策支持体系初步建立

公布实施土地管理法、农村土地承包法和基本农田保护条例，建立了最严格的耕地保护制度。取消农业四税（农业税、除烟叶外农业特产税、牧业税和屠宰税），实行粮食直补、良种补贴、农机具购置补贴和农资综合直补等政策，初步建立了发展粮食生产专项补贴机制和对农民收入补贴机制。对稻谷、小麦实施最低收购价政策，完善了对种粮农民的保护机制，市场粮价基本稳定。调整国民收入分配结构，加大对农业投入倾斜力度，初步建立了稳定的农业和粮食生产投入增长机制。调整中央财政对粮食风险基金的补助比例，实施对产粮大县奖励政策，加大对粮食主产区的转移支付力度。

（四）粮食宏观调控体系逐步完善

完善粮食省长负责制，进一步强化省级人民政府在粮食生产和流通方面的责任。完善中央和地方粮食储备体制，确立粮食经营企业最低库存制度，增强了国家对粮食市场的调控能力。加强粮食进出口品种调剂，促进了粮食供需总量平衡。粮食产销区合作关系得到发展。国家粮食应急保障机制初步建立。公布施行粮食流通管理条例和中央储备粮管理条例，依法管粮取得重要进展。粮食仓储和物流设施条件有所改善，从 1998 年至 2003 年，利用国债资金建设国家储备粮新增库容 527 亿公斤，粮食物流"四散化"（散装、散卸、散存、散运）变革开始起步。

二、我国粮食安全面临的挑战

近年来，我国粮食生产发展和供需形势呈现出较好局面，为改革发展稳定全局奠定了重要基础。但是必须清醒地看到，农业仍然是国民经济的薄弱环节，随着工业化和城镇化的推进，我国粮食安全面临的形势出现了一些新情况和新问题：粮食生产逐步恢复，但继续稳定增产的难度加大；粮食供求将长期处于紧平衡状态；农产品进出口贸易出现逆差，大豆和棉花进口量逐年扩大；主要农副产品价格大幅上涨，成为经济发展中的突出问题。从中长期发展趋势看，受人口、耕地、水资源、气候、能源、国际市场等因素变化影响，上述趋势难以逆转，我国粮食和食物安全将面临严峻挑战。

（一）消费需求呈刚性增长

粮食需求总量继续增长。据预测，到 2010 年我国居民人均粮食消费量为 389 公斤，粮食需求总量达到 5250 亿公斤；到 2020 年人均粮食消费量为 395 公斤，需求总量 5725 亿公斤。

粮食消费结构升级。口粮消费减少，据预测，到 2010 年我国居民口粮消费总量 2585 亿公斤，占粮食消费需求总量的 49%。到 2020 年口粮消费总量 2475 亿公斤，占粮食消费需求总量的 43%。饲料用粮需求增加，据预测，到 2010 年饲料用粮需求总量为 1870 亿公斤，占粮食消费需求总量的 36%；到 2020 年将达到 2355 亿公斤，占粮食消费需求总量的 41%。工业用粮需求趋于平缓。

食用植物油消费继续增加。据预测，2010 年我国居民人均食用植物油消费 17.8 公斤，消费需求总量 2410 万吨；2020 年人均消费量 20 公斤，消费需求总量将达到 2900 万吨。

（二）耕地数量逐年减少

受农业结构调整、生态退耕、自然灾害损毁和非农建设占用等影响，耕地资源逐年减少。据调查，2007 年全国耕地面积为 18.26 亿亩，比 1996 年减少 1.25 亿亩，年均减少 1100 万亩。目前，全国人均耕地面积 1.38 亩，约为世界平均水平的 40%。受干旱、陡坡、瘠薄、洪涝、盐碱等多种因素影响，质量相对较差的中低产田约占 2/3。土地沙化、土壤退化、"三废"污染等问题严重。随着工业化和城镇化进程的加快，耕地仍将继续减少，宜耕后备土地资源日趋匮乏，今后扩大粮食播种面积的空间极为有限。

（三）水资源短缺矛盾凸现

目前，我国人均占有水资源量约为 2200 立方米，不到世界平均水平的 28%，每年农业生产缺水 200 多亿立方米，且水资源分布极不均衡，水土资源很不匹配。我国北方地区水资源短缺矛盾更加突出。东北和黄淮海地区粮食产量占全国的53%，商品粮占全国的66%，但黑龙江三江平原和华北平原很多地区超采地下水灌溉，三江平原近10年来地下水位平均下降2~3米，部分区域下降3~5米，华北平原已形成9万多平方公里的世界最大地下水开采漏斗区（包括浅层地下水和深层承压水）。此外，近年来我国自然灾害严重，不利气象因素较多，北方地区降水持续偏少，干旱化趋势严重。今后受全球气候变暖影响，我国旱涝灾害特别是干旱缺水状况呈加重趋势，可能会给农业生产带来诸多不利影响，将对我国中长期粮食安全构成极大威胁。

（四）供需区域性矛盾突出

粮食生产重心北移。2007年13个粮食主产区产量占全国总产量的75%。其中河北、内蒙古、辽宁、吉林、黑龙江、山东、河南7个北方产区，粮食产量占全国的比重由1991年的36.2%提高到2007年的43.5%。南方粮食生产总量下降。江苏、安徽、江西、湖北、湖南、四川6个南方产区，粮食产量占全国比重由1991年的36%下降到2007年的31.6%。主销区粮食产需缺口逐年扩大。北京、天津、上海、浙江、福建、广东和海南7个主销区，粮食产量占全国的比重已由1991年的12.2%下降到2007年的6.3%；产需缺口由2003年的485亿公斤扩大到2007年的550亿公斤左右。此外，西部部分地区生态环境较差、土地贫瘠，粮食生产水平较低，存在供需缺口。

（五）品种结构性矛盾加剧

小麦供需总量基本平衡，但品种优质率有待进一步提高。大米在居民口粮消费中约占60%，且比重还在逐步提高，但南方地区水田不断减少，水稻种植面积大幅下降，恢复和稳定生产的难度很大，稻谷供需总量将长期偏紧。玉米供需关系趋紧。大豆生产徘徊不前，进口依存度逐年提高。北方种植大豆、南方种植油菜籽比较效益低，生产缩减。粮食品种间（如东北大豆、玉米、水稻）争地及粮食作物与油料、棉花、烤烟等经济作物之间的争地矛盾将长期存在。

（六）种粮比较效益偏低

近年来，由于化肥、农药、农用柴油等农业生产资料价格上涨和人工成本上升，农民种粮成本大幅增加，农业比较效益下降。随着我国工业化、城镇化快速发展，农村外出务工人员增多，特别是粮食主产区一半以上的青壮年劳动力外出打工，农业劳动力呈现结构性紧缺，一些地区粮食生产出现"副业化"的趋势。与进城务工和种植经济作物相比，种粮效益明显偏低，保护农民种粮积极性、保持粮食生产稳定发展的难度加大。

（七）全球粮食供求偏紧

全球粮食产量增长难以满足消费需求增长的需要。据测算，近10年来全球谷物消费需求增加2200亿公斤，年均增长1.1%；产量增加1000亿公斤，年均增长0.5%。目前，世界谷物库存消费比已接近30年来最低水平。2006年以来，国际市场粮价大幅上涨，小麦、玉米、大米、大豆和豆油价格相继创历史新高。今后受全球人口增长、耕地和水资源约束以及气候异常等因素影响，全球粮食供求将长期趋紧。特别是在能源紧缺、油价高位运行的背景下，全球利用粮食转化生物能源的趋势加快，能源与食品争粮矛盾日益突出，将进一步加剧全球粮食供求紧张，我国利用国际市场弥补国内个别粮油品种供给不足的难度增大。

三、保障粮食安全的指导思想和主要目标

（一）指导思想

以邓小平理论和"三个代表"重要思想为指导，全面落实科学发展观，按照全面建设小康社会、构建社会主义和谐社会和建设社会主义新农村的重大战略部署和总体要求，坚持立足于基本靠国内保障粮食供给，加大政策和投入支持力度，严格保护耕地，依靠科学技术进步，着力提高粮食综合生产能力，增加食物供给；完善粮食流通体系，加强粮食宏观调控，保持粮食供求总量基本平衡和主要品种结构平衡，构建适应社会主义市场经济发展要求和符合我国国情的粮食安全保障体系。

保障国家粮食安全，必须坚持以下原则：

——强化生产能力建设。严格保护耕地特别是基本农田，加强农田基础设施建设，提高粮食生产科技创新能力，强化科技支撑，着力提高粮食单产水平，优化粮食品种结构。合理利用非耕地资源，增加食物供给来源。

——完善粮食市场机制。加强粮食市场体系建设，促进粮食市场竞争，充分发挥市场在资源配置方面的基础性作用。

——加强粮食宏观调控。完善粮食补贴和价格支持政策，保护和调动地方政府重农抓粮积极性和农民种粮积极性。健全粮食储备制度，加强粮食进出口调剂，健全粮食宏观调控机制。

——落实粮食安全责任。坚持粮食省长负责制，增强销区保障粮食安全的责任。

——倡导科学节约用粮。改进粮食收获、储藏、运输、加工方式，降低粮食产后损耗，提高粮食综合利用效率。倡导科学饮食，减少粮食浪费。

（二）主要目标

为保证到 2010 年人均粮食消费量不低于 389 公斤、到 2020 年不低于 395 公斤，要努力实现以下目标：

——稳定粮食播种面积。到 2020 年，耕地保有量不低于 18 亿亩，基本农田数量不减少、质量有提高。全国谷物播种面积稳定在 12.6 亿亩以上，其中稻谷稳定在 4.5 亿亩左右。在保证粮食生产的基础上，力争油菜籽、花生等油料作物播种面积恢复到 1.8 亿亩左右。

——保障粮食等重要食物基本自给。粮食自给率稳定在 95% 以上，到 2010 年粮食综合生产能力稳定在 5000 亿公斤以上，到 2020 年达到 5400 亿公斤以上。其中，稻谷、小麦保持自给，玉米保持基本自给。畜禽产品、水产品等重要品种基本自给。

——保持合理粮食储备水平。中央和地方粮食储备保持在合理规模水平。粮食库存品

种结构趋向合理，小麦和稻谷比重不低于70%。

——建立健全"四散化"粮食物流体系。加快发展以散装、散卸、散存和散运为特征的"四散化"粮食现代物流体系，降低流通成本，提高粮食流通效率。到2010年全国粮食物流"四散化"比例达到30%，到2020年提高到55%。

四、保障粮食安全的主要任务

（一）提高粮食生产能力

加强耕地和水资源保护。采取最严格的耕地保护措施，确保全国耕地保有量不低于18亿亩，基本农田保有量不低于15.6亿亩，其中水田面积保持在4.7亿亩左右。严格控制非农建设占用耕地，加强对非建设性占用耕地的管理，切实遏制耕地过快减少的势头。不断优化耕地利用结构，合理调整土地利用布局，加大土地整理复垦，提高土地集约利用水平。继续实施沃土工程、测土配方施肥工程。改进耕作方式，发展保护性耕作。合理开发、高效利用、优化配置、全面节约、有效保护和科学管理水资源，加大水资源工程建设力度，提高农业供水保证率，严格控制地下水开采。加强水资源管理，加快灌区水管体制改革，对农业用水实行总量控制和定额管理，提高水资源利用效率和效益。严格控制面源污染，引导农户科学使用化肥、农药和农膜，大力推广使用有机肥料、生物肥料、生物农药、可降解农膜，减少对耕地和水资源的污染，切实扭转耕地质量和水环境恶化趋势，保护和改善粮食产地环境。

切实加强农业基础设施建设。下大力气加强农业基础设施特别是农田水利设施建设，稳步提高耕地基础地力和产出能力。加快实施全国灌区续建配套与节水改造及其末级渠系节水改造，完善灌排体系建设；适量开发建设后备灌区，扩大水源丰富和土地条件较好地区的灌溉面积；积极发展节水灌溉和旱作节水农业，农业灌溉用水有效利用系数由2005年的0.45提升到2010年的0.50，2020年达到0.55以上。实施重点涝区治理，加快完成中部粮食主产区大型排涝泵站更新改造，提高粮食主产区排涝抗灾能力。狠抓小型农田水利建设，抓紧编制和完善县级农田水利建设规划，整体推进农田水利工程建设和管理。加强东北黑土区水土流失综合治理和水利设施建设，稳步提高东北地区水稻综合生产能力。强化耕地质量建设，稳步提高耕地基础地力和持续产出能力。大力推进农业综合开发和基本农田整治，加快改造中低产田，建设高产稳产、旱涝保收、节水高效的规范化农田。力争到2010年中低产田所占比重降至60%左右，到2020年中低产田所占比重降到50%左右。

着力提高粮食单产水平。强化科技支撑，大力推进农业关键技术研究，力争粮食单产有大的突破，到2010年全国粮食单产水平提高到每亩325公斤左右，到2020年提高到350公斤左右。大力促进科技创新，强化农业生物技术和信息技术的应用，加强科研攻关，实施新品种选育、粮食丰产等科技工程，启动转基因生物新品种培育重大专项，提高生物育种的研发能力和扩繁能力，力争在粮食高产优质品种选育、高效栽培模式、农业资源高效利用等方面取得新突破，加快培育形成一批具有自主知识产权的高产、优质、抗性强的粮油品种。实施农业科技入户工程，集成推广超级杂交稻等高产、优质粮食新品种和高效栽培技术、栽培模式，提倡精耕细作。主要粮食作物良种普及率稳定在95%以上。科技对农业增长的贡献率年均提高1个百分点。

加强主产区粮食综合生产能力建设。按照资源禀赋、生产条件和增产潜力等因素，科学谋划粮食生产布局，明确分区功能和发展目标。集中力量建设一批基础条件好、生产水平高和粮食调出量大的核心产区；在保护生态前提下，着手开发一批有资源优势和增产潜力的后备产区。核心产区、后备产区等粮食增产潜力较大的地区要抓紧研究增加本地区粮食生产的规划和措施。加快推进优势粮食品种产业带建设，优先抓好小麦、稻谷等品种生产，在稳定南方地区稻谷生产的同时，促进东北地区发展粳稻生产。继续扩大优质稻谷、优质专用小麦、优质专用玉米、高油高蛋白大豆和优质薯类杂粮的种植面积。在粮食主产省和西部重要产粮区，继续实施优质粮食产业工程、大型商品粮生产基地项目和农业综合开发项目等。积极推行主要粮食作物全程机械化作业，促进粮食生产专业化和标准化发展。抓好非主产区重点产粮区综合生产能力建设，扩大西部退耕地区基本口粮田建设，稳定粮食自给水平。在稳定发展粮油生产的基础上，合理调整农用地结构和布局，促进农业产业结构和区域布局的优化。

（二）利用非粮食物资源

大力发展节粮型畜牧业。调整种养结构，逐步扩大优质高效饲料作物种植，大力发展节粮型草食畜禽。加强北方天然草原保护和改良，充分利用农区坡地和零星草地，建设高产、稳产人工饲草地，提高草地产出能力。加快南方草地资源的开发，积极发展山地和丘陵多年生人工草地、一年生高产饲草，扩大南方养殖业的饲草来源。力争在2020年之前全国牧草地保有面积稳定在39.2亿亩以上。加快农区和半农区节粮型畜牧业发展，积极推行秸秆养畜。转变畜禽饲养方式，促进畜牧业规模化、集约化发展，提高饲料转化效率。

积极发展水产养殖业和远洋渔业。充分利用内陆淡水资源，积极推广生态、健康水产养殖。发展稻田和庭院水产养殖，合理开发低洼盐碱地水产养殖，扩大淡水养殖面积。合理利用海洋资源，加强近海渔业资源保护，扩大、提高远洋捕捞规模和水平。加强水产资源和水域生态环境保护，促进水产养殖业可持续发展。

促进油料作物生产。在优先保证口粮作物生产的基础上，努力扩大大豆、油菜籽等主要油料作物生产，稳定食用植物油的自给率。继续建设东北地区高油大豆、长江流域"双低"（低芥酸、低硫苷）油菜生产基地。鼓励和引导南方地区利用冬闲田发展油菜生产。加强油料作物主产区农田水利基础设施建设，加快油料作物优良品种选育，大力推广高产高油新品种，着力提高大豆、油菜籽和花生等油料作物单产和品质。到2010年油料单产比2006年提高6%左右，油料含油率平均提高2个百分点。积极开发特种油料，大力发展芝麻、胡麻、油葵等作物生产，充分利用棉籽榨油。

大力发展木本粮油产业。合理利用山区资源，大力发展木本粮油产业，建设一批名、特、优、新木本粮油生产基地。积极培育和引进优良品种，加快提高油茶、油橄榄、核桃、板栗等木本粮油品种的品质和单产水平。积极引导和推进木本粮油产业化，促进木本粮油产品的精深加工，增加木本粮油供给。

（三）加强粮油国际合作

完善粮食进出口贸易体系。积极利用国际市场调节国内供需。在保障国内粮食基本自给的前提下，合理利用国际市场进行进出口调剂。继续发挥国有贸易企业在粮食进出口中的作用。加强政府间合作，与部分重要产粮国建立长期、稳定的农业（粮油）合作关系。实施农业"走出去"战略，鼓励国内企业"走出去"，建立稳定可靠的进口粮源保障体系，提高保障国内粮食安全的能力。

（四）完善粮食流通体系

继续深化粮食流通体制改革。积极推进现代粮食流通产业发展，努力提高粮食市场主体的竞争能力。继续深化国有粮食企业改革，推进国有粮食企业兼并重组，重点扶持一批国有粮食收购、仓储、加工骨干企业，提高市场营销能力，在粮食收购中继续发挥主渠道作用。鼓励和引导粮食购销、加工等龙头企业发展粮食订单生产，推进粮食产业化发展。发展农民专业合作组织和农村经纪人，为农民提供粮食产销服务。引导各类中介组织开展对农民的市场营销、信息服务和技术培训，增强农民的市场意识。充分发挥粮食协会等中介组织行业自律和维护市场秩序作用。

健全粮食市场体系。重点建设和发展大宗粮食品种的区域性、专业性批发市场和大中城市成品粮油批发市场。发展粮食统一配送和电子商务。积极发展城镇粮油供应网络和农村粮食集贸市场。稳步发展粮食期货交易，引导粮食企业和农民专业合作组织利用期货市场规避风险。建立全国粮食物流公共信息平台，促进粮食网上交易。

加强粮食物流体系建设。编制实施粮食现代物流发展规划，推进粮食物流"四散化"变革。加快改造跨地区粮食物流通道，重点改造和建设东北地区粮食流出、黄淮海地区小麦流出、长江中下游地区稻谷流出以及玉米流入、华东地区和华南沿海地区粮食流入、京津地区粮食流入六大跨地区粮食物流通道。在交通枢纽和粮食主要集散地，建成一批全国性重要粮食物流节点和粮食物流基地。重点加强散粮运输中转、接收、发放设施及检验检测等相关配套设施的建设。积极培育大型跨区域粮食物流企业。大力发展铁海联运，完善粮食集疏运网络。提高粮食物流技术装备水平和信息化程度。

（五）完善粮食储备体系

完善粮食储备调控体系。进一步完善中央战略专项储备与调节周转储备相结合、中央储备与地方储备相结合、政府储备与企业商业最低库存相结合的粮油储备调控体系，增强国家宏观调控能力，保障国家粮食安全。①中央战略专项储备主要用于保证全国性的粮食明显供不应求、重大自然灾害和突发性事件的需要。②中央调节周转储备主要用于执行中央政府为保护农民利益而实行的保护性收购预案，调节年度间丰歉。③地方储备主要用于解决区域性供求失衡、突发性事件的需要及居民口粮应急需求。各省（区、市）储备数量按"产区保持 3 个月销量、销区保持 6 个月销量"的要求，由国家粮食行政主管部门核定，并做好与中央储备的衔接。④所有从事粮食收购、加工、销售的企业必须承担粮油最低库存义务，具体标准由省级人民政府制定。积极鼓励粮食购销企业面向农民和用粮企业开展代购、代销、代储业务，提倡农户科学储粮。

优化储备布局和品种结构。逐步调整优化中央储备粮油地区布局，重点向主销区、西部缺粮地区和贫困地区倾斜；充分利用重要物流节点、粮食集散地，增强对大中城市粮食供应的保障能力。按照"优先保证口粮安全，同时兼顾其他用粮"的原则，优化中央储备粮和地方储备粮品种结构，保证小麦和稻谷的库存比例不低于 70%，适当提高稻谷和大豆库存比例；逐步充实中央和地方食用植物油储备；重点大中城市要适当增加成品粮油储备，做好粮油市场的应急供应保障。

健全储备粮管理机制。加强中央储备粮垂直管理体系建设。健全中央储备粮吞吐轮换机制。建立销区地方储备粮轮换与产区粮食收购紧密衔接的工作机制。完善储备粮监管制度，确保数量真实、质量良好和储存安全。加强储备粮仓储基础设施建设，改善储粮条件，提高粮食储藏技术应用水平，确保储粮安全。

（六）完善粮食加工体系

大力发展粮油食品加工业。引导粮油食品加工业向规模化和集约化方向发展。按照"安全、优质、营养、方便"的要求，推进传统主食食品工业化生产，提高优、新、特产品的比重。推进粮油食品加工副产品的综合利用，提高资源利用率和增值效益。强化粮油食品加工企业的质量意识和品牌建设，促进粮油食品加工业的健康、稳定发展。

积极发展饲料加工业。我国玉米生产首先是满足养殖业发展对饲料的需要。优化饲料产业结构，改进饲料配方技术，加快发展浓缩饲料、精料补充料和预混合饲料，提高浓缩饲料和预混合饲料的比重，建立安全优质高效的饲料生产体系。大力开发和利用秸秆资源，缓解饲料对粮食需求的压力。积极开发新型饲料资源和饲料品种，充分利用西部资源优势，建立饲料饲草等原料生产基地。

五、保障粮食安全的主要政策和措施

（一）强化粮食安全责任

保障粮食安全始终是治国安邦的头等大事。地方各级人民政府和各有关部门要统一思想，提高认识，高度重视粮食安全工作。要建立健全中央和地方粮食安全分级责任制，全面落实粮食省长负责制。省级人民政府全面负责本地区耕地和水资源保护、粮食生产、流通、储备和市场调控工作。主产区要进一步提高粮食生产能力，为全国提供主要商品粮源；主销区要稳定现有粮食自给率；产销平衡区要继续确保本地区粮食产需基本平衡，有条件的地方应逐步恢复和提高粮食生产能力。要将保护耕地和基本农田、稳定粮食播种面积、充实地方储备和落实粮食风险基金地方配套资金等任务落实到各省（区、市），并纳入省级人民政府绩效考核体系，建立有效的粮食安全监督检查和绩效考核机制。国务院有关部门负责全国耕地和水资源保护、粮食总量平衡，统一管理粮食进出口，支持主产区发展粮食生产，建立和完善中央粮食储备，调控全国粮食市场和价格。要不断完善政策，进一步调动各地区、各部门和广大农民发展粮食生产的积极性。

粮食经营者和用粮企业要按照法律、法规要求，严格落实粮食经营者保持必要库存的规定，履行向当地粮食行政管理部门报送粮食购销存等基本数据的义务。所有粮食经营者必须承担粮食应急任务，在发生紧急情况时服从国家统一安排和调度。

（二）严格保护生产资源

坚持家庭承包经营责任制长期稳定不变，加快农业经营体制机制创新。依法推进农村土地承包经营权流转，在有条件的地方培育发展多种形式适度规模经营的市场环境，促进土地规模化、集约化经营，提高土地产出效率。

落实省级人民政府耕地保护目标责任制度，严格执行耕地保护分解任务，把基本农田落实到地块和农户，确保基本农田面积不减少、用途不改变、质量有提高。加强土地利用总体规划、城市总体规划、村庄和集镇规划实施的管理。加强土地利用年度计划管理，严格控制非农建设用地规模，推进土地集约、节约利用。严格执行征地听证和公告制度，强化社会监督。严格执行耕地占补平衡制度，加强对补充耕地质量等级的评定和审核，禁止跨省区异地占补。完善征地补偿和安置制度，健全土地收益分配机制。研究建立耕地撂荒惩罚制度。健全国家土地督察制度，严格土地执法，坚决遏制土地违规违法行为。

加强草原等非耕地资源的保护与建设。建立基本草原保护制度，划定基本草原，任何单位和个人不得擅自征用、占用基本草原或改变其用途。建立划区轮牧、休牧和禁牧制度，逐步实现草畜平衡。加强对草原生态的保护与建设，加快实施天然草原退牧还草工程，防止草原退化和沙化。积极研究推进南方草地资源保护和开发利用。加强对水域、森林资源的保护。

（三）加强农业科技支撑

建立以政府为主导的多元化、多渠道农业科研投入体系，增加对农业（粮食）科研的投入。国家重大科技专项、科技支撑计划、863计划、973计划等要向农业领域倾斜。继续安排农业科技成果转化资金，加快农业技术成果的集成创新、中试熟化和推广普及。

建立健全农业科技创新体系，加快推进农业科技进步。加强国家农业科研基地、区域性科研中心的创新能力建设，推动现代农业产业技术体系建设，提升农业区域创新能力。逐步构建以国家农技推广机构为主体、科研单位和大专院校广泛参与的农业科技成果推广体系。深化农业科研院所改革，建立科技创新激励机制，鼓励农业科研单位、大专院校参与农业科技研发和推广，充分发挥其在农业科研和推广中的作用。

引导和鼓励涉农企业、农民专业合作经济组织开展农业技术创新和推广活动，积极为农民提供科技服务。深入实施科技入户工程，加大重大技术推广支持力度，继续探索农业科技成果进村入户的有效机制和办法。大力发展农村职业教育，完善农民科技培训体系，调动农民学科学、用科技的积极性，提高农民科学种粮技能。加强农业科技国际合作交流，增强自主创新能力。

（四）加大支持投入力度

增加粮食生产的投入。强化农业基础，推动国民收入分配和国家财政支出重点向"三农"倾斜，大幅度增加对农业和农村的投入，努力增加农民收入。各级人民政府要按照存量适度调整、增量重点倾斜的原则，不断加大财政支农力度。优化政府支农投资结构，重点向提高粮食综合生产能力倾斜，切实加大对农田水利等基础设施建设投入。增加国家对基本农田整理、土地复垦、农业气象灾害监测预警设施建设、农作物病虫害防治的投入。各类支持农业和粮油生产的投入，突出向粮食主产区、产粮大县、油料生产大县和基本农田保护重点地区倾斜。积极扶持种粮大户和专业户发展粮食生产。

加大金融对农村、农业的支持力度。逐步健全农村金融服务体系，完善农业政策性贷款制度，加大对粮油生产者和规模化养殖户的信贷支持力度，创新担保方式，扩大抵押品范围，保证农业再生产需要。

完善粮食补贴和奖励政策。完善粮食直补、农资综合直补、良种补贴和农机具购置补贴政策，今后随着经济发展，在现有基础上中央财政要逐年较大幅度增加对农民种粮的补贴规模。完善粮食最低收购价政策，逐步理顺粮食价格，使粮食价格保持在合理水平，使种粮农民能够获得较多收益。借鉴国际经验，探索研究目标价格补贴制度，建立符合市场化要求、适合中国国情的新型粮食价格支持体系，促进粮食生产长期稳定发展。继续实施中央对粮食（油料）主产县的奖励政策。加大对东北大豆、长江流域油菜籽和山区木本粮油生产的扶持力度。完善农业政策性保险政策，加快建立大宗粮食作物风险规避、损失补偿机制和灾后农田恢复能力建设的应急补助机制。

完善粮食风险基金政策。根据粮食产销格局变化，进一步完善粮食风险基金政策，加大对粮食主产区的扶持力度。

加强对粮食产销衔接的支持。建立健全粮食主销区对主产区利益补偿机制，支持主产区发展粮食生产。铁路和交通部门要加强对跨区域粮食运输的组织、指导和协调，优先安排履行产销合作协议的粮食运输。粮食主销区要支持销区的粮食企业到产区建立粮食生产基地，参与产区粮食生产、收购并定向运往销区。鼓励产区粮食企业到销区建立粮食销售网络，保证销区粮食供应。主产区粮食企业在销区建立物流配送中心和仓储设施的，主销区地方人民政府要给予必要支持。

加大对散粮物流设施建设的投入。引导多渠道社会资金建设散粮物流设施，积极推进粮食物流"四散化"变革。对服务于粮食宏观调控的重要物流通道和物流节点上的散装、散卸、散存、散运及信息检测等设施的建设，各级人民政府要予以支持。

（五）健全粮食宏观调控

健全粮食统计制度。完善粮食统计调查手段。加强对粮食生产、消费、进出口、市场、库存、质量等监测，加快建立粮食预警监测体系和市场信息会商机制。成立粮食市场调控部际协调小组，建立健全高效灵活的粮食调控机制。

健全和完善粮食应急体系。认真落实《国家粮食应急预案》的各项要求，形成布局合理、运转高效协调的粮食应急网络。增加投入，加强对全国大中城市及其他重点地区粮食加工、供应和储运等应急设施的建设和维护，确保应急工作需求。对列入应急网络的指定加工和销售企业，地方人民政府要给予必要的扶持，增强粮油应急保障能力。完善对特殊群体的粮食供应保障制度，保证贫困人口和低收入阶层等对粮食的基本需要。建立健全与物价变动相适应的城乡低保动态调整机制，确保城乡低收入群体生活水平不因物价上涨而降低。

完善粮食流通产业政策。进一步完善粮食市场准入制度，加快研究制定国内粮油收购、销售、储存、运输、加工等领域产业政策，完善管理办法。

加强粮食行政管理体系建设。落实和健全粮食行政执法、监督检查和统计调查职责，保障粮食宏观调控和行业管理需要。

（六）引导科学节约用粮

按照建设资源节约型社会的要求，加强宣传教育，提高全民粮食安全意识，形成全社会爱惜粮食、反对浪费的良好风尚。改进粮食收购、储运方式，加快推广农户科学储粮技术，减少粮食产后损耗。积极倡导科学用粮，控制粮油不合理的加工转化，提高粮食综合利用效率和饲料转化水平。引导科学饮食、健康消费，抑制粮油不合理消费，促进形成科学合理的膳食结构，提高居民生活和营养水平。建立食堂、饭店等餐饮场所"绿色餐饮、节约粮食"的文明规范，积极提倡分餐制。抓紧研究制定鼓励节约用粮、减少浪费的相关政策措施。

（七）推进粮食法制建设

认真贯彻执行农业法、土地管理法、草原法、粮食流通管理条例和中央储备粮管理条例等法律法规，加大执法力度。加强粮食市场监管，保证粮食质量和卫生安全，维护正常的粮食流通秩序。制定公布粮食安全法，制（修）订中央和地方储备粮管理、规范粮食经营和交易行为等方面的配套法规。

（八）制定落实专项规划

抓紧组织编制粮食生产、流通、储备、加工等方面的专项规划，推进本纲要实施，形成以本纲要为统领，各专项规划统一衔接的规划体系。各地区和各有关部门按照本纲要和各专项规划的要求，抓好组织实施。

（资料来源：新华社，2008 – 11 – 13；中央政府门户网站，www.gov.cn）

全国新增 1000 亿斤粮食生产能力规划
(2009 ~ 2020 年)

国务院

(二〇〇九年十一月三日)

引言

粮食是关系国计民生的重要商品,是关系经济发展、社会稳定和国家自立的基础,保障国家粮食安全始终是治国安邦的头等大事。随着人口增加,我国粮食消费呈刚性增长,同时,城镇化、工业化进程加快,水土资源、气候等制约因素使粮食持续增产的难度加大;生物燃料发展,全球粮食消费增加,国际市场粮源偏紧,粮价波动变化加剧,利用国际市场调剂余缺的空间越来越小。为此,必须坚持立足国内实现粮食基本自给的方针,着力提高粮食综合生产能力,确保国家粮食安全。

依据《国家粮食安全中长期规划纲要 (2008 ~ 2020 年)》(以下简称《纲要》),2020年全国粮食消费量将达到5725 亿公斤,按照保持国内粮食自给率95% 测算,国内粮食产量应达到约5450 亿公斤,比现有粮食生产能力①增加近450 亿公斤。考虑到影响粮食生产和有效供给的不确定性因素较多,本着提高粮食综合生产能力、确保供给、留有余地的原则,未来12 年间,需要再新增500 亿公斤生产能力,提高国家粮食安全的保障程度。

本规划所述粮食生产能力,是指由资源状况和经济、技术条件所决定的,各种生产要素综合投入所形成的,可以相对稳定实现一定产量的粮食产出能力。

本规划期限为 2009 ~ 2020 年。品种为稻谷、小麦、玉米三大作物,兼顾大豆,按照粮食生产核心区、非主产区产粮大县、后备区和其他地区对全国进行统筹规划。

一、我国粮食生产现状

新中国成立以来,党和政府高度重视粮食生产,采取一系列政策措施,不断深化农村改革,加强农业基础设施建设,加快新品种和新技术推广,调动农民生产积极性,着力提

---

① 现有粮食生产能力约为5000 亿斤公斤水平(2005 –2007 年3 年粮食平均产量约4950 亿公斤,2007 年5016 亿公斤,2008 年达到5285 亿公斤)。

高粮食生产能力。粮食产量从 1949 年的 1132 亿公斤增加到 2007 年的 5016 亿公斤，实现了由长期短缺向供求基本平衡的历史性跨越，成功地解决了十几亿人口的吃饭问题，为我国经济社会发展奠定了坚实的物质基础，也为世界粮食安全做出了重大贡献。

（一）新中国成立以来粮食生产回顾

回顾历史，我国粮食生产经历了新中国成立后 28 年（1949～1977 年）低起点快速发展和改革开放 30 年高起点波动发展两个阶段。

1. 从新中国成立到 1977 年。这一时期，粮食播种面积从 16.5 亿亩扩大到 1977 年的 18.1 亿亩，总产量先后跃上 1500 亿公斤、2000 亿公斤、2500 亿公斤 3 个台阶，粮食单产从 69 公斤提高到 157 公斤，增长 1.28 倍。物质装备和科技水平逐步提高，有效灌溉面积由 1952 年的 2.99 亿亩扩大到 1977 年的 6.75 亿亩，增长了 1.26 倍；杂交水稻等新品种培育取得重大突破；现代化生产要素投入增加，化肥施用量（折纯）由 7.8 万吨增加到 648 万吨，增加了 82 倍。但由于这一时期我国人口增长较快，粮食人均占有量仅从 209 公斤提高到 298 公斤，仍然处于较低水平，温饱问题仍未得到根本解决。

2. 改革开放以来。我国粮食总产量在 3000 亿公斤起点基础上，先后跨上 3500 亿公斤、4000 亿公斤、4500 亿公斤和 5000 亿公斤 4 个新台阶，特别是 2004 年以来连续 5 年增产，目前粮食生产能力基本稳定在 5000 亿公斤水平，实现了粮食供求基本平衡，满足了日益增加的消费需求，为经济社会发展和深化改革奠定了物质基础。取得这一巨大成就，一是得益于家庭联产承包责任制的实行，极大地调动了农民生产积极性，解放和发展了农村生产力；二是得益于粮食流通体制改革的不断深化，以市场为导向，取消粮食统购统销制度，全面放开粮食购销市场，实行重点粮食品种最低收购价政策，构建市场与调控相结合的国家粮食宏观调控体系；三是得益于农田水利基础设施建设和粮食新品种、先进适用技术的推广，农业抗灾能力不断增强，杂交水稻和杂交玉米品种大面积应用，单产大幅度提高；四是得益于中央财政对粮食生产的扶持政策，先后实施了商品粮基地县、大型商品粮基地、农业综合开发、优粮工程、种子工程、植保工程等项目建设，取消了农业税，建立了对种粮农民的"四项补贴"（种粮直补、良种补贴、农机具购置补贴、农资综合补贴）制度，粮食生产能力得到提高，种粮农民得到实惠。截至 2007 年，全国有效灌溉面积 8.5 亿亩，比 1978 年增长 25.7%；化肥施用量（折纯）5108 万吨，比 1978 年增长 4.8 倍；农村用电量 5509.9 亿千瓦时，比 1978 年增长 21 倍；良种覆盖率达到 95%；耕种收综合机械化水平达到 42.5%，比 1978 年增加 1.16 倍。

（二）粮食生产格局变化

1. 粮食生产重心北移。随着东南沿海工业化、城镇化加快推进，粮食播种面积不断减少，北方地区①粮食生产占全国比重逐年上升。2007年，北方地区粮食播种面积占全国的55%，产量占全国的52.5%，分别比1980年增加5个百分点和11.9个百分点；稻谷产量占全国比重达到17.7%，比1980年增加近11个百分点，其中，黑龙江省稻谷产量占全国7.6%，比1980年提高近7个百分点。粮食流通格局由"南粮北调"变为"北粮南运"。

2. 粮食产能向主产区和产粮大县集中。2007年，13个粮食主产省（区）② 粮食产量占全国比重为75%，比1980年增加6个百分点。位居全国前100名的产粮大县粮食产量之和占全国粮食总产量的21%。根据粮食跨省流通数据，2007年13个粮食主产省（区）外销原粮占全国外销原粮总量的88%，比2005年增长近8%。黑龙江、吉林、河南、江苏、安徽、江西、内蒙古、河北、山东等9个主产省区净调出原粮占全国净调出原粮总量的96%，其中黑龙江省净调出原粮位居首位。

3. 粮食生产集约化水平提高，储运设施明显改善。随着劳动力价格上升，资本替代劳力趋势明显，化肥、农膜、除草剂使用量增加，农业机械化水平不断提高。2007年耕种收综合机械化水平达到42.5%，比1998年提高5个百分点，其中小麦基本实现全程机械化，有效提高了劳动生产率。同时，粮食仓储运输能力逐步增强，全国粮食有效仓容和日烘干能力得到提高，六大粮食物流通道贯穿南北，为实现大范围粮食调运提供了保障。

4. 粮食品种结构不断优化。稻谷、小麦、玉米3大粮食品种结构逐渐适应消费市场变化，玉米占粮食总产量的比重由1978年的18%提高到2007年的30%，增加了12个百分点，保证了饲料及加工用粮的需要；小麦的比重由18%提高到22%，增加了4个百分点，优质、专用品种比重逐步提高；稻谷的比重虽然由45%减至37%，降低了8个百分点，但早籼稻减少，粳稻增加，适应了口粮需求变化。

（三）主要经验与启示

1. 稳定粮食面积是基础。粮食播种面积是决定粮食产量的关键因素，粮食播种面积从1998年粮食播种面积17.1亿亩，降至2003年14.9亿亩的历史最低水平，再恢复到2007年的15.8亿亩，粮食产量相应经历了5123亿公斤、4307亿公斤和5016亿公斤的波动过程。实践证明，促进粮食生产稳定发展，必须首先保持播种面积稳定。

2. 调动农民种粮积极性是根本。从实行家庭联产承包责任制、改革粮食统购统销体制、几次大幅度提高粮食收购价，到对种粮农民实行"四补贴"、出台粮食最低收购价政策等，各项政策均以调动农民种粮积极性为出发点，不断加大扶持力度，农民真正得到了

---

① 北方地区包括北京、天津、河北、山西、内蒙古、辽宁、吉林、黑龙江、山东、河南、西藏、陕西、甘肃、青海、宁夏、新疆16个省（市、区）；南方地区包括上海、江苏、浙江、安徽、福建、江西、湖北、湖南、广东、广西、海南、四川、重庆、贵州、云南15个省（市、区）。

② 主产区包括：黑龙江、辽宁、吉林、内蒙古、河北、江苏、安徽、江西、山东、河南、湖北、湖南、四川13个省（区）；平衡区包括：山西、广西、重庆、贵州、云南、西藏、陕西、甘肃、青海、宁夏、新疆11个省（区、市）；主销区包括：北京、天津、上海、浙江、福建、广东、海南7个省（市）。

实惠，稳定了粮食播种面积，提高了粮食产量。

3. 依靠科技进步是关键。改革开放以来，粮食单产从每亩168.5公斤提高到2007年的316.5公斤，总产由3000多亿公斤增至5000多亿公斤，农业科技进步发挥了巨大的作用。高产、优质、多抗新品种培育和更换速度大大加快，每次品种更换都促进了粮食单产的提高。杂交水稻、紧凑型玉米等品种大面积推广，小麦精量半精量播种、地膜覆盖栽培、病虫害综合防治等实用技术广泛应用，提升了粮食生产科技水平。

4. 强化基础设施是保障。国家坚持把粮食生产作为农业工作重点，加强农田水利等基础设施建设，改善粮食生产条件。2007年全国有效灌溉面积扩大到8.5亿亩，除涝面积扩大到3.2亿亩，抗灾减灾能力明显增强。国家支持农用工业加快技术改造，改进工艺，增加产出，保证化肥等农资供应，提高农业装备水平，有力地支持和保障了粮食生产。

二、我国粮食供需面临的形势

未来12年，随着人口不断增加和生活水平提高，我国粮食需求将继续呈刚性增长，产需缺口不断扩大，粮食品种和区域结构性矛盾加剧，供求平衡难度加大，国际市场粮源紧张，市场运行不确定因素增多，弥补国内粮食缺口的空间有限，我国必须立足国内实现粮食基本自给。虽然我国粮食生产面临的资源、环境等不利因素增多，但是通过加大投入，改善农业基础条件，挖掘粮食单产潜力，增加粮食产量是可以实现的。

（一）粮食需求刚性增长

《纲要》预测，2010年和2020年全国粮食需求量将分别达到5250亿公斤和5725亿公斤。从用途看，口粮消费略有减少，饲料和工业用粮增加，种子用粮基本稳定。

（二）粮食产需缺口扩大

虽然当前我国粮食总量能保证基本自给，但全国粮食人均占有量仅为380公斤，与《纲要》提出的2010年不低于389公斤、2020年不低于395公斤的目标相比仍有差距。随着人民生活水平的不断提高，畜产品的增加和食品工业快速发展，粮食产需缺口还将扩大。

按照《纲要》提出的国内粮食自给率95%，其中谷物自给率100%的目标测算，2010年，现有粮食产能基本满足需求。但2020年，粮食产能存在缺口，品种间产能差距加大。

（三）利用国际市场调剂的空间有限

从全球范围看，利用国际市场弥补国内粮食产需缺口不仅成本高、风险大，而且空间小。

一是国际市场粮源有限。我国既是粮食生产大国，又是粮食消费大国，国际市场的谷物贸易量仅为我国粮食消费量的一半左右，可供我国进口的粮食资源十分有限。

二是国际粮食市场波动加剧。由于前两年生物质燃料发展拉动了粮食需求，世界谷物库存下降到 25 年来最低水平，加上国际游资炒作农产品期货，世界粮食价格上涨 40%。近期，受国际金融危机影响，原油价格大幅下滑，生物质燃料需求减少，粮食价格下降。但从中长期看，国际金融、能源市场对粮食市场的牵动作用逐渐加大，引发粮食市场波动的因素日益复杂，利用国际市场弥补国内产需缺口仍具有较大的不确定性。

（四）粮食增产制约因素增多

目前及今后一个阶段，我国粮食生产面临的制约因素与改革开放前有很大不同，突出表现在工业化、城镇化步伐加快，农业劳动力大量转移，从事粮食生产的劳动力素质下降，气候不确定性增加，生态环境恶化等，对粮食生产十分不利。

一是水土资源约束加大。我国水资源总量约 28000 亿立方米，居世界第 6 位，常年人均水资源量约 2200 立方米，为世界人均占有量的 1/4；水资源时空分布不均，年内降水主要集中在 6~9 月，春耕和秋冬种期间用水矛盾突出；水土资源匹配不佳，淮河以北地区耕地面积约占全国的 2/3，水资源量不足全国的 1/5。人均耕地少是我国基本国情，从长远看，人增地减的矛盾仍十分突出。全国耕地面积从 1996 年的 19.5 亿亩降至 2007 年18.26 亿亩，年均减少 1100 万亩，目前人均耕地面积 1.38 亩，仅为世界平均水平的40%。随着工业化和城镇化进程加快，耕地仍将继续减少。

二是种粮比较效益长期偏低。随着农资价格上涨、人工费用增加，今后粮食生产成本呈逐步上升的趋势，而粮食价格涨幅低于成本增幅，种粮比较效益长期偏低，不利于保护和调动农民种粮积极性，一些地区已出现粮食生产口粮化、兼业化势头，影响未来粮食增产潜力发挥。

三是农业劳动力素质下降。农村青壮年劳动力大多外出务工，留守的劳动力接受新知识、新技术的能力相对偏弱，劳动技能提高难度大，影响粮食新品种和配套栽培技术推广应用，制约粮食科技水平的提升。

四是气候不确定性增加。我国是水旱灾害频繁的国家，受季风气候影响，降水年际年内变化大，加上近年来温室效应，气候变暖，导致极端性天气增加。据中国气象局预测，我国未来气候条件不容乐观，与 2000 年相比，2020 年我国年平均气温将升高 0.5~0.7℃，降水的不确定性较大，水资源的供需矛盾更加尖锐。同时，极端性天气引发气候事件增多，粮食生产将面临大旱、大涝、大冷、大暖的气候影响，旱涝灾害发生的概率增加，由此带来的农业病虫害影响将加大。

五是生态环境约束大。当前，北方部分地区地下水严重超采、农田掠夺性经营以及化肥、农膜等长期大量使用，导致耕地质量下降，土壤沙化退化，水土流失严重，面源污染加重，水环境恶化，城市周边、部分交通主干道以及江河沿岸耕地的重金属与有机污染物严重超标，严重影响着粮食质量和效益。

此外，我国农业基础设施依然薄弱，中低产田比重高，抗灾能力弱。现有耕地中，中低产田约占 2/3，粮食单产不稳定，年际间波动大；农田有效灌溉面积所占比例不足

47%，灌排设施老化失修、工程不配套、水资源利用率不高，抗御自然灾害的能力差，未从根本上摆脱靠天吃饭的局面。

（五）未来粮食增产仍有潜力

尽管当前粮食生产面临着一些不利因素，但从长远看，未来我国粮食增产仍有潜力。我国现有粮食单产水平与发达国家有不小差距，稻谷、小麦、玉米平均单产约425公斤、300公斤和350公斤，分别是单产排在前10位国家平均水平的71%、60%和67%。国内同一种植区内的同一作物，省际间单产差距也较大，有的相差50公斤以上。从我国历年粮食单产情况看，1949~1978年粮食单产年均增长3.2%，1979~2007年单产年均增长1.9%，未来12年，在面积不变的情况下，新增粮食500亿公斤，粮食单产年均仅需增长0.9%。因此，通过加大投入，改善农业生产条件，增强科技支撑能力，实现粮食增产目标是可能的。

一是粮食生产政策环境不断优化。党中央、国务院坚持把确保国家粮食安全放在经济工作的重中之重，把发展粮食生产放在现代农业建设的首位，地方各级政府认真落实中央的各项强农惠农政策，不断加大对粮食生产的支持和保护力度。2004年以来，国家取消了农业税，实行了"四补贴"以及产粮大县奖励政策，建立了粮食最低收购价、托市收储以及支持粮食生产的补贴制度等。随着我国综合国力的增强，国家将继续扩大对粮食生产的补贴规模，提高粮食最低收购价格水平，进一步保护和调动农民的种粮积极性。

二是农业生产条件逐步改善。根据中国工程院对典型地区调查数据，有灌溉条件地区的小麦单产是旱地单产的1.67~1.89倍，有灌溉条件的玉米单产是旱地单产的1.47~1.53倍，而且产量相对稳定。通过配套完善灌排条件，改良土壤结构，提高土壤肥力，可增强粮食生产抗灾能力，增加单产水平15%~20%。

三是农业科技推广应用步伐加快。我国农业科技到位率仍然较低，常规作物自留种比例较高，高产品种没有得到普遍应用，主栽品种多乱杂，高产栽培技术推广不到位，现有品种潜力尚未得到充分挖掘。根据全国粮食高产创建活动经验，通过使用优良品种、组装配套集成农艺和农机技术，每亩可提高产量50~75公斤。

四是粮食产前产后保障水平提高。目前我国耕种收综合机械化水平仍然偏低，粮食烘干、仓储、运输能力不匹配。通过提高农机质量，增加机型，推进社会化服务，提高粮食生产效率；通过进一步加强粮食烘干、仓储、运输等设施建设，提升粮食收储和调运能力，夯实粮食产前产后保障基础。

三、指导思想、基本原则和主要目标

（一）指导思想

全面贯彻党的十七大和十七届三中全会精神，以邓小平理论和"三个代表"重要思想为指导，深入贯彻落实科学发展观，坚持走中国特色农业现代化道路，坚持立足国内实现粮食基本自给的方针，强化政策支持，加大投入力度，改善基础条件，提高装备水平，推进科技进步，转变发展方式，建立粮食持续稳定发展的长效机制，保护和调动农民种粮积极性、科技人员创新积极性、地方政府抓粮积极性，提高土地产出率、资源利用率、劳动生产率，不断增强粮食综合生产能力、抗风险能力、国际竞争力和可持续发展能力，保障国家粮食安全。

（二）基本原则

1. 立足国内，基本自给。突出粮食生产能力建设；加快构建供给稳定、储备充足、调控有力、运转高效的粮食安全保障体系，确保国内粮食自给率保持在95%以上。坚持把发展粮食生产放在现代农业建设的首位，科学有序推进农业结构调整，协调好粮经争地矛盾，确保粮食播种面积的稳定。

2. 依靠科技，主攻单产。坚持走内涵式发展道路，强化农业科技支撑，加快推广良种良法和先进适用的节水灌溉技术，配套改善农田基础设施及装备条件，充分挖掘增产潜力，着力提高单位面积产量，确保粮食综合生产能力的稳步提升。

3. 优化布局，突出重点。综合考虑区域自然资源条件、经济社会发展水平和粮食生产基础，进一步优化粮食生产布局。着力打造粮食生产核心区，围绕大型灌区，依托产粮大县所在市（地），打破行政区域界限，划定重点建设片区，集中投入，整体推进，形成集中连片、高产稳产的国家商品粮生产基地。

4. 统筹规划，分步实施。围绕粮食增产目标，统筹规划粮食主产区、主销区和产销平衡区的粮食生产能力建设，因地制宜采取综合措施，统一规划重点片区建设内容，同步实施各类建设项目，确保项目衔接和配套。根据投资可能，按照轻重缓急，合理安排建设内容和建设进度，有计划、分步骤地推进各方面建设，加快改善粮食生产条件。

5. 创新机制，持续发展。深化农村改革，综合运用财税、价格、金融、法律等多种手段，支持粮食主产区发展经济，建立主产区利益补偿制度，形成粮食稳定增长、农民持续增收的长效机制。创新管理机制，加强项目整合，强化分工协作。加快建立农田水利建设新机制。注重水资源和生态环境保护，完善农业用水模式和价格机制，加大农业面源污染防治力度，提高粮食生产可持续发展能力。

6. 多元筹资，加大投入。进一步调整财政支出、固定资产投资和信贷投放结构，不断加大各级财政支持粮食综合生产能力建设的力度，现有涉农投资也要向粮食产能建设项目倾斜。完善粮食补贴、价格支持和奖励政策，保护和调动农民种粮以及地方政府抓粮积极性，积极引导社会资本参与粮食生产能力建设，促进投资主体多元化。

（三）规划目标

1. 总体目标

——粮食综合生产能力稳步提高。到2020年全国粮食生产能力达到5500亿公斤以上，比现有产能增加500亿公斤。

——粮食播种面积保持稳定。到 2020 年，全国耕地保有量不低于 18 亿亩，确保基本农田面积 15.6 亿亩，粮食播种面积稳定在 15.8 亿亩以上。

——粮食生产条件明显改善。到 2020 年，全国耕地有效灌溉面积达到 9 亿亩以上，有效灌溉率达到 51%，比 2007 年提高 4 个百分点；灌溉水利用系数①达到 0.55 左右。耕地质量逐步提高，规划区改造中低产田 3 亿亩，耕种收综合机械化水平提高 65%，粮食生产灾害损失率由 10% 下降到 8%~9%，下降 1~2 个百分点。

——粮食生产科技水平显著提高。到 2020 年，粮食单产水平达到每亩 350 公斤，比 2007 年提高 33.5 公斤；粮食良种覆盖率保持在 95% 以上，实现良种全面更新 1~2 次，种子商品化供种水平达到 85% 以上，科技贡献率由 48% 提高到 55%，增加 7 个百分点。

2. 分阶段目标

到 2010 年，全国粮食生产能力稳定在 5000 亿公斤以上，与现有能力持平略增。到 2015 年，全国粮食生产能力达到 5300 亿公斤以上，比现有能力增加 300 亿公斤。到 2020 年全国粮食生产能力实现 5500 亿公斤以上，比现有能力增加 500 亿公斤。

四、主要技术路线

针对目前我国粮食生产存在的主要制约因素，未来 12 年挖掘粮食增产潜力的技术路线主要是，改造现有灌排设施，有条件的地方扩大灌溉面积，改善生产条件；推广优良品种和高产栽培技术，实现良种良法配套；改革耕作制度，开发利用有限资源；推广使用先进适用农业机械及配套技术，加快粮食生产机械化进程；防控重大病虫害，最大限度减少灾害损失。

（一）改善灌溉条件，改造中低产田

配套和改造现有灌排设施，完善农田水利基础设施，有条件的地方适当扩大灌溉面积，加强地力培肥等工程建设，大幅度改造中低产田，建设旱涝保收的高产稳产粮田，进一步提高耕地的产出能力。

（二）选育推广优良品种

将现代生物技术与常规技术相结合，进一步加大品种选育力度，挖掘种质资源潜力，培育高产、高抗、广适的优良品种。重点培育耐密植、抗倒伏、抗病虫、适应机械化作业的玉米新品种，满足不同稻区生产条件且丰产性好、米质优、多抗的水稻新品种，多抗、高产的小麦专用品种，高油、高产、多抗的大豆新品种，加快转基因大豆新品种的研发。同时，加大优良品种推广力度，提高良种商品化程度和规模化种植水平。

（三）改进耕作方式

通过改革耕作制度和改进种植方式，充分利用光热水土资源，提高土地产出率。黄淮

---

① 灌溉水利用系数：指灌入田间可被作物利用的水量与灌溉系统取用的灌溉总水量的比值。

海部分适宜地区改套种玉米为直播；北方地区发展保护性耕作，均衡土壤肥力；大力开发南方冬闲田，长江中下游地区通过科学选配粮油品种，增加双季稻种植，提高复种指数。

（四）推广重大技术措施，加强技术指导，引导农民进行全过程规范化、标准化种植，提高技术到位率

玉米重点推广增密技术、全膜双垄沟播、催芽坐水种等技术；水稻重点推广大棚育秧、集中育秧、使用壮秧剂和抛秧、机插秧、水稻精确定量播种等栽培技术；小麦重点推广精量半精量播种、"双晚"等技术；大豆重点推广窄行密植、行间覆膜、种子包衣等技术。同时，配套使用测土配方施肥、水肥耦合等技术。推广膜下滴灌、覆膜垄作、集雨节灌、渠道防渗、低压管道输水等农业节水技术，提高水资源利用率。据农业部测算，推广玉米增密技术单产可每亩提高50公斤左右，现有3亿亩面积可推广增密技术；推广水稻大棚集中育秧技术单产可每亩提高10~25公斤；推广"双晚"技术，小麦、玉米单产可每亩分别提高5公斤以上。

（五）提高农业机械化水平

充分发挥农业机械节本增效和劳动力替代作用，加快推进主要作物、关键环节的生产机械化。北方旱区加快推广深松整地、免耕播种、化肥深施等机械化技术，加强农机农艺结合；南方水田区推广高效整地、稻草旋埋、机电排灌等技术，大力提高粮食生产机械化水平。据农业部测算，土壤深耕深松，可改善耕层结构，保墒增温，亩增产10%左右。

（六）加大病虫害防控

强化病虫害预测预报和统防统治，科学合理用药，降低农药用量，减少病虫害损失。我国粮食病虫害常年发生面积，玉米约8亿亩次，水稻约17亿亩次，小麦约10亿亩次，粮食生产病虫害损失率约5%。如果损失率降低1个百分点，即可减少粮食损失25亿公斤左右。

五、区域布局及分区增产任务

根据农业区划特点、生产技术条件和增产技术潜力等因素，将全国粮食生产区划分为核心区、非主产区产粮大县、后备区和其他地区四类地区。按照发挥比较优势、突出重点品种、注重调出能力、兼顾区域平衡的原则，确定分区、分品种增产任务。

（一）区域功能定位

1. 着力打造粮食生产核心区，提高商品粮调出能力。综合考虑粮食播种面积、产量、商品量、集中连片和水资源等因素，从13个粮食主产省（区）选出680个县（市、区、场）作为粮食生产核心区，通过加强农田水利等基础设施建设，改进农业耕作方式，全面提升耕地质量，提高科技创新能力，加快优良品种选育及推广应用，完善粮食仓储运输设施，巩固并提升在国家商品粮源中的核心地位。

2. 加强非主产区产粮大县建设，提高区域自给能力。从晋、浙、闽、粤、桂、渝、

贵、云、陕、甘、宁11个非粮食主产省（区、市）选出120个粮食生产大县（市、区）。重点加强农田水利、标准农田等基础设施建设，加强地力培肥和水土保持，增强防灾减灾能力；健全科技支撑与服务体系，提高粮食生产科技到位率，加快高产栽培技术推广应用，推进农业机械化应用，充分挖掘粮食单产潜力，增强区域粮食供给能力。

3. 适度开发粮食生产后备资源，加强国家粮食战略储备。对吉林省西部等地区部分宜农荒地，在保护生态环境前提下，优先安排骨干水利工程建设，根据国内粮食供求状况，适时、适度进行后备土地资源开发。

4. 辐射带动全国粮食生产，提高粮食生产水平。其他地区通过政策引导和技术辐射，稳定粮食播种面积，改善粮食生产条件，加快优良品种和先进适用技术推广，提高粮食生产水平。

（二）各区基本情况

1. 核心区

核心区共计680个县（市、区、场），分布在东北、黄淮海和长江流域。

——东北区。该区是我国最大的玉米、优质粳稻和大豆产区，包括黑龙江、吉林、辽宁、内蒙古四省区的209个县（市、区、场），占核心区县数的31%。耕地面积约3.4亿亩，占全国的18.5%；粮食播种面积约2.6亿亩，总产量约870亿公斤，分别占全国的16.4%和17.6%。

——黄淮海区。该区是我国小麦、玉米和稻谷优势产区，包括河北、山东、河南、安徽、江苏五省的300个县（市、区），占核心区县数的44%。耕地面积约3.2亿亩，占全国的17.7%。粮食播种面积约3.7亿亩，总产量约1432.5亿公斤，分别占全国的23.2%和28.9%。

——长江流域。该区是我国稻谷集中产区，包括江西、湖北、湖南、四川四省的171个县（市、区），占核心区县数的25%。耕地面积约1.2亿亩，占全国的6.6%。粮食播种面积约1.8亿亩，总产量约714.5亿公斤，分别占全国的11.7%和14.4%。

2. 非主产区产粮大县

11个非主产省（区、市）中的120个产粮县（市、区）分布在华东及华南地区、西南地区、山西及西北地区。

——华东及华南地区。包括浙江、福建、广东、广西四省（区）的42个县（市、区），占非主产区产粮大县总数的35%。

——西南地区。包括重庆、贵州、云南三省（市）的38个县（市、区），占非主产区产粮大县总数的32%。

——山西及西北地区。包括山西、陕西、甘肃、宁夏四省（区）的40个县（市、区），占非主产区产粮大县总数的33%。

3. 后备区

——吉林西部等适宜地区。

4. 其他地区

其他地区为上述地区以外的产粮县（市、区）。耕地面积近 10 亿亩，粮食播种面积约 6.9 亿亩，粮食产量 1659.5 亿公斤，分别占全国的 53%、43.6% 和 33.5%。

（三）分区增产任务

1. 产能分配原则

依据各区生产特点、播种面积及增产潜力，重点向粮食主产区倾斜，向主产区中的核心区倾斜，同时，兼顾非主产区产粮大县，带动全国粮食生产水平提高。

2. 分区增产任务及途径

根据产能分配原则，全国共新增粮食生产能力 500 亿公斤。其中，核心区新增粮食产能 371 亿公斤，占新增产能的 74.2%；非主产区产粮大县新增产能 22.5 亿公斤，占新增产能的 4.5%；后备区新增产能 22.5 亿公斤，占新增产能的 4.5%；其他地区新增产能 84 亿公斤，占新增产能的 16.8%。

（1）核心区。

——东北区。承担新增粮食产能任务 150.5 亿公斤，占全国新增产能的 30.1%。该区粮食生产的主要制约因素：一是东涝西旱，蓄引提工程明显不足，农田灌排设施建设严重滞后。局部地区开垦面积较大，水稻产区地下水灌溉比例高，湿地退化萎缩。二是大部分地区耕作方式粗放，玉米种植密度不足，水稻育秧方式落后。三是土壤板结，犁底层浅，耕地质量下降。

主要增产途径：一是适度新建水源工程，增加灌溉供水，扩大灌溉面积，加快防洪排涝体系建设，加大现有灌区续建配套及节水改造力度，完善灌溉设施，提高灌溉保证率和排涝标准。二是大面积推广耐密型玉米和水稻大棚育秧，合理密植。三是推广大型农业机械，促进粮食生产全程机械化，实施土壤深松深翻、秸秆还田，增强保水保墒能力等。

——黄淮海区。承担新增粮食产能建设任务 164.5 亿公斤，占全国新增产能的 32.9%。该区粮食生产的主要制约因素：一是地表水开发潜力小，地下水超采严重，供水明显不足，农田水利设施老化失修，灌溉面积萎缩现象较为普遍，旱涝灾害在年度内频繁出现。二是作物套种面积大，品种熟期不配套，影响秋粮单产水平。

主要增产途径：一是大力发展节水型农业，加强灌区续建配套和节水改造，提高灌溉水利用率和效益。加快淮北平原、里下河地区等涝区的排涝建设，提高农田防洪除涝标准。二是推广耐密和适合套种、机收的品种，增加秋粮种植密度；在条件适宜地区，推广耐旱品种及玉米晚收、小麦晚播种植模式。

——长江流域。承担新增粮食产能任务 56 亿公斤，占全国新增产能的 11.2%。该区粮食生产的主要制约因素：一是部分地区排涝设施不足，排涝标准偏低，渍害病虫害较重，四川盆地、湘南地区工程性缺水严重。二是水稻育秧环节薄弱，种植密度偏低，双改单趋势明显。三是农业机械化水平低。

主要增产途径：一是加大低洼涝区和环湖地区排涝体系建设，进行灌区续建配套，提高灌溉保证率。二是推广工厂化育秧及抛秧技术，扩大机插秧、机收等农机作业面积，提升秧苗质量，提高适用农业技术到位率。三是扩大双季稻种植面积，增加复种指数。

（2）非主产区120个产粮大县。

——华东及华南地区。承担新增粮食产能任务6亿公斤，占全国新增产能的1.2%。该区粮食生产的主要制约因素是：耕地减少较快，粮食播种面积减少。主要增产途径：保护耕地，加大土地整理和复垦，稳定粮食播种面积，加强农田水利基础设施建设。

——西南地区。承担新增粮食产能任务5亿公斤，占全国新增产能的1%。该区粮食生产的主要制约因素是：坡耕地多、抗旱灌排水源不足，水土流失严重；坪坝地区的水利工程年久失修。主要增产途径：改善坪坝地区农田水利工程，加强塘坝、窖（池）等小型蓄水、提水工程建设，增加灌溉面积，保证粮食生产用水需要。加强坡耕地改造，建设标准粮田。重点加强水稻病虫害防控。

——山西及西北地区。承担新增粮食产能任务11.5亿公斤，占全国新增产能的2.3%。该区粮食生产的主要制约因素是水资源短缺。主要增产途径：发展旱作节水农业，加强雨水集蓄利用和淤地坝等建设。加快耐旱粮食品种培育和推广，普及地膜覆盖、注水播种抗旱保苗等农业节水技术。

（3）后备区。

到2020年，该区承担新增22.5亿公斤粮食生产能力建设任务，占全国新增产能的4.5%。后备区产能根据全国粮食供求状况适时、适度开发，在有条件地方先行试点示范，总结经验，并按照生态优先、以水定地、水土匹配、以需定产的原则确定土地开发规模和进度。开发的主要措施是进行荒山、荒滩土地整理，开发灌溉水源，扩大灌区面积，逐步培肥地力，建设高产稳产农田。

（4）其他地区。

到2020年，该区承担84亿公斤粮食生产能力建设任务，占全国新增产能的16.8%。除少数县生产条件相对较好外，该区大部分地区处于高原、丘陵、山区、草原和荒漠边缘地带，水土资源不匹配，耕地质量不高。主要增产措施是充分利用自然降水，适度开发水资源，推广优良品种和高产栽培技术。

六、主要建设任务和工程

实现新增500亿公斤粮食生产能力的目标，关键是将粮食生产核心区和非主产区产粮大县，建设成为田间设施齐备、服务体系健全、仓储条件配套、区域化、规模化、集中连片的国家级商品粮生产基地，切实改善农业基础条件，充分挖掘粮食增产潜力，努力增加商品粮调出量。为此，要根据东北区、黄淮海区和长江流域等不同区域特点、制约因素和增产途径，统筹实施水利骨干工程、基本农田、粮食科研创新能力、良种繁育和农技推广体系、农业机械化体系、防灾减灾体系、农业生态环境保护体系、仓储物流和粮食加工能力等八大工程建设。

（一）水利骨干工程建设

1. 大中型灌区及配套工程建设。大力发展节水型农业，加快实施大型及部分重点中型灌区骨干工程续建配套与节水改造，发挥灌区改造的整体效益，新增和改善有效灌溉面积，提升灌区管理水平和信息化水平，提高灌溉保证率和水资源的利用率。力争到2020年，改造灌区面积1.8亿亩，灌溉水利用系数达到0.55以上，基本完成大型灌区和部分重点中型灌区续建配套和节水改造任务。其中，东北区要加大灌区骨干工程和田间配套工程建设力度，改进灌溉方式，扩大地表水灌溉面积。黄淮海区要加强大中型灌区的渠道防渗建设，优化井渠结合灌溉模式，减少地下水超采，高效利用雨洪资源，加快推广节水灌溉技术，提高水资源利用率。长江流域要围绕大中型灌区续建配套工程，增加灌溉面积，稳定与增加双季稻播种面积。

2. 适度新建水源工程。在水土资源条件匹配地区，适度兴建蓄引提工程，增加灌溉供水，发展农田有效灌溉面积。加快松嫩平原尼尔基等引嫩扩建灌溉工程、吉林哈达山水利枢纽等工程建设，完善水资源配置网络体系，建设旱涝保收标准农田。在长江流域适当新建一批水库灌区，尽快发挥灌溉效益。在西南等地区加快以灌溉水源为主的中型水库建设，解决工程型缺水问题。

3. 大中型排灌泵站更新改造。在实施中部四省大型排灌泵站更新改造工程的基础上，做好淮北、沿黄及长江中下游沿江以及滨湖等地区的大中型排灌泵站更新改造，加强排涝区的配套工程建设，使易涝耕地除涝标准普遍达到3～5年一遇，切实减轻洪涝灾害对粮食生产的影响。实施东北、黄河沿岸地区灌溉泵站的更新改造，降低能耗和提水成本。

4. 抗旱应急水源工程建设。在灌溉条件较差、灌溉水源不足的地区，加强小型抗旱工程建设，配备小型抗旱应急机具，扩大抗旱坐水种面积，提高粮食生产抗旱保收能力。

（二）基本农田建设

1. 田间工程建设。按照成片区开发、整体推进的原则，加强以小型农田水利设施为基础的田间工程建设，配套实施土地平整、机耕道、农田林网工程，以及土壤改良，增施有机肥、测土配方施肥等技术措施，逐步把粮食生产核心区和非主产区产粮大县的中产田建成旱涝保收的高产田、把低产田改造成产量稳定的中产田，形成一批北方地区80万亩以上、南方地区50万亩以上的区域化、规模化、集中连片的商品粮生产基地。到2020年，完成改造中低产田3亿亩，力争使粮食生产核心区和非主产区产粮大县的中低产田面积减少一半以上。

2. 土地整理和复垦开发。继续实施土地整理和复垦项目，确保耕地占补平衡。重点抓好辽河流域、豫西丘陵等地区土地整理工程，补充有效耕地面积。做好重大基础设施所占耕地的耕层剥离用于新增耕地改良的监管工作。加大废弃地、撂荒地、闲置地的复垦利用，提高复垦耕地质量。到2020年，在800个产粮大县和后备区完成整理和复垦耕地2000万亩。

3. 耕地质量监测能力建设。加强耕地质量监测区域站建设，形成布局合理、功能完备的耕地质量监测网络，提高耕地质量监测能力。

（三）粮食科研创新能力建设

科技创新平台建设。加快水稻、小麦、玉米工程实验室和土肥资源高效利用、作物高效用水工程实验室建设，改善科研试验条件，配置、更新仪器设备，提升科研手段和水平。加强基础性研究，大力推进农业科技原始创新、集成创新和引进消化吸收再创新，突破分子技术应用、亲本创制等育种技术瓶颈，加快培育高产、优质、广适、抗逆、抗病的优良品种，研究开发适合不同地区的先进栽培、新型肥料、节水等技术和设备，建立粮食科技储备和科技支撑能力。充分发挥农业、水利科研单位和大专院校、高新技术园区的作用，整合资源，优化布局，增加投入，搭建开放式研发平台，建立健全科研协作关系，明确阶段性研发目标，开展联合攻关，提高科研整体水平。实施转基因生物新品种培育重大专项，加快研究转基因高产粮食新品种，提高粮食单产水平。

（四）良种繁育和技术推广体系建设

1. 良种繁育推广。根据不同区域的生态特点，统一建设规模化、标准化、专业化良种繁育基地，改善种子田生产条件，配套种子检测、烘干、加工和仓储等设施设备，全面提升良种生产和供应保障能力。加快建设水稻育秧大棚和工厂化育秧设施，提高水稻育秧水平，提高单产和品质。加强种子质量检测体系建设，提高种子质量检测、品种鉴定能力。继续完善农作物品种区域试验，改善试验条件，提升装备水平，保证试验结果科学准确。到2020年，良种覆盖率稳定在95%以上，力争商品化供种水平由目前的80%提高到85%。

2. 高产栽培技术集成推广。继续实施粮食丰产科技工程，深入开展粮食高产创建活动和农业科技入户工程，建设粮食万亩高产示范片，普及推广优良品种，集成、示范和推广先进实用的高产栽培技术。加强技术培训和指导，实现科技人员直接到户、技术要领直接到人、良种良法直接到田。进一步完善科技成果转化推广机制，扩大辐射带动范围。

（五）农业机械化体系建设

1. 推进农业机械化。加快推进粮食作物生产全程机械化，重点解决稻谷、玉米生产关键环节机械化问题，提高农机具配套比。力争到2020年，水稻栽植和收获机械化水平分别达到60%和85%，玉米机播、机收水平分别达到75%和50%。扶持农机合作组织或农机大户。加快深松整地、免耕播种、玉米机械收获、玉米秸秆还田机械、化肥深施等机具推广，大力发展保护性耕作，开展保护性耕作示范。加快排灌机械、抗旱机具、节水灌溉设备等推广，努力提高有效灌溉率和灌溉水利用系数。

2. 农机具购置补贴。增加对农民购置先进适用农机具的补贴规模，扩大补贴种类，提高补贴标准，完善补贴办法，提升农机装备水平，加快粮食生产机械化进程。

（六）防灾减灾体系建设

1. 防洪抗旱能力建设。统筹考虑防洪、抗旱及生态环境要求，进一步完善防洪工程体系建设和管理，提高江河防洪能力。加强旱情监测网络、干旱预警和抗旱水源调度系统建设。

2. 重大病虫害防控。继续实施植物保护工程，加强农业有害生物预警与控制站建设，完善应急防控物资储备，构建"运转高效、反应迅速、功能齐全、防控有力"的监测和防控体系。加强实时调度，推进联防联控、统防统治，提高突发性、暴发性、流行性和迁飞性有害生物应急防控和扑灭能力。力争到2020年，将粮食因病虫危害造成的损失率降低1~2个百分点。

3. 农业气象防灾减灾。以粮食生产核心区和非主产区产粮大县为重点，完善农业气象监测站网，提升农业气象灾害监测能力。加强农业灾害性天气预报预警与评估、农作物病虫害气象条件预报等工作，开展农业气象跟踪和技术咨询服务，提高农业气象灾害防御能力。加强人工增雨和防雹能力建设，完善人工增雨防雹作业体系，提高人工影响天气作业及保障能力。

（七）农业生态环境保护体系建设

1. 水资源保护和水土保持建设。强化水资源保护与管理，按照粮食生产必须与水资源承载能力相适应的原则，坚持走节水增产的路子，统筹水资源配置，严格实行灌溉用水的总量控制和定额管理，合理确定农业灌溉用水量。加强农业需水管理，大力发展节水型农业，控制农业用水增长，不断提高农业用水效率和效益。加强农业灌溉用水计量设施建设，因地制宜采用超额用水累进加价等经济杠杆，促进农业节水。黄淮海区要优化井渠结合的灌溉模式，减少地下水超采，防止地下水超采引起生态环境问题；西北内陆河地区要发展旱作节水农业，在强化节水措施的同时，控制高耗水作物种植和适当压减灌溉面积；东北区要合理利用和保护好水资源，对新增灌溉耕地进行保护性利用，避免出现新的生态问题。河流上游修建水利工程要按照规划和水量分配要求，统筹兼顾上下游生产、生活、生态用水要求，要特别注意保护下游生态环境。加强水污染监测和防治，逐步控制和减少污染物入河入湖量，改善水质和水环境。加强东北黑土区、黄土高原及西南石漠化地区水土流失治理。

2. 加强农业面源污染监测和治理。建立健全农业面源污染监测预警体系，强化监测手段，在粮食生产核心区建设县级农业面源污染监测点，全面开展农业面源污染监测预警，及时掌握农业面源污染现状和变化趋势，为农业面源防治提供决策依据。按照源头控制、过程阻截和末端治理的要求，加快实施化肥农药减施替代工程，推广精准化施肥施药等环境友好型农业生产技术，防治农业面源污染。针对农业面源污染区域性特点，以长江流域为重点，兼顾东北和黄淮海水稻产区，实施农田生态拦截工程，在江河、湖泊入口处建设人工湿地，降低稻田退水的氮磷污染。

3. 秸秆综合利用。重点推广机械化还田、秸秆覆盖、快速腐熟还田和生物反应堆技术。

（八）仓储物流和粮食加工能力建设

1. 增加粮食仓储能力。继续以东北区为重点，兼顾黄淮海区、长江流域和西部地区，建设中央储备粮直属库和地方储备粮库。鼓励农户科学储粮，支持专业合作社和农户建设粮食仓储设施、购置新型储粮装具。加强烘干、除杂设施的建设和改造，提高粮食烘干等处理能力。

2. 粮食物流体系建设。结合铁路建设，加快改造跨省区粮食物流通道，形成便捷、高效、节约的现代化粮食物流体系。重点改造和建设东北粮食以及黄淮海小麦、长江中下游水稻流出，以及华东、华南、京津地区粮食流入等六大跨省粮食物流通道。支持沿海港口、内河码头、铁路站点等大型粮食物流节点的建设，完善散粮发放、接卸、运输及配套设施。加强粮食主产区收纳库点和中转库容建设，配备必要的散粮运输工具，实现跨省粮食流通的"四散化"（散装、散卸、散存、散运）。

3. 发展粮食加工。大力发展粮油食品加工业，促进粮食加工业向规模化方向发展，在保障粮食安全的前提下，适度发展粮食深加工。优化饲料产业结构，缓解饲料用粮压力。

4. 减少粮食产后损失。改进粮食收获、储藏、运输、加工方式，推广先进适用的粮食收获机械、储存设施、运输工具、加工设备，提高机械设备质量和作业精度，降低粮食产后损耗。

七、经济社会效益与环境影响评价

规划的实施具有良好的经济和社会效益，但同时也对环境产生一定的负面影响。

（一）经济、社会效益分析

1. 经济效益

规划实施后，粮食生产能力较2005～2007年3年平均水平稳定增加500亿公斤，抗风险能力显著增加，年际间波动幅度减弱。按现行市场平均收购价格计算，达产年可实现新增粮食产值852亿元。其中，800个县人均增收147元，其他地区人均增加11元。800个县亩均增收110元，其他地区亩均增收20元。

2. 社会效益

规划实施后，全国粮食总产量将稳定达到5500亿公斤的阶段性水平，粮食自给率达到95%以上，我国粮食受国际市场供求影响基本在可控范围之内，宏观调控能力进一步增强，将为保证国家粮食安全、国民经济平稳发展和社会稳定奠定良好的基础。

通过实施水利工程、中低产田改造、基本农田建设、良种、土肥、植保体系、农机化推进等工程项目，在一定程度上可以带动部分农村富余劳动力参与工程建设，增加部分打工收入，同时也可以带动农业科研、农用机械制造、肥料、农膜、农药等相关行业的发展。

规划的实施使重点地区粮田基础设施普遍得到改善，抗灾能力明显增强，基本改变靠天吃饭的局面；现代农艺技术和农业机械的推广，将极大地改善农业生产条件，降低劳动强度，有利于促进土地流转，改变农民对土地的依赖，进一步从事二、三产业。

（二）环境影响评价

1. 土地资源开发对生态环境的影响

规划拟改造和新开发部分土地，如开发方式不合理，可能会对区域生态环境造成不利影响，带来土壤次生盐渍化等问题。为此，要合理规划土地开发利用模式、开发时序和合理规模，开发之前进行充分论证、深入分析当地水土资源条件和生态环境特征，并制定详细的生态风险防范方案。

2. 水资源利用对生态环境的影响

水资源开发利用将对生态环境产生影响：在缺水地区新增水源、新增灌区可能影响生态用水量，部分灌区和排涝退水将对河流水质产生影响；水利工程建设及土地资源开发，可能对湿地造成负面影响。为此，要进行水资源论证，合理控制水资源开发程度，协调好生活、生产和生态用水，保证河流基本生态用水，维护河流健康；对区域水量进行水资源综合平衡分析，确定合理的灌溉用水量和灌溉定额，避免对区域生态环境产生不利影响；严重缺水地区，要降低增产任务；加强对现有湿地的保护，禁止开垦占用和随意改变自然湿地用途。

3. 农业投入品增加对环境的影响

（1）施用化肥对环境的影响分析。

氮、磷化肥的超量施用以及肥料利用率不高会导致农业面源污染。长期单一施用化肥，特别是生理酸性肥料，会使土壤出现酸化、板结；氮、磷肥料可通过淋溶、径流、田间退水等途径进入地下或地表水体，造成水体富营养化。为此，要实施测土配方施肥，因需定施，以有效降低化肥使用量，提高化肥使用效率；加大测土的密度，根据不同作物，不同时期营养需求，科学制定施肥配方，配合农艺措施，合理深施，逐步引导农民改变传统施肥习惯。

（2）喷洒农药对环境的影响分析。

杀虫剂和除草剂如过量施用将会抑制甚至灭生土壤微生物，影响土壤中酶的活性、营养物质的转化，改变农业生态系统营养循环效率，使土地持续生产力下降；植物或土壤黏附的农药，经淋溶、渗漏、径流和退水等进入地表水体或渗入地下含水层，严重危害地表水和地下水的水质。为此，要通过现代生物技术，培育高抗品种或转基因品种，提高作物抗病虫害的能力，减少农药施用次数和数量；通过预测预警、统防统制、精准施药，降低农药、除草剂的使用数量；发展生物农药或除草剂，鼓励利用赤眼蜂等天敌进行生物防治，降低使用农药和除草剂对生态环境的影响。

（3）使用农膜对环境的影响分析。

残留农膜会破坏耕作层的土壤结构，降低土壤通气性和透水性，并使微生物和土壤动物活力受到抑制，导致土壤肥力下降；同时也阻碍了农作物种子发芽、出苗和根系生长，造成作物减产。为此，要加大残膜回收的力度，尽量减少对环境的负面影响。

4. 粮食作物秸秆对环境的影响分析

秸秆如直接焚烧将会向大气排放有机碳，作物收获期集中焚烧将严重影响大气环境质量，甚至影响航空安全。此外，废弃秸秆进入水体后会加大面源污染强度。

为此，要逐步增加秸秆还田面积，并提高秸秆综合利用水平，通过过腹还田、发展秸秆板材、开发秸秆生物质能等措施，降低废弃秸秆对环境的影响。

八、构建粮食生产稳定发展的长效机制

在当前全球金融危机对我国农业的影响逐步显现和我国人增地减的矛盾日益突出的情况下，要打牢粮食生产基础、实现规划提出的增产任务，面临很多困难。为此，要更加重视推进农业科技进步和创新，增强科技支撑能力；更加重视农业基础设施建设，改善粮食生产条件；更加重视落实粮食省长负责制，明确各级政府粮食安全责任；更加重视完善粮食生产扶持政策，调动农民种粮积极性；更加重视加强粮食市场调控，促进产销衔接；更加重视构建长效机制，促进粮食生产稳定发展。

（一）落实粮食省长负责制，明确中央和地方粮食安全责任

地方各级政府要按照党中央、国务院的统一部署，进一步提高思想认识，切实把发展粮食生产放在现代农业建设的首位，长抓不懈，毫不放松，在稳定现有产能的基础上，努力挖掘增产潜力，实现规划确定的新增产能任务。明确中央和地方在粮食安全上的责任，中央政府负责粮食总量平衡，统一管理粮食进出口，建立和完善中央粮食储备，调控全国粮食市场和价格，负责全国耕地和水资源保护，并通过钱粮挂钩的办法支持各地发展粮食生产；省级政府要全面落实粮食省长负责制，明确和落实粮食发展目标，强化扶持政策，抓好粮食生产，落实储备任务；粮食主产区要为全国提供稳定的商品粮源，非主产区要高度重视本地区的粮食生产，坚决防止和纠正放松粮食生产、忽视粮食生产能力建设的倾向，切实承担起本地区耕地和水资源保护、粮食产销和市场调控的责任，加大地方财政的投入力度，加强农业基础设施建设，巩固和提高粮食生产能力，确保本地区耕地面积和粮食播种面积不减少，粮食自给水平不下降。

加快探索建立粮食主产区与主销区的利益联结机制。扶持粮食生产各项政策措施要向

主产区倾斜，加大对产粮大县粮食生产建设项目扶持力度，建立粮食主销区尤其是发达地区对粮食主产区的补偿制度。完善粮食风险基金政策，逐步取消主产区配套。要引导主销区参与主产区粮食生产基地、仓储设施等建设，建立稳固的产销协作机制。

建立有效的粮食安全监督检查和绩效考核机制。要逐级分解落实耕地和基本农田保护、稳定粮食播种面积和充实地方储备等任务，并作为重要内容纳入对地方各级政府尤其是领导班子绩效考核体系。

（二）坚持家庭承包经营制度，稳步推进土地规模经营

稳定和完善农村基本经营制度。坚持以家庭承包经营为基础、统分结合的双层经营体制。家庭经营要向采用先进科技和生产手段的方向转变，增加技术、资本等生产投入，着力提高集约化水平。有条件的地方要发展专业大户、家庭农场、农民专业合作社等规模经营主体，推进规模种植、规模作业、规模经营，提高粮食生产规模效益，走现代粮食产业化之路。

加强土地承包经营权流转管理和服务。完善土地承包经营权权能，依法保障农民对承包土地的占有、使用、收益等权利。健全农村土地承包经营权流转市场，按照依法自愿有偿的原则，允许农民以转包、出租、互换、转让、股份合作等形式流转土地承包经营权，发展多种形式的适度规模经营。完善流转签证、公证、登记制度，免除相关费用，促进耕地向种粮大户和种粮能手集中。

培育农民新型合作组织。加快发展种粮农民专业合作社，着力发展农户联合与合作，培育和扶持粮食生产社会化服务组织，强化农资配送、机械化服务、专业植保等粮食生产环节的技术服务功能，形成多元化、多层次、多形式经营服务体系。加大对种粮大户、农机大户、种粮农民专业合作社和专业化服务组织的奖励和扶持力度，加快推进规模种植、规模作业和规模经营，降低生产劳动强度和生产成本，提高粮食生产规模效益。通过专业化服务推动粮食生产标准化、优质化，促进粮食生产专业化分工与产业化经营，着力解决农村青壮年劳动力转移后粮食生产、销售等环节出现的新问题，避免出现土地撂荒或粗放经营。

（三）严格耕地资源保护，稳定粮食播种面积

坚持最严格的耕地保护制度。认真落实省级政府耕地保护目标责任制，坚决守住18亿亩耕地红线。切实加强基本农田保护，划定一批基础条件好、生产水平高的粮食生产区域并予以永久固定，特别是要优先划定国家投资建设的高产稳产粮田，明确粮田保护责任人，严禁随意征占或改变用途，确保基本农田面积不减少、用途不改变、质量有提高。严禁占用耕地挖鱼塘、种树等行为。粮食生产核心区和非主产区产粮大县要将基本农田落实到地块、落实到农户，并记入土地承包经营权证。加强土地利用规划管理，实行最严格的节约用地制度，从严控制城乡建设用地总规模。农村宅基地和村庄整理所节约的土地，首先要复垦为耕地。抓紧完善征地补偿安置制度，积极调整土地出让收入支出结构，要逐步提高土地出让收益用于农业土地开发和农村基础设施建设的比重。严格执行耕地占补平

衡、先补后占制度，不得跨省（区、市）进行占补平衡，不得占优补劣，南方地区要严禁占水田补旱地。

切实加强后备耕地资源的保护。发展粮食生产要与生态环境相适应，要吸取以往以粮为纲、一哄而上、开荒种地、破坏生态的教训，不得随意将林地、草原、湿地开垦为粮田。特别是吉林西部等生态脆弱地区，未经批准，严禁再开垦荒地、草原或占用湿地，破坏生态环境。

完善耕地保护监督和惩罚机制。健全国家土地督察制度，将耕地保护，特别是基本农田保护作为地方政府考核中一票否决的指标，坚决遏制土地违规违法行为。全面公开耕地的数量、征占、补偿、占补等信息，严格执行征地听证和公告制度，强化社会监督。

稳定粮食播种面积。统筹粮食和经济作物发展，确保粮食播种面积稳定，到2020年全国粮食播种面积稳定在15.8亿亩以上，其中谷物播种面积稳定在12.6亿亩以上。继续优化粮食品种结构，根据市场需要和自然资源条件，大力发展优质专用小麦、优质稻谷、优质专用玉米、高油高蛋白大豆等优质粮食品种，提高粮食生产效益。加快优良品种和先进适用技术推广，科学施用农药和化肥，努力推进区域化和标准化种植，不断提高粮食品质。

（四）加快农业科技创新，提高技术装备水平

加强农业基础性应用技术研究。整合科研院所力量，搭建基础性、工程性研究平台，突破相关制约技术，为企业和社会的商业化开发与应用提供方便。加快构建农科教相结合、产学研一体化的农业科研体系，大力推进农业科技创新。积极推进政府主导的多元化、多渠道农业科研投入机制，大幅度增加粮食科研经费，支持与粮食生产相关的基础性、前沿性科学研究，促进高新技术成果在农业领域的示范和应用。

提高粮食生产技术到位率。建立健全农技推广体系，完善以省、地、县农技推广机构为主体，科研单位、大专院校、企业和农业社会化服务组织广泛参与的新型推广机制。积极推进基层农技推广机构改革，因事设岗，尽快定岗定编。积极吸引大中专毕业生投身农技推广事业，改善农技推广人员知识结构。开展粮食高产创建和科技入户活动，集成和展示、推广先进实用技术。引导和鼓励涉农企业、农民专业合作经济组织开展粮食技术创新和推广活动，积极为农民提供科技服务。完善农民科技培训体系，调动农民学科学、用科学的积极性，提高农民科学种田水平。

加快发展化肥、农药和农机装备制造等农用工业，为粮食生产发展提供物质保障。针对我国氮、磷肥产大于需，钾肥严重不足的状况，优化氮肥企业结构，建设大型氮肥生产基地；积极开发钾肥资源，扩大生产规模，加快发展复合肥、缓释肥、生物肥料等肥料生产。严格农药生产行业准入，加快生物农药和施药器械研发，加强产品质量管理，鼓励发展高效、低毒、低残留农药，大力推广生物防治技术。加强农机研发能力建设，加快先进技术引进、消化、吸收，提高农机科技成果转化能力，加快研发制造复式作业和节约环保型农机具，改善农机产品试验鉴定手段，保障农机产品质量安全。

（五）加大基础设施投入力度，完善建管机制

增加粮食生产投入。按照存量调整、增量倾斜的原则，调整国民收入分配格局，重点向农业倾斜，向粮食生产倾斜。优化财政支出、固定资产投资、信贷投放结构，各级财政要较大幅度地增加对农业投入，大幅度提高政府土地出让收益、耕地占有税新增收入用于农业的比例，耕地占用税税率提高后新增收入全部用于农业，拓宽粮食生产投资渠道，落实规划资金。

整合粮食产能建设资金。固定资产投资、农业综合开发资金、土地开发整理资金等现有投资项目，要按照规划要求，调整资金投向，向粮食核心区和非主产区的产粮大县倾斜，形成投资合力，加大支持力度，强化投资监管，提高资金使用效益。

完善投入机制。建立健全以公共财政为主体的多元化投入机制，落实相关财税优惠政策，吸引社会资金投向粮食生产。政府投资重点用于农田水利、病虫害防治、土肥监测等公益性基础设施建设。创新投资机制，采取以奖代补等形式，鼓励和支持广泛开展小型农田水利设施、旱作节水工程等建设。

加强农业基础设施管护。创新农村小型基础设施产权管理机制，明晰相关基础设施产权，尽量将产权落实到农民，并允许通过承包租赁等形式实现经营权的流转，提高农民对粮食生产基础设施的管护积极性，确保农业投资效益的持久发挥。对于运营及管护费用高、受益面广的大中型公益性粮食生产基础设施，同级财政要给予必要支持。

（六）扩大财政补贴规模，完善奖补政策

加大对粮食生产的支持和保护。加大补贴力度，完善补贴方式，扩大范围，提高标准，充分调动农民的种粮积极性。完善种粮直补政策，逐年增加农民种粮补贴；在现有粮食作物良种补贴范围的基础上，适当增加补贴资金，逐步扩大补贴范围，不断提高粮食作物良种覆盖率；加大适用农机具购置补贴力度，适时调整补贴机型；完善与农业生产资料价格上涨挂钩的农资综合补贴动态调整机制。逐步扩大粮食生产技术性补贴规模。

加大中央财政对产粮大县的奖励力度。建立健全产粮大县利益补偿制度，完善奖励资金与粮食产量、调出量直接挂钩的联动办法，促进地方粮食生产与财力同步增长。根据产粮大县对国家粮食安全的贡献，增加一般性转移支付和产粮大县奖励等资金，并进一步向粮食核心区倾斜，实现粮食增产、农民增收、财力增强相协调，改变产粮大县、财政穷县的局面，调动地方政府重农抓粮的积极性。

加大金融对粮食生产的支持。加强财政资金与信贷资金投入的衔接配套，充分发挥财政资金的导向和拉动作用，扩大粮食生产信贷资金规模。健全农村金融体系，拓宽融资渠道，引导更多的信贷资金投向粮食生产。加大政策性金融对粮食生产基础设施建设的中长期信贷支持，增加商业性、合作性金融对粮食生产的贷款规模。大力发展小额信贷，鼓励发展适合粮食生产的微型金融服务，对种粮大户、农机大户和种粮农民专业合作社贷款给予财政贴息，提高对粮食生产的金融支持水平。对金融机构发放的粮食和农业信贷，按规

定享受相关税收优惠政策。

构建粮食信贷风险规避机制。建立政府扶持、多方参与、市场运作的农村信贷担保机制。不断创新粮食信贷担保方式，扩大农村有效担保物范围，积极发展联保贷款，探索动产质押、生产订单质押等抵押形式，着力解决种粮农户贷款抵押难的问题。加快发展政策性农业保险，完善粮食保险体制，稳步扩大保险规模和试点范围，研究建立粮食再保险和巨灾风险分散机制。

（七）深化粮食流通体制改革，完善粮食流通体系

继续深化粮食流通体制改革。积极推进现代粮食流通产业发展，努力提高粮食市场主体的竞争能力。继续深化国有粮食企业改革，推进国有粮食企业兼并重组，重点扶持一批国有粮食收购、仓储、加工骨干企业，提高市场营销能力，在粮食收购中继续发挥主渠道作用。鼓励和引导粮食购销、加工等龙头企业发展粮食订单生产，推进粮食产业化发展。积极支持农民专业合作社和农民经纪人为农民提供粮食产销服务，提高农民生产和销售粮食的组织化程度。

健全粮食市场体系。重点建设和发展大宗粮食品种的区域性、专业性批发市场和大中城市成品粮油批发市场，发展粮食统一配送和电子商务，积极发展城镇粮油供应网络和农村粮食集贸市场。稳步发展粮食期货交易，引导粮食企业和农民专业合作组织利用期货市场规避风险。建立全国粮食物流公共信息平台，促进粮食网上交易。

（八）加强粮食市场宏观调控，保障国家粮食安全

健全粮食统计监测制度。继续加强粮食生产统计调查工作，改革粮食产量调查办法，完善统计调查手段，减少人为干扰，为粮食调控决策提供科学依据。加强对粮食生产、消费、进出口、储运、质量等监测，加快建立预警监测体系和市场信息会商机制。推进粮食信息化工作，建立健全粮食生产、流通、消费、进出口、储运数据库，及时准确地收集、掌握动态情况，提高数据的准确性和时效性。

健全粮食最低收购价政策。根据粮食生产成本及市场供求情况，逐步提高粮食最低收购价，保持粮食价格稳定在合理水平，保障粮食生产收益，调动农民务农种粮积极性。探索建立以目标价格为核心的反周期补贴制度，充分发挥市场机制的作用。

加强粮食进出口、储备和加工调控。加强粮食进出口调控，合理利用国际市场，进行品种调剂。完善粮食储备调控体系，优化储备布局和品种结构，健全储备粮吞吐轮换机制。进一步完善粮食市场准入制度，制定国内粮油收购、销售、储存、运输、加工等领域的产业政策，尽快完善相应管理办法。加强对全国大中城市及其他重点地区粮食加工、供应和储运等应急设施的建设和维护，对列入应急网络的粮食加工和销售企业，地方政府要给予必要的扶持。

积极倡导科学节约用粮。加强宣传教育，引导科学饮食、健康消费，在全社会形成爱惜粮食、反对浪费的良好风尚，珍惜每一粒粮食。

（九）引导粮食生产和消费，促进粮食品种结构平衡

积极推进种植结构调整，缓解粮食品种供需矛盾。西北地区适当压缩小麦面积，东北地区稳定水稻面积，西南地区扩大间套种面积，增加玉米种植面积。加强粮食价格调控，利用价格杠杆调整粮食品种结构，根据粮食分品种供需情况，合理确定粮食品种间比价关系，合理释放小麦、水稻产能。

引导社会公众调整膳食结构，弘扬有中国特色的小麦主食文化，大力宣传我国传统面食制品营养知识，增加小麦及面制食品消费。针对我国多数小麦品种适合于加工蒸煮面制品的特点，改变以往把振兴小麦产业定位在发展面包和西式糕点的单一做法，加快推进以蒸煮面制品为代表的主食工业化、现代化、产业化。按照"安全、优质、营养、方便"的要求，大力发展小麦、稻谷食品加工业，增强加工转化能力。重视传统主食品工业科技创新，加强小麦、面粉及面制食品的基础研究和成果产业化、成套设备和品质检测关键仪器的自主化开发，健全小麦粉及面制食品质量标准体系，开发系列品牌商品，全面改造和提升面制品加工业。

进一步开发小麦多种用途，在保证口粮消费需求的前提下，积极鼓励发展以小麦为原料的饲料加工。调控粮食加工转化，适度控制以玉米为原料的深加工业规模。

九、规划的组织实施

有关部门和地方各级人民政府要统一思想，提高认识，高度重视粮食安全工作，加强指导协调，抓好组织实施，强化监督检查，确保新增粮食生产能力目标的实现。

（一）加强指导协调。有关部门要按照职责分工，密切合作，加强指导和协调，加大支持力度

发展改革委负责综合协调，会同有关部门审批各省（区、市）实施规划，落实规划内中央基本建设投资及年度资金安排，会同有关部门和地方组织规划实施；财政部负责落实支持粮食生产的各项资金；农业部负责指导粮食生产、技术服务以及相关项目建设，保持粮食播种面积稳定；水利部负责指导水利工程建设，合理调配水资源，保障粮食生产用水需要；国土资源部负责耕地保护和管理，完成土地整理复垦任务；科技部负责粮食生产科技投入，加快科技进步和创新；人民银行、银监会负责粮食生产金融支持政策的制定和落实；环境保护部负责协调农业生态环境监测和保护工作。有关部门要按照本规划要求，将现有资金向粮食核心区和非主产区产粮大县倾斜。发展改革委要牵头建立部门会商机制，做好部门间项目安排的衔接工作。

（二）认真组织实施。承担规划建设任务的省（区、市）要切实加强组织领导，把责任落实到有关部门，也可成立由政府主管领导负责，发展改革、财政、水利、农业、国土、科技等有关部门参加的规划实施领导小组，协调规划组织实施的具体工作

要根据本规划确定的任务，制定本地区的实施规划，建立目标责任制，将增产任务分

解落实到县，明确县级政府的主体责任和相关政策措施。粮食生产核心区和非主产区产粮大县要编制实施方案，将具体增产目标和任务落实到乡镇。其他省（区、市）也要继续强化粮食安全责任，抓好粮食生产，确保区域内粮田面积不减少、粮食自给水平不下降。对点多、面广、单项补助资金少的项目，要按照权责一致的原则，充分发挥地方政府的积极性，在明确任务、标准和安排要求的基础上，由地方政府负责落实具体项目并承担相应建设责任。对农田水利等农民直接受益的项目，地方政府要积极引导农民投工投劳参与建设。

（三）加强监督检查。要将规划任务完成情况和建设效果，作为安排相关投资和政策支持，以及评价地方政府部门政绩的重要依据

发展改革委要会同有关部门适时对有关省（区、市）尤其是承担重点建设任务的省（区、市）进行督促检查，有关部门也要按照职责分工加强跟踪检查，督促地方政府做好规划实施工作。每年年底，有关部门和各有关省（区、市）要对规划实施情况进行总结，并将总结报告报送发展改革委，由发展改革委统一汇总后上报国务院。开展规划实施的阶段性评估和环境影响跟踪评价，发展改革委要会同有关部门每隔4年对各省（区、市）规划实施情况作一次评估，根据评估结果及时调整完善规划。地方各级政府部门也要按照规划的要求，切实负起责任，加强对本行政区域内各项建设任务的组织实施与监督管理，确保规划任务的顺利完成。

（资料来源：发展改革委网站，2009 - 11 - 03，http：//www.gov.cn）

粮食行业"十二五"发展规划纲要

国家发展和改革委员会　国家粮食局

（二〇一一年十二月二十八日）

第一章　指导思想、基本原则和主要目标

第一节　面临的形势

"十一五"时期，在党中央、国务院的坚强领导下，我们努力克服全球金融危机的冲击和影响，有效应对国际粮食市场价格剧烈波动的复杂局面，通过不断深化粮食流通体制改革，粮食行业实现了持续稳定发展，基本建立了适应社会主义市场经济发展要求和符合我国国情的粮食流通体制，为保障国家粮食安全和国民经济平稳较快发展做出了重要贡献。

五年来，粮食宏观调控能力进一步增强，粮食市场监测、应急体系不断完善，保供稳价措施有效实施，国内粮食市场基本稳定；粮食仓储设施和物流体系建设加快发展，粮油仓储管理规范化持续推进，粮油加工业不断壮大；以市场化为取向的粮食流通体制改革不断深化，统一开放、竞争有序的粮食市场体系基本形成；粮食科技创新能力明显提高，整体水平迈上新台阶；国有粮食购销企业继续发挥主渠道作用，结构和布局进一步优化，经营管理水平和竞争力显著提高；粮食法规标准体系、监督检查体系和检验监测体系逐步健全和完善，依法管粮有力推进。面向未来，我们已经站在一个新的历史起点上。

"十二五"时期是全面建设小康社会的关键时期，是加快现代粮食流通产业发展的重要战略机遇期，也是全面加强国家粮食安全工作、构建完善的国家粮食安全保障体系的攻坚时期。

新形势下我们面临着难得的发展机遇。一是居民生活水平不断提高，消费结构升级加快，人们更加注重安全、优质、营养、健康的粮油食品，从而为粮食流通产业发展创造了巨大的需求空间。二是国家强农惠农政策不断加强，农民种粮积极性进一步提高，粮食稳

定发展的长效机制逐步完善，为保障国家粮食安全奠定了坚实基础。三是国家调整经济结构和转变经济发展方式的力度进一步加大，为粮食流通产业结构调整、优化升级提供了重要契机。四是现代科学技术日新月异，战略性新兴产业加快培育，推动传统粮食仓储、物流和加工的技术升级，为粮食流通产业发展提供了有力支撑。五是国家交通运输网络的快速发展和现代物流体系的建立，为降低粮食流通成本、提高粮食流通效率创造了有利条件。六是经济体制改革深入推进，粮食流通体制机制不断完善，为发展现代粮食流通产业提供了制度保障。

同时保障国家粮食安全也面临着严峻挑战。一是保障粮食供求平衡的难度加大。受资源环境约束、种粮成本增加、粮食生产比较效益较低以及人口增长、工业化、城镇化等影响，粮食供求将长期处于偏紧状态。二是粮食供求的区域布局和品种结构矛盾加剧。粮食主销区产销缺口逐年扩大，玉米消费增长较快，大豆及食用植物油对国际市场依赖性不断增加，对粮食供求平衡形成较大压力。三是国际粮食市场波动对国内粮食市场影响日益加剧。受气候变化、生物质能源快速发展和投机行为等因素影响，全球粮食供求偏紧和高价位波动趋势更加明显。四是粮食流通基础设施还有很多薄弱环节。仓储、物流体系不完善、分布不平衡，仓房维修改造资金不足，科技创新能力不强，流通基础设施和科技发展缺乏持续、稳定投入。五是粮食流通监管有待加强。监管制度不健全，监管体系不完善，监管手段和能力不足。六是粮食流通管理体制机制还不适应保障国家粮食安全的新要求。部分地区粮食行政管理机构、队伍、职能有待完善，地方各级政府的粮食安全分级责任制需要加强，粮食省长负责制也有待全面落实。

第二节　指导思想和基本原则

"十二五"时期粮食行业发展的指导思想是：高举中国特色社会主义伟大旗帜，以邓小平理论和"三个代表"重要思想为指导，深入贯彻落实科学发展观，适应国内外粮食流通形势新变化，不断满足城乡居民对粮食需求的新期待，以科学发展为主题，以加快转变经济发展方式为主线，推进产业结构调整，深化改革，创新体制机制，强化科技支撑，加强监督检查，加快发展现代粮食流通产业，提高粮食宏观调控能力，保持粮食供求基本平衡和价格基本稳定，保障国家粮食安全。

"十二五"时期，粮食行业发展要坚持以下原则：

——加强宏观调控。继续推进以市场化为取向的粮食流通体制改革，充分发挥市场配置资源的基础性作用，健全粮食市场调控机制。灵活运用多种手段，增强粮食宏观调控的科学性、预见性、针对性、有效性。

——促进协调发展。统筹兼顾，合理布局，突出重点，加快推进粮食产业结构、产品结构、区域结构调整。实现粮食收购、储存、调运、加工、销售各环节的有效衔接，促进粮食主产区、主销区和产销平衡区的协调发展。

——提高创新能力。应用信息、生物、新材料等高新技术的成果，改造传统粮食产业，推广低碳技术，发展绿色储粮和粮油加工，减少粮食损失，完善创新体系，支撑粮食行业发展方式的转变和推动粮食产业结构升级，走可持续发展之路。

——坚持以人为本。以提高人民生活质量和保证食品安全为出发点和落脚点，强化粮食质量安全监管，完善粮食标准与检验监测体系，保障城乡居民粮食质量安全。

第三节　主要目标

根据上述指导思想和基本原则，"十二五"时期粮食行业发展的总体目标是：供给稳定、储备充足、调控有力、运转高效的粮食安全保障体系进一步完善；粮食宏观调控能力、仓储物流能力和科技支撑能力明显提高；推进法制建设，全面实现依法管粮；基本形成布局合理、结构优化、竞争有序、监管有力、质量安全的现代粮食流通格局。

根据以上总体目标的要求，粮食行业发展实现以下具体目标：

——粮食安全基础进一步夯实。中央专项储备不低于既定规模数量，地方粮食储备规模保持在核定规模以上。适当提高稻谷库存比例，小麦和稻谷库存保持在合理水平。粮食应急保障体系更加完善，形成布局合理、运转高效的应急网络。

——粮食流通基础设施明显改善。粮食仓储设施满足粮食增产、保障供给的要求，基层粮库设施条件明显改善，使粮食主产区基本消除长期露天储粮，并建立维修改造长效机制。主要跨省流出通道能力显著增强，推进东北地区散粮火车"入关"，散粮流通比例明显提高。主产区农户储粮条件得到改善，全国种粮农户实现科学储粮的比例5%左右，项目实施地区的农户储粮损失率降低到2%以下。

——粮食市场体系进一步健全。粮食收购服务体系更加规范高效，满足居民日常粮食消费需求的零售供应网络更加健全，全国统一的粮食竞价交易系统更加完善。

——粮油加工业健康发展。产品结构明显改善，区域布局更加合理，自主创新能力明显增强。规模以上粮油加工企业总产值年均增长12%以上。粮油加工关键设备自主化率提高到60%以上。

——国有粮食企业改革进一步深化。企业产权制度更加明晰，经营机制更加灵活，组织结构更加合理，管理水平不断提升，经济效益稳步增长。

——粮食质量标准体系和检验监测体系更加健全。粮食质量标准体系更加完善，粮食质量安全检验监测能力明显增强。制定粮油新标准120项，修订粮油标准300项。

——粮食流通法规体系进一步完善。推进《粮食法》尽快出台，完成《粮食流通管理条例》和《中央储备粮管理条例》的修订。研究制定相关配套制度办法，粮食法制体系建设更加健全。

围绕上述目标，"十二五"时期粮食行业的主要任务是：深化一项改革，健全六大体系，重点建设六大工程。深化一项改革，即继续深化粮食流通体制改革；健全六大体系，即健全粮食宏观调控体系、粮食仓储物流体系、粮油加工体系、粮食市场体系、粮食科技创新体系、粮食监管和标准质量检验监测体系；重点建设六大工程，即粮食仓储设施工程、粮库仓房维修改造工程、粮食现代物流工程、农户科学储粮专项工程、粮油加工业升级工程、粮食质量安全监测体系工程等。

第二章 健全粮食宏观调控体系

进一步完善粮食宏观调控机制，促进粮食生产稳定发展和粮食供求基本平衡，保证粮食市场供应，保持粮食价格基本稳定。

第一节 完善粮食购销体制

构建政府调控和市场调节相结合的购销模式。逐步提高粮食最低收购价格水平，进一步完善最低收购价政策的具体操作办法，保证最低收购价政策的贯彻落实。研究完善主要粮食品种的临时收储政策，保护种粮农民利益。积极探索建立符合市场化要求、适合我国国情的新型粮食价格支持体系。

做好政策性粮食销售工作，根据宏观调控需要和市场价格趋势，适时安排政策性粮食竞价销售，把握好销售节奏和力度，保持粮食价格在合理水平上基本稳定。

完善粮食产销合作长效机制，进一步理顺粮食主产区和主销区的利益关系。逐步建立多形式、深层次、长期稳定的粮食产销合作关系，实现优势互补，促进粮食区域平衡。建立有利于产销合作发展的支持体系，重点保证长三角、珠三角、京津唐、成渝等地区的粮食供应。

第二节 健全储备调节体系

细化中央专项储备和调节储备的功能，建立健全中央储备粮存储、吞吐轮换和进出口有效结合的机制。完善地方粮食储备管理制度，探索销区地方储备粮轮换与产区粮食收购紧密衔接的模式。形成调控有力、运作规范、高效灵活的储备粮管理局面。

充实储备库存，增强宏观调控物质基础。中央专项储备和地方粮食储备达到合理规模，中央调节储备数量根据市场情况和调控需要灵活掌握。

完善储备布局和品种结构，调整优化中央储备粮地区布局，重点向主销区、西部缺粮地区和贫困地区倾斜，增强对大中城市粮食供应的保障能力，地方储备要和中央储备相互衔接补充。中央专项储备和地方储备按照优先保证口粮安全，兼顾其他用粮的原则，优化品种结构，总量上适当提高稻谷库存比例。修改完善中央储备粮轮换管理办法，及时下达中央储备粮轮换、收购、销售计划。积极支持地方加强调控能力建设。

第三节　加强监测预警系统

做好全社会粮食供需平衡调查工作，建立健全统计调查体系，准确反映国内粮食供需状况。完善粮食市场信息监测体系，实现对粮食市场的动态监测和分析。合理确定预警指标，扩大监测预警范围，力争全国粮食市场信息直报点增加到 500 个左右，提高粮食宏观调控预警能力。发展面向全社会的粮食市场信息服务体系，以多种方式提供市场信息服务，促进粮食流通和市场稳定，引导粮食生产和消费。

第四节　提升粮食应急能力

建立健全中央和地方各级应急体系，加强演练培训。按照有粮可用、有粮可调的要求，充分做好应急物质保障准备。促进粮油购销、调运、储存、加工、供应等各环节的相互衔接，形成布局合理的粮食应急网络。各地要按规定建立和充实成品粮油应急储备，确保随时投放市场，保证应急需要。全国省级粮食应急指定加工企业从 1700 个增加到 2000 个，供应企业从 4000 个增加到 5000 个。全国大中城市成品粮油应急储备规模应满足 15 天以上的社会消费需要。

第三章　完善粮食仓储设施

加快粮食流通基础设施建设，完善仓储设施布局，加大仓房维修改造力度，加快烘干设施建设。继续实施农户科学储粮专项，推广科学储粮技术，改善农户储粮条件，减少粮食产后损失。

第一节　加强仓储设施建设

优化粮食仓储设施布局，推广应用粮库信息管理系统，实现仓房设施标准化、技术装备现代化。新建粮食储备仓容 2000 万吨，增加仓储能力。针对收纳、中转、储备等不同粮食仓储需求合理选用仓型，推广先进实用的新技术、新材料和新装备。36 个大中城市建设一批成品粮低温储备设施，长三角、珠三角、京津唐、成渝等地区要优先满足成品粮储备应急保障需要。

第二节　推进仓房维修改造

全国维修改造仓容 1 亿吨以上。重点对仓房防潮防雨、保温隔热进行维修改造，配置必要的粮情检测、机械通风、环流熏蒸等储粮设施和装卸输送设备，配置检化验仪器，推广低温储粮、气调储粮等绿色储粮新技术。

第三节　完善烘干设施

新建和改造一批粮食烘干设施，淘汰技术落后的烘干能力，使全国烘干能力保持在1.1亿吨以上，其中东北地区9100万吨以上，南方地区2000万吨以上。在东北地区改进烘干工艺和控制技术，节能减排，降低烘干成本，减少环境污染，保证烘后品质。在南方地区推广经济适用的烘干设备。在农垦系统水稻产区推广低温烘干技术。

第四节　实施农户科学储粮专项

继续实施农户科学储粮专项，为800万农户配置标准化储粮装具，项目地区的农户储粮损失率降低到2%以下。在粮食主产区开展种粮大户新型储粮设施建设试点，重点建设一批示范性小型钢板简仓。

第四章　推进粮食现代物流发展

全面实施《粮食现代物流发展规划（2006～2015年)》，加快"北粮南运"主要物流通道建设，加强产销衔接和粮食物流资源整合，重点推进铁路散粮火车在东北区域及全国其他区域的运营，以及铁路与公路、水路的多式联运，实现跨省粮食主要物流通道的散储、散运、散装、散卸，优化和完善粮食物流供应链。

第一节　打通"北粮南运"主通道

重点建设东北地区一批大型粮食装车点，以及与其相衔接的华北、华东、中南、西南等地区一批大型粮食卸车点，并加强与公路集并的衔接，配套建设粮食中转仓储设施。完善东北地区粮食铁水联运物流系统，配套建设东南沿海港口和长江、珠江流域主要物流节点的粮食中转和接卸设施。开展东北地区糙米"入关"集装化（集装箱或集装袋）运输试点和成品粮储运技术示范。

第二节　完善黄淮海等主要通道

建设一批物流节点项目和中转仓储设施，完善黄淮海通道、长江流域通道和京津通道、华东通道、华南通道的中转和接卸发放设施，发展黄淮海地区的散粮汽车运输以及长江、珠江、大运河、淮河等流域的散粮船舶运输。提升西部地区粮食中转、发放设施能力。

第三节　建立粮食现代物流服务体系

加快建立社会化、专业化、信息化的粮食现代物流服务体系，积极发展第三方物流，优先整合和利用现有粮食物流资源。完善粮食供应链管理，建立全国粮食物流配送、交易和管理信息平台，实现粮食物流信息资源共享。支持粮食物流园区有序发展，加强糙米流通、散粮汽车和集装箱运输技术的开发研究，制订和完善相关建设和技术标准规范。

第五章　发展现代粮油加工体系

坚持走中国特色新型工业化道路，发展结构优化、布局合理、安全营养、绿色环保的现代粮油加工体系。保持粮油加工业总产值年均增长12%以上，进一步优化产品结构，引导粮油加工业集聚发展，形成一批具有较强竞争力的加工基地或产业集群。加大淘汰落后产能和节能减排力度，明显提高副产物综合利用率。

第一节　调整产业结构

有效利用粮油资源，提升加工技术水平和产品科技含量。按照安全、优质、营养、健康等要求，加大系列化、多元化粮油产品开发力度，提高优、新、特产品的比重，强化质量安全，加强品牌建设。

鼓励和引导大型企业兼并重组，推动上下游联合协作，培育知名品牌，提高核心竞争力。支持中小型粮油加工企业强化质量诚信体系建设，提高产品质量，增强市场竞争力。强化卫生、环保、安全、能耗等指标的约束作用，加大淘汰落后产能力度，压缩和疏导过剩产能。

第二节　优化区域布局

按照区域主体功能定位，遵循产区为主、兼顾销区和适当考虑重要粮油物流节点的原则，实现粮油加工业基地化、规模化、标准化、集约化。

在长江中下游、东北等稻谷主产区，发展稻谷综合加工基地。在华北、华东、西北等小麦主产区，形成优质专用小麦粉、全麦粉和副产物综合利用加工基地。积极开发玉米食品，严格控制玉米深加工企业的产能扩张和用粮增长。在东北、华北、中西部等杂粮及薯类主产区，建立一批加工基地，提高加工规模和技术水平，加快发展杂粮传统食品和方便食品。在江苏、湖北、湖南、河南等地形成一批粮油加工成套装备制造基地。

充分发挥东北非转基因大豆优势，提升当地大豆油加工产业带建设水平，引导整合资源，提高生产效率；在长江中下游和西部油菜籽主产区，黄淮海花生主产区，黄河、长江流域和西部棉籽主产区，西部葵花籽主产区，结合淘汰落后产能，发展一批菜籽油、花生油、棉籽油、葵花籽油大型加工企业，鼓励建设一线多能、多油料品种加工项目；依托稻谷、玉米主产区大型粮油加工企业、加工园区和产业集聚区，大力发展米糠油、玉米油等特色油脂加工；在长江中游及淮河以南地区，大力发展油茶籽油等木本植物油加工，增强食用植物油供给能力。严格控制大豆压榨及浸出项目，合理控制沿长江地区菜籽油加工产能规模，推进企业兼并重组，促进资源向优势企业集聚。

第三节 加快升级改造

加快利用新技术、新材料、新工艺、新装备改造粮油加工企业，提升粮油加工业整体技术水平，实施粮油加工园区建设、技术改造、食品安全检测能力建设、主食品工业化示范、应急加工供应等工程。

依托现有资源，整合、新建或改扩建一批科技含量高、综合利用全、带动能力强的粮油加工园区。加大粮油加工企业技术改造力度，加快产品升级换代和关键设备自主化，提高节能降耗水平。加强企业食品安全检测能力建设，健全并严格落实食品安全责任制度，建立质量可追溯体系。完善加工标准体系，大力倡导适度加工和健康消费，合理控制大米、小麦粉、食用植物油等产品加工精度。加快传统主食品工业化步伐。加大对大中城市及重点地区粮油应急加工、供应等设施建设和改造力度。

第六章 健全粮食市场体系

加快粮食市场体系建设，形成以粮食收购市场和零售市场为基础、批发市场为骨干、粮食期货交易稳步发展，统一开放、竞争有序的现代粮食市场体系。

第一节 规范收购市场

充分发挥国有粮食企业在粮食收购中的主渠道作用，鼓励各类具有资质的市场主体从事粮食收购活动，搞活粮食流通，构建规范高效的粮食收购服务体系。严格执行收购市场准入制度，规范各类主体的粮食收购行为，维护良好的粮食收购市场秩序。

第二节 完善零售市场

大力发展超市、便民连锁店为主要形式的城乡粮油供应网点，发挥集贸市场在粮食供应中的作用，建立满足居民日常粮食消费需求的零售供应网络。大中城市要确定一批用得上、实力强、效率高的粮食应急供应网点，确保粮食应急供应。鼓励和支持粮食连锁经营、电子商务等现代流通方式向农村延伸，创新经营理念，提高零售网络的服务水平和效率。规范粮食零售市场管理，健全粮食零售经营者诚信档案制度。以深入开展"放心粮油"进农村、进社区活动为重点，进一步扩大"放心粮油"覆盖范围。

第三节　健全批发市场

根据粮食宏观调控的需要，继续选择部分大型区域性粮食批发市场，组建国家粮食交易中心。以国家粮食交易中心为依托，加快健全全国统一粮食竞价交易系统，扩大交易系统的市场联网范围，完善统一交易规则。积极推进中央储备粮及其他政策性粮油进入国家粮食交易中心交易。抓紧制定《粮食批发市场管理办法》。

引导粮食批发市场积极组织开展跨区域的大宗粮食品种的交易，充分发挥其在粮食产销衔接中的作用。加快大中城市成品粮批发市场建设，着力推进特大城市的成品粮批发市场建设。在全国重点指导和扶持一批大中型成品粮批发市场。

全面提升粮食批发市场功能，提高服务水平，加快粮食批发市场基础设施改造升级，重点加强批发市场的信息系统和质量检验检测系统建设。健全市场管理制度，提高粮食批发市场管理水平和从业人员素质。鼓励具备资质的多种所有制粮食市场主体从事粮食市场经营活动。

2004 年国务院决定全面放开粮食收购市场后，为保护农民利益和种粮积极性，健全粮食市场体系，提高粮食流通效率，根据粮食省长负责制的要求，由省级人民政府申请，国家粮食局已陆续批准了 23 个省区市在粮食批发市场的基础上组建国家粮食交易中心，并联网形成全国统一的政策性粮食竞价交易平台，承担国家政策性粮食竞价交易任务。"十一五"期间，全国统一的竞价交易平台共交易了各类政策性粮食 2.4 亿吨、食用植物油 70.2 万吨。通过国家粮食交易中心公开交易国家政策性粮食，充分发挥了市场竞争机制，节约了粮食流通成本，提高了粮食宏观调控效率，对保证粮食市场供应、稳定粮食市场价格起到了重要作用。"十二五"时期，国家粮食局将根据省级人民政府申请，继续做好国家粮食交易中心的组建工作，更好地发挥政策性粮食竞价交易平台在宏观调控中的作用。

第四节　稳步发展粮食期货交易

逐步增加粮食期货交易品种，引导粮食企业和农民专业合作组织利用期货市场规避风险。增强现货市场与期货市场的联动性，加强对粮食期货交易的监督管理，规范粮食期货交易行为。

第七章　完善粮食标准与质量检验监测体系

完善粮油标准体系，加大标准化工作实施力度。建成以国家和地方粮食检验监测机构为骨干，以粮食企业为基础，覆盖各省（自治区、直辖市）、各地级市、粮食主产县、粮食购销企业、大型粮食加工企业的粮食检验监测体系。配备仪器设备，改善基础设施，提升粮食质量安全检验监测整体水平和粮食企业质量管理水平，促进粮食企业承担粮食质量安全主体责任，消除监测盲区，保障粮食质量安全。

第一节　健全粮油标准体系

加强粮油标准体系建设，进一步健全粮食收购标准、粮油产品标准、粮食储藏标准和粮油加工标准等。研究制定小麦、稻谷、玉米、大豆等产品质量、检验方法和技术规范新标准120项，对现有300项粮油标准进行复审修订。

第二节　提高检验能力

加强粮食检验监测体系建设，以粮食质量安全检验为重点，增强综合检验能力、仲裁检验能力、快速应对粮食质量安全突发事件的检验能力。通过国家和地方的共同努力，配置相应的粮食检验仪器设备、改善基础设施，着力提升国家粮食质量监测机构的粮食卫生指标检验水平和先进快速检验技术的研究应用水平、地方粮食检验监测机构的常规指标和主要卫生指标的检验水平、粮食企业的检验技术水平。

第三节　强化质量安全监测

建立国家和地方粮食质量安全例行监测制度，定期开展粮食质量安全监测、收获粮食质量调查和品质测报、粮食出入库检验及政策性粮食质量安全抽查检验。加强粮食质量安全追溯体系建设，建立污染区域粮食收购、储存、销售质量安全管理机制和追溯制度。建立粮食质量安全监测预警网络，确保收购环节粮食质量安全。

第八章　加快国有粮食企业改革和发展

以建立现代企业制度为方向，以发挥主渠道作用为重点，进一步推进国有粮食企业战略性重组，健全国有资本有进有退、合理流动机制，加快转变发展方式，切实提高企业市场竞争力和影响力。

第一节　推进现代企业制度建设

进一步理顺和规范政府调控与企业经营的关系，完善粮食政策性业务由政府委托企业代理的市场化运作机制。加强粮食企业国有资产监管，理顺粮食基础设施的产权关系。完善企业法人治理结构，提高企业经营管理水平。充分利用资本市场，推进大型粮食企业兼并重组。

第二节　优化企业布局和结构

逐步培育以大型国有粮食企业为骨干、基层国有粮食企业为基础，优势互补的粮食市场主体，不断提高市场竞争力。积极培育 50 个左右国有或国有控股的地方大型粮食企业，增强区域粮食市场调控能力。

完善粮食购销网络和产业链条，以粮食主产县（市、区）为单位，以县级粮库为基础，每县保留、组建和培育 1~2 个国有或国有控股的粮食企业，以及必要的收购网点，作为国家掌握粮源、搞活购销的重要基础。加快国有粮食企业发展方式转变，形成以粮食产业化企业为龙头、农民专业合作组织为纽带、粮食生产基地为依托的粮食产业化经营服务体系。重点扶持 150 个以上粮食产业化龙头企业。

第九章　增强粮食科技创新能力

加大储藏、物流、加工、检测等关键技术和装备的研发力度，增强粮食科技创新能力。以高新技术为着力点，以节能环保技术为切入点，改造和提升传统产业，提高现代化水平。粮食行业国家科研经费投入明显增加。

第一节　提高研发能力

发展基于物联网技术的现代粮食流通体系，在重点区域开展粮食物流信息采集、追溯技术、公共物流信息平台的应用示范，实现粮食物流的信息资源共享。加大信息化手段在粮食宏观调控中的应用，利用专用传感器等技术，逐步实现对粮食库存信息的智能化监控。

在粮食收购品质检测、储粮环境控制、库存品质监管、有害物质防控等方面，加大信息、生物等高新技术研发。开展生态环境温湿度与粮食品质关系研究，实现对粮食霉菌、害虫等的实时监测。

第二节　改造传统产业

加快节能减排技术应用，研发储藏、干燥等方面的绿色、节能、降耗新技术。推动生物技术应用，研究绿色储粮技术体系。利用现代生物技术，开发替代化学物的高效菌株、酶制剂。研制粮油食品卫生安全快速检测技术和仪器。

推动先进制造技术应用，开发装备智能控制和在线监测技术。开展绿色储粮、仓储信息化技术和装备的集成示范。开发全自动散粮成套接卸输送装备。采用新材料、新工艺，提高粮食加工装备设计和制造水平。

第三节　加强应用基础研究

开展粮食流通环节的生物技术与粮食质量安全基础性、公益性研究。加强生态储粮等关键技术和粮食品质特性及化学机理、物理特性与生态环境关系的规律研究，建立粮食品质特性基础数据库。制订粮食信息安全等新技术标准。

第四节　建设创新体系

强化国家、省、企业三级创新能力。发挥科研院所、大学、企业优势和技术特长，坚持产学研相结合，构建以企业为主体、市场为导向的技术创新体系。完善应用开发和成果转化及产业化的技术推广体系。充分利用现有资源，建设完善国家粮食科技创新平台，加强基础研究，积极培育新兴产业。加强粮食科技人才队伍建设，完善机制，引进高层次人才，培养复合型人才。发挥地方粮食科研院所在区域粮食产业发展中的支撑作用。

第十章　加强监督检查

建立机构健全、权责明确、行为规范、监督有效、覆盖全面的粮食流通监督检查行政执法体系，巩固监督检查各项制度，使定期检查、专项检查、重点抽查和专案调查等方式得到有效落实，实现政策性粮食检查、粮油库存检查、社会粮食流通检查的常态化、制度化。

第一节　推进体系建设

强化监督检查工作体系，切实做到地方各级粮食行政管理部门监督检查机构、职能、人员、经费"四落实"，全面落实监督检查人员持证上岗制度。加强监督检查队伍建设，重点加强省级以下粮食监督检查行政执法队伍建设，提升执法队伍专业水平，提高依法行政的能力和水平。

健全粮食监督检查法规制度，完善监督检查行政执法程序和工作纪律，建立和完善层级监督制度，加强对地方粮食行政管理部门监督检查工作的指导，落实粮食流通监督检查行政执法责任制。进一步完善政策性粮油监管体系，加强政策性粮油的监督检查力量，对中央储备等政策性粮油的数量、质量和储存安全实施监管。推进粮食流通企业信用体系建设，规范企业经营行为。

建立粮食流通监督检查信息管理系统，包括检查对象基本情况、各级粮食监督检查机构与队伍情况，以及执法信息等内容，统一开发软件，建立信息平台，实现资源共享。配备必要的调查取证器材、车辆和设备等，保证执法需要。

第二节　加强库存检查

完善粮油库存检查办法，优化库存检查组织方式，强化检查工作制衡与约束机制。将例行检查、专项检查、不定期检查等方式进行有效结合，加强对不同性质企业和粮油库存的分类监管，增强监管工作的时效性和针对性。

第三节　强化市场监管

加强对粮食最低收购价、国家临时收储等政策执行情况的监督检查，强化对收购、竞价销售、出库、移库的监督检查。做好退耕还林、水库移民、应急供应、救灾等政策性粮食供应的监督检查，确保政策性粮食供应及时到位。

加强对粮食经营者从事粮食收购、储存、运输、销售等经营活动的监督检查，加强对收购资格、最低最高库存规定、粮食流通统计制度执行情况的监督检查。

实施粮食流通监督检查工作量化考核制度，加强对行政执法工作的层级监督，切实做到公正执法、文明执法。开展监督检查行政执法示范单位创建活动，规范和提升监督检查行政执法的行为和水平。

第十一章　保障措施

第一节　完善政策支持

改善和健全粮食调控机制，引导市场粮价保持在合理水平。完善粮食奖补政策，积极探索与粮食储备订单收购挂钩的补贴办法。健全完善粮食主产区的利益补偿机制，支持主产区发展粮食生产。

加强与铁路、交通等部门的协作，创新粮食物流机制，整合现有粮食物流资源，推进仓储、码头设施社会化和运输服务市场化。建立支持农户科学储粮的长效机制，争取将农户储粮装具及简易仪器设备等纳入农机具补贴范围。

积极发挥农业政策性银行对粮食收购的保障作用，完善粮食收购资金信贷管理办法，支持国有粮食企业开展粮食购销业务，掌握粮源。积极利用企业上市、发行债券和商业银行贷款等多种形式，拓宽企业融资渠道。

落实和完善国有粮食购销企业、粮油加工企业和产业化龙头企业的有关税收政策。研究出台相关政策措施，支持重点粮食产业化龙头企业发展。

争取政策支持，对国有粮食企业产业（物流）园区建设用地优先安排；国有粮食企业产权制度改革中依法取得的资产转让收入和按规定处理企业使用的划拨土地收入，优先留给企业用于缴纳社会保险费和安置职工；加强对国有粮食企业资产管理，对依法出售自有公房、建筑物的收入，优先用于国有粮食企业改革和发展。

第二节　加大投入力度

中央和地方各级政府要加大对符合条件的重要粮食仓储、物流、应急保障等流通基础设施、市场体系建设、加工业升级改造、科技创新、技术引进、质量安全检验监测体系建设等的投入，积极引导多渠道社会资金投向粮食流通领域，并建立稳定的长效机制，明显提升现代粮食流通产业科学发展能力。对粮食净流出省（自治区）和新疆、西藏以及青海、四川、云南、甘肃四省藏区等中央明确给予政策支持地区的粮食流通基础设施建设给予适当倾斜。

第三节　深化改革创新

深化国有粮食购销企业的改革，加快产权制度改革步伐，建立现代企业制度，发挥国有粮食企业主渠道作用。制定和完善促进国有粮食购销企业改革和发展的政策措施，采取多种形式，做好企业经营性挂账的消化处理工作。多渠道筹措资金，解决国有粮食企业富余职工分流安置的资金缺口。理顺国债、世行贷款和地方政府等投资粮食流通基础设施的产权关系。

完善地方各级粮食行政管理体系，落实粮食行政管理部门依法管理全社会粮食流通的职责，重点做好粮食行业管理和指导市场准入、行政执法和监督检查、监测预警和应急供应、流通统计、新技术推广等工作。实行政企分开，切实转变粮食行政管理部门职能，落实基层粮食行政管理部门人员编制和工作经费。

第四节　严格市场准入

进一步完善粮食收购市场准入和退出制度，规范市场秩序。落实《产业结构调整指导目录》，强化安全、出品率、能耗、质量、环保、土地等指标的约束作用，制定和完善粮油加工行业准入条件和落后产能界定标准，鼓励发展低消耗、低污染的先进产能。按照

《外商投资产业指导目录》，完善粮食收购、储存、物流、加工等领域的外商投资管理和并购安全审查机制，保障国家粮食安全。

第五节　强化科技支撑

强化粮食科技对现代粮食购销、仓储、物流、加工产业跨越发展的支撑作用，推进建立稳定的粮食行业科技创新资金支持机制，加强粮食科技国际合作交流，加快科技成果的转化和推广普及。实施知识产权质押等鼓励创新的金融政策，加强知识产权的创造、运用、保护和管理，完善科技成果评价奖励制度，加强科研诚信建设。

大力加强粮食行业行政管理人才、企业经营管理人才、专业技术人才、高技能人才队伍建设，创新人才培养开发机制，加大力度引进高层次人才。大力推进粮食从业人员职业教育，加强粮食行业职业技能培训和鉴定工作，培养造就一支数量充足、结构优化、素质优良、富有竞争优势的行业人才队伍。

第六节　引导爱粮节粮

按照建设资源节约型社会的要求，强化从收获、收购、储存、运输、加工和消费全过程的节粮措施，减少粮食浪费和损耗，提高粮食综合利用率，抑制不合理的粮食需求，保障国家粮食安全。广泛开展爱粮节粮等主题宣传活动，加强粮油食品营养健康知识的宣传、普及，增强公众爱粮节粮和健康消费意识，大力倡导适度加工和科学用粮，引导合理膳食，促进健康消费。

第七节　强化粮食安全责任

建立健全中央和地方保障粮食安全分级责任制，在国家宏观调控下，全面落实粮食省长负责制。强化地方保障区域粮食市场供应和稳定价格的责任，落实地方粮食储备规模，完善应急预案，健全应急机制，加强粮食应急加工、供应体系和网络建设，提高应急保障能力。加强粮食市场监管和监督检查，保证粮食质量安全，维护正常的粮食流通秩序。

第八节　加强规划实施组织领导

加强规划实施的组织领导和统筹协调，强化部门分工协作机制，发挥规划对粮食行业发展的指导性作用。国家发展改革委负责规划实施的综合协调，国家粮食局具体负责规划的组织实施，精心部署，认真贯彻落实中央各项政策，扎实推进各项规划工作，并根据需要编制一批专项规划，细化落实本规划提出的主要任务。

各省级粮食行政管理部门要在省级人民政府统一领导下，主动加强与省级发展改革等部门的沟通协调，提高认识，密切配合，切实落实责任，根据本规划总体要求和本地实际，编制本地区的粮食行业发展规划，明确发展目标，细化落实具体任务，制定促进本地区粮食行业发展政策措施，形成强有力的协作机制，抓好本规划贯彻落实，确保本规划目标任务的顺利完成。

（资料来源：国家粮食局网站，http：//www.chinagrain.gov.cn/sewgh/20111228.html）

粮食加工业发展规划（2011～2020 年）

工业和信息化部、农业部

（二〇一二年四月十二日）

粮食加工业是粮食产业和食品工业的重要组成部分，是连接粮食生产、流通与消费的重要环节，在保障国家粮食安全、推进全面建设小康社会和构建和谐社会中具有重要战略地位。大力发展粮食加工业，对加快新农村建设，发展现代农业、现代粮食流通和食品工业，不断改善城乡居民生活、加快形成城乡经济社会一体化新格局具有重要意义。

为完善现代粮食加工体系，提高产业整体发展水平，促进粮食加工业健康发展，根据《国家粮食安全中长期规划纲要（2008～2020 年）》（简称《纲要》）要求，特编制《粮食加工业发展规划（2011～2020 年）》。

规划所指粮食加工业包括稻谷加工业、小麦加工业、玉米加工业、薯类加工业、大豆食品加工业、杂粮加工业、传统主食品加工业、饲料加工业以及粮机装备制造业。

一、发展现状及面临形势

"十一五"时期，我国粮食加工业持续快速发展，产业规模和企业实力明显提高，市场供给能力不断增强，产品质量和安全水平不断改善，产品结构和花色品种基本满足了消费需求。2010 年规模以上粮食加工企业 1.83 万个，工业总产值 2.6 万亿元（占食品工业总产值近 40%），销售收入 2.3 万亿元，利税总额 2895.9 亿元，年末从业人员 300 万人，分别比 2005 年增长了 70%、264%、232%、290% 和 60%。

（一）发展现状

1. 产品产量持续增长，品种结构得到优化，粮食加工主要产品产量持续增加，有效保障了国内消费需求，为应对国际金融危机做出了积极贡献。2010 年，规模以上加工企业的大米、小麦粉、玉米淀粉、饲料产量分别比 2005 年增长了 150%、116%、48%、38%，年均增长分别为 20.1%、16.6%、8.2%、6.7%。产品结构进一步优化，专用粉、专用米产量不断增加。优质米和一级大米产量 5838 万吨，占大米总产量的 80%；小麦特制一等粉、特制二等粉和专用粉产量 5968 万吨，占小麦粉总产量的 79%；配合饲料产量 1.3 亿吨，占饲料总量的 80%。

2. 产业布局渐趋合理，加工主体多元化格局呈现产业布局向主产区集中。2010 年，东北 3 省（辽宁、吉林、黑龙江）和长江中下游 6 省（江苏、安徽、江西、湖北、湖南和四川）大米加工产能和实际产量分别占全国的 82% 和 80%；黄淮海 6 省（山东、河南、河北、江苏、安徽、湖北）小麦粉产能和实际产量分别占全国的 76% 和 83%；辽宁、吉林、黑龙江、内蒙古、山东、河北、河南、安徽 8 个省区的玉米加工产能和实际产量分别占全国的 89.7% 和 88%。2010 年，东部、中部、西部地区配合饲料产量分别占全国的52%、30% 和 18%。

民营企业占主导地位的加工主体多元化格局呈现。2010 年，民营企业、外商及港澳台商企业、国有及国有控股企业实现销售收入分别占总量的 66%、25% 和 9%；大米产量分别占总量的 87%、1% 和 12%，小麦粉产量分别占总量的 87%、5% 和 8%，玉米加工产量分别占总量的 66%、26% 和 8%。

3. 加工规模不断扩大，龙头企业加快发展

2010 年，日处理稻谷 200 吨以上的大米企业达 1129 家，是 2005 年的 3.9 倍；日处理小麦 400 吨以上的小麦粉加工企业达 427 家，是 2005 年的 3.1 倍；年产 10 万吨以上的饲料企业达 504 家，是 2005 年的 2.6 倍。大型粮食加工企业实力不断壮大，玉米加工业前10 强企业销售收入占全行业的 38%，饲料加工业前 10 强企业（集团）销售收入占全行业的 21%，其中，最大的饲料生产企业年产量超过 1000 万吨，进入世界饲料行业十强。

4. 食品安全管理加强，产品质量明显提升

产品质量标准体系不断完善，截止到"十一五"末，制修订粮食加工标准 400 余项，2003 年以前的标准全部得到更新。全面实行食品质量安全（QS）生产许可证制度，大型企业基本通过了质量管理体系（ISO9000）、危害分析与关键控制点（HACCP）认证。食品和饲料安全检验检测体系框架基本形成，建立了 905 家中央和地方各级粮食质量检验机构、200 家国家粮食质量监测站（中心）、30 家省部级饲料质量检验检测中心。全面开展食品、饲料质量安全专项整治，加大产品质量监督抽查力度。产品质量明显提高，涌现出一批具有较高市场占有率和一定竞争力的名牌产品。

5. 关键技术取得突破，装备水平明显提高

一批重大关键技术与设备开发取得明显成效，攻克了一批稻谷、小麦、玉米、大豆等深加工关键技术，稻壳、米糠、玉米胚和小麦胚等副产物综合利用技术取得新突破。大型粮食加工成套设备制造技术提升较快，日处理稻谷 150 吨、小麦 1000 吨和年处理玉米 30万吨、饲料 20 万吨等成套设备与工艺达到国际先进水平。

（二）主要问题

1. 产业结构不够合理，发展方式仍较粗放

粮食加工业总体上仍处于依赖资源投入的数量扩张阶段，整体发展水平不高，粮食加工企业规模偏小，生产经营方式粗放，市场竞争能力不强。日处理能力在 100 吨以下的稻

谷加工企业占 65.2%，200 吨以下的小麦加工企业占 90.4%。布局分散，区域发展不平衡，初加工产能相对过剩，稻谷、小麦加工行业产能利用率只有 43% 和 60% 左右。产品仍以初加工为主，专用型、功能性产品偏少，综合效益低，2010 年糙米、留胚米、营养强化米产量仅占全国大米产量的 3%，专用小麦粉、全麦粉产量仅占总量的 11%；部分大米、小麦粉产品过度加工，造成粮食资源浪费和营养成分流失。

2. 质量保障体系不够完善，食品安全有待加强

粮食加工产品质量标准体系不健全，技术要求偏低，部分产品缺乏统一标准。食品质量安全检测能力薄弱，从原料到产品的质量追溯体系尚未建立。部分企业法制和诚信意识淡薄，违规使用食品添加剂、掺杂使假、以次充好的现象依然存在，食品安全事件时有发生，食品安全水平有待提高。

3. 科技研发基础薄弱，自主创新能力不足

粮食加工科技研发重视不够，投入不足。2010 年，粮食加工业科技投入仅占销售收入的 0.2% 左右，大大低于发达国家 2%~3% 的平均水平。基础研究薄弱，国家工程技术中心、工程实验室和企业研发中心等创新平台数量较少，自主创新能力不足。创新人才和经营管理人才不足，关键技术装备的开发大多处于仿制阶段，科技成果储备少、转化慢，产品技术含量低，高品质产品少，制约粮食加工产业升级。

4. 加工产业链条较短，综合利用水平偏低

稻壳、米糠、麸皮等粮食加工副产物综合利用率较低，产业链不完整，缺乏深度开发利用，产品附加值低。稻壳用于发电和直接填烧锅炉的比例仅 30% 左右；米糠用于制取食用植物油的比例不足 10%，杂粮、大豆等加工副产物的有效利用率低。

5. 政策支持力度不足，加工调控机制尚不完善

粮食加工业发展缺乏总体规划和统一指导，支持粮食加工业发展的政策力度不够，粮食加工调节粮食供求的市场化机制尚不完善。粮食加工业发展滞后于粮食生产，粮食加工引导生产、促进流通和消费、调节供求的功能未能得到充分发挥。局部区域粮食供求总量和品种结构矛盾凸显，粮食加工终端产品调控能力不强。粮食应急加工体系建设刚刚起步，应急加工、物流、供应等环节不够完善，难以满足自然灾害、突发事件对粮食应急供应的要求。

（三）面临形势

1. 发展机遇

（1）市场需求持续增长。随着人口增长、生活水平提高和城镇化进程加快，我国粮食消费需求在总量上将继续保持刚性增长的趋势。我国人均 GDP 已超过 4000 美元，对粮食的需求从温饱型向营养健康型转变，粮食消费进一步多样化，居民粮食消费趋向安全、优质、营养、方便；消费结构升级加快，粮食加工业发展空间较大。

（2）粮食供给稳步提高。随着国家实施《全国新增 1000 亿斤粮食生产能力建设规划

(2009～2020年)》，到2020年我国粮食综合生产能力将增加1000亿斤，总量达到11000亿斤以上。同时，各地积极发展现代农业，实现规模化种植，推进粮食生产核心区基地建设，粮食加工业的原料供给更加丰富，为粮食加工业更好地满足市场需求创造有利条件。

（3）科技支撑能力增强。随着信息、生物等高新技术在粮食加工领域的推广应用，粮食加工科技支撑能力逐渐增强。不仅可保证食品营养、安全、卫生、方便，降低生产成本，而且凸显节能降耗和环保优势，为发展现代粮食加工业提供强有力的科技支撑。

（4）宏观环境继续改善。随着国家加大强农惠农政策支持力度，粮食加工业日益受到国家和有关部门的高度重视。自2004年以来，历年中央一号文件均提出要加快发展包括粮食加工业在内的农产品加工业。2008年农产品初加工税收目录调整后，降低了粮食加工企业的税负。2009年《国务院关于进一步促进中小企业发展的若干意见》对粮食加工中小企业发展给予重点支持。粮食加工业发展的宏观环境逐渐改善。

2. 面临挑战

（1）非食用加工需求增长较快。受生物燃料过度开发、金融投机行为等因素影响，粮食加工转化的需求增长过快，使粮食供求矛盾加剧。同时，气候变化等因素加剧了粮食产量波动，原料稳定供给的不确定性增强。

（2）生产成本压力增大。随着劳动力、原材料、能源价格上涨，粮食加工企业的生产成本压力增大，利润空间进一步缩小。同时，国际金融、能源市场对粮食市场的影响越来越大，国内粮食价格波动更加频繁，增加了国内粮食加工企业的经营风险。

（3）市场竞争更加激烈。经济全球化促进了国外先进技术、资金和管理机制向国内粮食加工等领域转移，有利于推动我国粮食加工产业发展。同时，大型跨国粮食加工企业依靠资本、技术、管理以及国际化经营等方面的优势，逐步加快进入我国小麦、稻谷加工等领域，国内粮食加工领域竞争加剧，内资粮食加工企业面临生存危机的挑战。

（4）节能环保任务艰巨。部分粮食加工行业单位产品的能耗、水耗和污染物排放仍然较高，与国际先进水平以及加快建设资源节约型、环境友好型社会的要求相比，仍有较大差距，节能减排和环保治理任务艰巨。

二、指导思想、基本原则和发展目标

（一）指导思想

以邓小平理论和"三个代表"重要思想为指导，深入贯彻落实科学发展观，以科学发展为主题，以加快转变发展方式为主线，以调整结构为主攻方向，坚持走新型工业化道路。优化产业布局和结构，强化质量安全，加快淘汰落后产能，不断增强供给能力、科技创新能力和市场竞争能力，逐步完善现代粮食加工体系。

（二）基本原则

市场导向，政府引导。充分发挥市场优化资源配置的基础性作用，形成优胜劣汰的良性发展机制。加强政府规划指导，加大对粮食加工业科技创新、技术改造和公共服务平台的投入力度，合理引导和控制粮食的非食用加工转化。统筹兼顾，协调发展。妥善处理产能增加与质量提高、产业集中度提升与结构优化、原料供应与产能需求的关系，严格控制盲目投资和低水平重复建设，引导粮食加工业有序、健康和协调发展。安全卫生，营养健康。以"安全、优质、营养、健康"为宗旨。强化质量安全管理，提高准入门槛，倡导适度加工，合理控制加工精度，提高出品率。创新驱动，节能减排。不断提高企业自主创新能力，重点推进关键技术和装备自主化、产业化。加快技术改造，淘汰技术水平低、能耗高、污染重的落后工艺和设备，降低单位产品能耗、物耗，减少污染物排放。综合利用，绿色环保。遵循循环经济的理念，提高粮食资源综合加工及转化利用水平。推行低消耗、低排放、高效率的加工模式，加大环境保护力度，推广低碳技术，推进清洁生产。

（三）发展目标

到2020年，形成安全营养、优质高效、绿色生态、布局合理、结构优化、协调发展的现代粮食加工体系，产业发展水平明显提升，产品质量和食品安全水平不断提高，粮食加工供应和应急保障能力明显增强。其中，稻谷、小麦加工业接近或达到世界先进水平，饲料加工业由大到强的转变。

——产业规模稳步增长。到2015年，粮食加工业总产值达到3.9万亿元，2020年达到6.9万亿元（按2010年价格计算），年均增长12%，效益不断提高。形成一批销售收入100亿元以上的大型粮食加工企业集团，建成一批粮食加工产业园区，培育一批知名品牌。

——保障能力不断增强。满足粮食消费需求，确保2015年和2020年口粮供给不低于5150亿斤和5050亿斤，饲料用粮不低于4000亿斤和4550亿斤，严格控制玉米深加工占玉米消费总量的比例。健全粮食应急加工体系及高效供应网络，到2015年大中城市及重点地区的应急加工及供应覆盖面稳步提高，到2020年形成覆盖全国的粮食应急加工及供应体系。

——质量安全水平显著提升。粮食加工业标准体系日趋完善，到2020年制（修）订粮食加工业标准1000项以上。加工企业质量安全管理制度更加健全，企业普遍建立诚信管理体系。产品质量明显提高，到2015年和2020年大米、小麦粉总体合格率分别达98%和99.5%以上，饲料产品合格率分别达到93%和95%以上。

——技术装备水平显著提高。粮食加工技术和装备自主化研发和应用水平明显提升，到2015年和2020年，粮食加工业技术进步贡献率分别达到40%和45%，加工关键设备自主化率达到60%以上和80%；分别建成6个和10个国家工程实验室或工程技术研究中心，20个和30个行业公共技术创新服务平台。

——节能减排取得明显成效。粮食加工副产物综合利用率明显提高，到2020年，米糠综合利用率达到35%左右。粮食加工业单位产值能耗比2010年降低20%以上，单位工业增加值用水量降低30%，主要污染物排放符合国家相关标准，单位产值二氧化碳排放比2010年降低20%以上。

三、重点任务

（一）加强宏观调控，确保粮食有效供给

大力发展粮食食品加工业，积极发展饲料加工业。按照确保口粮、饲料粮供给，不与粮争地，不与人争粮的要求，从严控制玉米非食用深加工的盲目发展，严格控制以粮食为原料的生物质能源加工业发展，促进粮食食品加工、饲料加工和深加工协调发展。建立和完善粮食加工引导生产、满足消费、调节供求的长效机制，保障粮食供应，稳定粮食价格。建立高效便捷的现代成品粮供应体系，加强大中城市及重点地区供应渠道网点建设；结合"万村千乡工程"和"放心粮油示范工程"，积极开拓农村市场，在农村推广连锁经营和优质服务，保障城乡居民食用安全。

健全粮食应急加工和供应体系。在长三角、珠三角、环渤海、成渝等地区的特大城市、省会城市，以及其他重点地区，依托大型粮食加工企业、各级粮食储备库和现代粮食加工物流园区，加强小包装成品粮地方储备、加工企业商业储存相结合的粮食应急加工、供应和储运体系建设，确定一批大中型粮食加工企业作为应急加工指定企业，合理布局应急供应网点，加快建设粮食安全应急预警信息系统，确保调得出、用得上。

（二）推进结构调整，加快转变发展方式

加快企业组织结构调整。培育壮大龙头企业，合理引导企业兼并重组，适度提高产业集中度，发展拥有知名品牌和核心竞争力的大型企业，改造提升具有创新能力的中小型企业。形成以大型企业为龙头，区域性、专业型企业为支柱，中小型企业为基础，合理分工、协调发展的格局。推进粮食产业化经营，实现规模化种植、标准化生产、产业化经营，促进上下游产业的联合和一体化发展。

推进产品结构调整与升级。推行系列化、优质化、方便化粮食食品，着力发展专用米、专用粉、全麦粉等新型营养健康产品，加快推动方便食品、速冻食品及主食品工业现代化和产业化，积极发展市场潜力大、附加值高、科技含量高的方便食品、休闲食品。加快研发新产品，丰富花色品种，提高优、新、特产品的比例。

加快淘汰落后产能。充分发挥市场机制，强化卫生、环保、安全、能耗的约束作用，建立产业退出机制，逐步淘汰一批工艺落后、设备陈旧、卫生质量安全和环保不达标、能耗物耗高的落后产能。到2020年，分别淘汰稻谷加工落后产能3000万吨、小麦加工产能1500万吨，玉米淀粉加工产能300万吨，饲料加工落后产能1500万吨。

（三）加强自主创新，提升技术装备水平

推进关键技术创新与产业化。应用现代技术，加强粮食资源深度开发和副产物综合利用、主食品工业现代化、健康谷物食品加工与绿色储藏、饲料资源开发和现代饲料加工等关键共性技术研发，加快推动高新技术产业化示范，提升粮食加工业整体技术水平。

加强技术创新服务平台建设。建设粮食加工国家工程实验室和工程技术研究中心，搭建公共科技服务平台。以企业为主体构建产业技术创新战略联盟，加强产学研结合，提高自主创新能力。

（四）健全保障体系，提高食品安全水平

加强粮食加工质量标准体系建设。严格执行《食品安全法》，加快制修订符合国情的粮食加工产品标准，限制粮食过度加工。完善粮食食品质量安全检测体系，加强企业和检测机构产品安全监测能力建设。推进加工企业 HACCP、GB/T22000 和 GMP（良好操作规程）等质量管理体系，严格执行国家标准和技术规范。建立健全信息可得、成本可算、风险可控的"从农田到餐桌"全过程质量安全追溯体系，强化对农药残留、重金属、微生物等污染物指标检测，完善粮食加工质量安全监管体系。

加强诚信体系建设。建立粮食加工企业诚信管理体系、企业诚信信息征集和披露体系、企业诚信评价体系。提高企业质量诚信和质量安全责任意识，企业普遍建立诚信道德规范和依法生产经营的管理规章制度。

（五）促进集聚发展，提高综合利用节能减排水平，促进产业集聚

以粮食生产核心区为重点，依托大型加工龙头企业、重要粮食物流节点和粮食战略装（卸）车点，加强粮食综合加工、仓储、物流、质检、信息处理等设施建设，打造一批各具特色的现代粮食加工园区。引导加工企业向粮食加工园区集聚，促进上下游关联企业专业化协作配套，培育产业集群，推进集约化经营、规模化发展。

发展循环经济，提高副产物综合利用率。鼓励和引导企业采用先进工艺和设备，延长粮食加工产业链，提高成品粮出品率和米糠、碎米、稻壳、胚、麸皮等副产物综合利用水平，拓宽粮食加工转化增值空间，提高资源综合效益。

大力开发和推广节能节水节粮技术设备，加快淘汰粮食加工高能耗、高粮耗、污染环境的工艺装备，减少污染物排放。在发酵、酿酒等粮食深加工领域，重点推广低碳技术，推行清洁生产，加强废弃物回收利用，实现污染物达标排放和主要污染物的总量控制，促进形成资源节约、环境友好的现代粮食加工业。

建立健全安全生产责任制，认真开展安全生产标准化工作。积极推广清洁生产，烟尘、粉尘、废水污染物等排放须符合相关国家标准和地方法规。

四、产业布局和发展方向

坚持产区为主、兼顾销区，综合考虑区域主体功能定位、资源禀赋、发展潜力和市场空间等因素，优化粮食加工业布局，形成协调发展、优势互补、特色鲜明的新格局。

（一）稻谷加工业

在长江中下游、东北稻谷主产区和长三角、珠三角、京津唐等大米主销区以及重要物

流节点，大力发展稻谷加工产业园区，重组和建设一批年处理稻谷 20 万吨以上的大型龙头企业，培育若干个年处理稻谷 100 万吨以上的大型企业集团。

提高优质米、专用米、发芽糙米、留胚米、营养强化米等产品比重，大力发展米制主食品、方便食品、休闲食品等米制食品。积极发展稻壳生物质能源及建筑材料；充分利用米糠资源，开发米糠油、米糠蛋白、谷维素、糠蜡、肌醇、膳食纤维等产品；有效利用碎米资源，开发小品种氨基酸、新型酶制剂、多元醇等产品。引导建立农户自留口粮，科学合理加工和供应的新模式，推广新型高效加工设备，提高出米率，确保产品质量安全。

（二）小麦加工业

结合国家优质小麦生产基地建设和消费需求，在黄淮海、西北、长江中下游等地区建设强筋、中强筋、弱筋专用粉生产基地，重组和建设一批年处理小麦 30 万吨以上的加工产业园区，培育若干个年处理小麦 150 万吨以上的大型企业集团。

提高蒸煮、焙烤、速冻等面制食品专用粉、营养强化粉、全麦粉等产品所占比例，加快推进传统面制主食品工业化。鼓励有条件的企业利用麦胚生产麦胚油、胚芽食品，并根据市场需求利用麸皮生产膳食纤维、低聚糖等产品。适度控制出口导向型小麦谷朊粉生产。

（三）玉米加工业

国内玉米要优先满足饲料业发展需要。适度发展黑龙江、吉林、辽宁、内蒙古、河北、河南、山东、安徽等省区的玉米加工业，控制玉米非食用深加工产能和用粮规模过快增长，推进技术先进、产品销路好、经济效益高的玉米深加工企业的更新改造，未经核准不得新建或改扩建玉米非食用深加工项目，统筹区域原料供求平衡，东北地区玉米净输出量（含出口）保持在合理水平。

实施严格的环保标准，继续控制味精、柠檬酸、赖氨酸、苏氨酸、色氨酸、酒精等产品产能的扩张，加大兼并重组力度，加快淘汰落后产能。积极开发营养、健康、休闲、方便玉米食品，稳步增加淀粉糖、多元醇（糖醇）产品生产，推动替代进口的食品级和医药级氨基酸及其衍生物、高附加值酶制剂、有机酸、功能性淀粉糖等产品开发，提高玉米加工副产物综合利用水平。支持采用非粮原料替代玉米生产发酵产品。

（四）薯类加工业

在东北、华北、西北和西南地区，发展一批年处理鲜马铃薯 6 万吨以上的加工基地；在中、西部地区，发展一批年处理鲜甘薯 4 万吨以上的加工基地；在广西、广东和海南等省区，适度发展年处理鲜木薯 20 万 ~30 万吨的加工厂和变性木薯淀粉生产基地。

重点发展薯类淀粉和副产物的深加工及高技术含量、高附加值的变性淀粉系列产品。大力发展薯类系列食品、保鲜制品、半成品，鼓励发展薯条、薯片和以淀粉、全粉为原料的各种方便食品、膨化食品。积极发展木薯淀粉发酵生产氨基酸及燃料乙醇，提高薯渣等副产物综合利用水平。

（五）大豆食品加工业

加快推进传统豆制品工业化，促进豆制品生产标准化、规模化和优质化，形成具有特色的豆制品加工产业区。支持东北大豆产区建设大豆食品加工基地、黄淮海大豆产区发展大豆深加工；鼓励沿海地区加强对大豆加工副产品综合利用，建设一批优质饲用蛋白、精制磷脂等生产基地。

充分利用我国非转基因大豆资源优势，重点发展各种传统大豆制品和豆粉类、发酵类、膨化类、蛋白类等新兴大豆制品。扩大功能性大豆蛋白在肉制品、面制品等领域的应用。着力研发传统豆制品新产品、大豆蛋白的功能改性、大豆膳食纤维及多糖和新兴豆制品加工技术。

（六）杂粮加工业

在西北、西南地区建设以主食为主的荞麦加工基地和青稞加工基地。在西北等地区建设以燕麦片、燕麦米、燕麦主食面粉等为主的加工基地。在东北、华北和西北地区建设以速食快餐等为主的谷子和糜子、小米主食面粉、杂豆类主食面粉和红小豆、绿豆等杂豆加工基地。在东北和华北等地区建设高粱米和高粱主食面粉加工基地。

（七）主食品加工业

在北方地区大力推动面制主食品工业现代化，建设一批日产 30 吨以上优质面制主食品加工示范基地。在南方地区大力发展米制主食品工业现代化，建设一批日产 50 吨以上优质米制品主食品加工示范基地。

加快方便主食等新产品开发，向多品种、营养化、高品质方向发展，快速发展蒸煮食品、速冻食品，重点发展方便米饭、米粉（米线）、汤圆、粽子、米制食品以及馒头、面条、饺子、包子、油条、煎饼等面制食品的工业化生产。优化工艺和配方，明显提升产业化水平，提高优良品牌的市场占有率。加快推进大中城市主食品加工配送中心建设，增强食品安全检测、信息管理、冷链配送等功能。加强相关产品质量和标准体系建设，突破产品保鲜、品质评价、现代物流配送等关键技术，开发成套设备，提高工业化主食品质量和市场竞争力。

（八）饲料加工业

东部沿海地区和大城市郊区重点发展附加值高和创汇能力强的饲料加工业、饲料添加剂工业和饲料装备工业；东南沿海地区和大城市郊区重点发展高附加值的饲料加工业；西部地区加快发展以玉米为原料的饲料加工业，积极发展浓缩饲料和饲料添加剂工业。

在稳定发展浓缩饲料、精料补充料和饲料添加剂及添加剂预混合饲料的基础上，加快发展配合饲料，实现饲料品种系列化、结构多样化。大力开发和利用秸秆资源，缓解饲料用粮压力。积极开发新型饲料资源以及高效安全的饲料添加剂，加快饲料产品的更新换代。

（九）粮机装备制造业

鼓励采取产业集群的发展模式，在江苏、湖北、浙江、湖南等地重点发展稻谷加工成套装备制造；在江苏、河北、河南、陕西等地发展小麦加工、馒头、鲜湿面条、热风干燥方便面、焙烤食品、速冻食品等成套加工装备制造；在广东、广西、上海、湖北等地发展米粉（米线）、方便米饭加工机械装备制造。增强共性关键装备的自主创新和信息化的融合，提高装备制造业的综合竞争力。通过引进、消化、吸收国际先进技术与装备，实现关键装备的自主化。重点支持有一定基础、市场前景广阔、技术含量高、规模较大的关键设备自主化发展。

五、重点工程

结合《全国新增千亿斤粮食生产能力规划》，以市场需求为导向，充分利用现有设施，重点实施粮食加工园区建设、技术改造、粮食食品和饲料安全检测、主食品工业化、粮食应急加工与供应等五大工程，从而大幅提升我国粮食加工业总体发展水平，显著提高粮食加工食品质量安全水平，保障国家粮食安全。

（一）加工园区建设工程

依托粮食加工企业和重要粮食物流节点，围绕稻谷、小麦、玉米、大豆、薯类与杂粮等品种，以主产区、特大城市为核心，以粮食规模化加工、副产物综合利用与仓储物流、公铁水运输、贸易信息处理等设施建设为重点，推进实施百园工程，改扩建或新建、重组100个以上粮食加工园区、加工基地，实现生产的集约化、规模化、自动化，形成功能完善、布局合理、技术先进、资源节约、环境友好的集群化发展和产业链协调发展的新格局。

在粮食生产能力的核心区、特大城市郊区及主要粮食物流节点，整合和建设稻谷、小麦、大豆加工园区，大力发展循环经济，加强副产物综合利用，同时，通过资源整合，淘汰一批落后产能，提高园区的辐射能力和服务功能。在玉米主产区，按国家政策规定，严格控制玉米深加工产能扩张，积极发展玉米食品深加工，提高玉米产品的附加值和市场竞争力，推进玉米产业的协调发展。在中西部地区，充分利用当地资源，建设马铃薯、甘薯、木薯及杂粮（豆）加工基地（园区），提高加工规模水平，做大特色产业，带动当地经济发展。

（二）技术改造工程

鼓励现有粮食加工企业在生产能力、产品品种、资源利用技术及管理等方面进行整合，支持一批大中型粮食加工企业进行节能减排技术进步和改造升级，推进粮油加工企业工艺改进、技术装备升级、新产品开发、副产物综合利用、粮食加工装备自主化和高新技术产业化。通过技术进步和技术改造，推动重点粮食加工企业发展成为经济效益好、生产效率高、竞争力强、符合新型工业化要求的骨干企业。

关键技术开发和粮机装备自主化发展。推进粮食加工高效节能、全谷物健康食品开发、副产物综合利用转化增值、质量安全控制等重大关键技术的研发和成果转化，建立示范。重点选择一批具有一定基础、市场前景广阔、技术含量高、产业关联度高、能够填补国内空白的大型高效节能装备给予扶持，创建知名品牌，逐步扩大其国内外市场份额。主要包括，砻谷机、碾米机、抛光机、色选机等稻谷加工大型高效节能设备，小麦脱皮机、磨粉机、清粉机等成套制粉设备，日处理 300 吨以上稻谷、1000 吨以上小麦加工关键设备、日产 50 吨以上发芽糙米、留胚米、营养强化米等新型营养健康食品加工设备；主食品工业化成套设备，日产 5 吨以上优质馒头、50 吨挂面、米粉（米线）、方便米饭、鲜湿面条生产成套装备，大型双螺杆挤压食品加工设备，产品品质和安全快速检测仪器，规模化新型营养健康食品加工等成套装备以及新型膜分离设备，连续模拟移动床设备，节能高效蒸发浓缩设备，高效结晶设备，高速无菌罐装设备等关键共性设备的研发与制造自主化。重点开发饲料加工液体喷涂设备、高效除尘设备、超微粉碎设备以及饲料运输专用设备、饲料制粒调质设备等。

新型饲料开发利用。为保证国家食物安全，提升养殖业规模化、集约化水平，推动养殖业快速发展，重点开发新型饲料资源和新型饲料添加剂，推进粮食加工业副产物综合利用，推动青贮、微贮玉米和麦秸秆饲料化开发利用，提高配合饲料比例。

资源综合利用能力提升。采用先进适用技术装备改造生产线，促进产品升级换代，完善安全生产设施，提高成品粮出品率和资源利用率，降低能耗，提高生产效率。重点开发专用米、速煮糙米、专用粉、全麦粉、留胚米等新产品，加强米糠、稻壳、麸皮、玉米皮、玉米胚等副产物的综合利用，提高经济效益。搞好玉米、大豆深加工系列产品的开发，提升深加工产品层次和技术水平，加强污水、废气的综合治理以及副产物的综合利用。改进薯类加工工艺和设备，扩大生产规模，提高主要产品出品率，开发薯类新产品，搞好薯渣及废水的综合利用。

（三）粮食食品、饲料安全检测能力建设工程

支持年加工稻谷、小麦 10 万吨及以上、玉米 30 万吨及以上和饲料 10 万吨及以上的大中型企业产品质量安全监测能力建设；选择重点加工企业，配备原粮收购快速检测仪器、在线检测检验仪器、监控系统和溯源系统、饲料快速检测仪器；新建国家粮食加工食品安全卫生检测实验室，对现有食品安全检测中心实验室改造升级；健全并完善粮食食品加工、饲料加工标准体系。

（四）主食品工业化工程

推进主食品生产工业化、现代化、标准化，提高主食品安全水平。开发方便主食品，建设米、面制食品生产基地，产品向餐饮配餐、半生鲜食品及营养早餐延伸；建立和完善物流配送系统。组建食品工程研究中心或工程实验室，加大主食品的基础和应用研究，重点研究主食品抗老化与防霉保鲜技术、速冻食品生产技术、传统食品工业化生产专用设

备、特色杂粮食品方便化加工技术设备、智能化加工成套技术与设备等。

（五）粮食应急加工与供应能力提升工程

加强大中城市及重点地区粮食应急加工及供应、储运等设施建设，以应对因异常气候、地震及突发事件造成的区域性粮食供给紧张。在不断完善大中城市、重点地区粮食应急加工及供应体系的同时，增加偏远地区粮食应急加工及供应网点设施建设的投入。

改造建设一批能够应对突发事件的粮食应急加工项目及必要的配套仓储、物流设施，重点完善成品粮储备及发运设施和检测设备。针对偏远或易受灾地区交通不便的实际情况，增加小型粮食应急加工网点建设的投入，用于小型粮食加工机组、发电设备的购置以及仓储设施建设。加强粮食应急加工企业信息化建设，准确掌握库存粮食的质量、数量情况，并利用网络系统，保持应急加工企业与供应企业的信息畅通，实现粮食应急加工供应高效、快捷。

六、政策措施

（一）健全保障粮食安全的加工调控机制

建立健全新形势下引导生产、促进流通、以工促农、动态调节供求、保障粮食安全的粮食加工和消费调控机制。充分发挥粮食加工骨干企业在宏观调控中的作用，引导粮食加工企业参与执行国家调节供求、稳定市场和价格、保护农民利益的调控政策。

各地按照粮食生产流通相关法律法规，指导和监督粮食加工经营企业执行最低和最高库存标准。加强对大型粮食加工企业的政策引导，支持粮食应急加工和供应体系设施建设，发挥其物流和网络优势，维护市场供应稳定有序。

按照国务院关于固定资产投资的有关规定，及时修订《政府核准的投资项目目录》中相关的粮食加工类项目。为确保国家粮食安全和产业安全，对区域或全国粮食供求平衡影响明显、规模较大的粮食深加工新建或改扩建项目，按照《政府核准的投资项目目录》及相关规定执行。

（二）加强产业政策指导

及时修订完善《产业结构调整指导目录》和《外商投资产业指导目录》粮食加工业相关内容，依法淘汰落后产能，建立落后产能退出机制，保持合理的粮食加工产能结构和规模，尽快制定稻谷、小麦、饲料等粮食加工产业政策以及准入条件，明确行业进入门槛，防止加工产能盲目扩张和无序竞争。采取有效措施依法处理企业兼并重组过程中职工的劳动关系，妥善安置淘汰落后产能企业职工，维护职工权益。从事粮食加工的企业必须具备国家规定的安全生产条件，并严格执行建设项目安全设施"三同时"制度，排放未达标企业整改后仍不符合环保标准要求的，责令停止生产。严格规范对外商投资粮食加工企业的管理，各地投资主管部门要严格按照《外商投资产业指导目录》、《外商投资者并购境内企业安全审查制度》及相关法律法规和产业政策，对外商投资建设稻谷、小麦、玉米加工等粮食加工类项目和并购粮食加工企业等项目进行项目核准等环节的监管，不得放宽标准和越权审批。进一步完善粮食贸易市场准入制度。支持企业公平竞争，防止部分企业滥用市场支配地位或达成垄断协议，扰乱市场秩序。对单个企业或集团稻谷加工、小麦加工、玉米深加工能力达到全国总量的 10%、10%、15% 以上，或实际年加工量达到全国总量的 15%、15%、20% 以上的，有关部门要依法对其生经营行为进行重点监测。

（三）加大财税支持力度

加大中央和地方财政对粮食加工业的支持力度，研究利用现有政策和资金渠道，对有优势、有特色、有基础、有前景的粮食加工园区建设、企业技术改造、食品安全监测检测能力建设、应急加工体系建设、主食品工业化示范等重点工程给予一定的资金支持，进一步发挥粮食加工业保障国家粮食安全和服务"三农"的作用。完善现代农业生产发展资金、农业结构调整资金、粮食风险基金、农业产业化资金、农业综合开发、中小企业发展专项等资金投向和项目选择协调机制，综合应用投资补助、财政贴息、财政救助、股份投资等方式，适当向粮食加工企业倾斜，积极推进粮食产业化经营。健全和完善国家支持粮食加工业发展的各项税收优惠政策，落实完善农产品初加工企业所得税优惠政策。完善粮食加工业增值税抵扣办法，逐步取消不合理的行政事业性收费。对粮食加工企业开展的鼓励类项目建设所需引进，且国内不能生产的自用设备及其相关技术，除《国内投资项目不予免税的进口商品目录》所列商品外，免征进口关税。粮食加工企业开发新技术、新产品、新工艺发生的研究开发费用，可以按照相关税收法律法规，在计算应纳税所得额时加计扣除。

（四）加大金融支持力度

鼓励金融机构在有效防范风险的基础上，加大对实力强、资信好、效益佳的粮食加工企业信贷支持力度，对符合国家产业政策的粮食加工项目、粮食加工企业技术改造和并购重组，积极给予中长期贷款支持。积极拓宽粮食加工企业的直接融资渠道，支持符合条件的粮食加工企业债券、公司债券、短期融资券等非金融企业债务融资工具以及在证券市场公开发行股票；完善粮食加工企业参与套期保值交易的相关政策，鼓励和引导粮食加工企业参与期货市场的套期保值，提高粮食加工企业的风险管理意识和管理水平；鼓励和支持担保机构对符合条件的粮食加工企业申请提供有效担保。

（五）增加科技创新投入

重视传统主食品科技创新，加强粮食加工质量标准体系的基础研究、成套设备自主化开发和高技术产业化，全面改造和提升粮食加工业。通过国家科技支撑计划、国家高技术研究发展计划（863 计划）、农业科技成果转化专项、现代农业产业体系建设专项等，加大对粮食加工业科技创新的支持力度。重点加强高效节能关键技术装备开发、健康谷物食品研究开发、副产物综合利用等。鼓励大中型粮食加工企业建立研发机构，与高校、科研院所联合成立研究开发中心和产业技术创新战略联盟，加大对自主创新成果产业化的研发投入。

（六）健全食品安全和诚信体系

各级政府要切实承担粮食加工食品安全监管工作的责任，建立从生产、加工、流通到消费全过程监管的部门协同机制和体系，支持加工企业食品安全检（监）测能力建设，完善食品安全监测保障体系，加快制（修）订粮食加工业标准和技术规范，科学引导，遏制过度加工。大力实施品牌战略，加快培育自主品牌，提高自主品牌竞争力。依法加强对企业诚信体系建设的指导，加大政策实施力度，形成规范的企业质量信用评价制度和产品质量信用记录发布制度，把严重失信的企业列入黑名单，公开曝光并加强监管。积极支持企业诚信体系必备基础设施建设，鼓励社会资源向诚信企业倾斜，把企业诚信相关信息及评价结果作为政府采购、项目核准、技改支持、融资授信、品牌建设等的重要参考。加强诚信队伍建设，鼓励企业培养食品安全和诚信管理人才。

（七）完善信息监测预警制度

国家粮食局会同有关部门建立并完善社会粮食加工业统计体系和信息服务，建立全面、系统、准确的粮食加工业统计信息报告制度、产能监测预警机制和发布平台，提高加工统计信息的质量和公信力。依法对重点粮食加工企业经营活动进行调查，组织开展粮食供需平衡情况调查，适时开展全国范围粮食加工企业普查，及时、准确、全面把握粮食加工业运行情况和变化趋势。加强粮食加工业统计队伍建设。

（八）积极实施"走出去"战略

鼓励粮食加工业企业"走出去"，开拓国际市场，符合条件的企业可申请相应财政资金支持。加大对粮食加工企业"走出去"的金融支持力度，合理确定贷款期限，创新担保形式和保险险种。支持具备条件的企业到境外投资建设粮食生产基地、物流设施、购销网络，实现优势互补，互利共赢，共同发展。广泛开展国际交流与合作，积极引进先进的管理经验和技术。鼓励粮食加工装备制造企业积极开拓国际市场，提升国产粮机装备的国际竞争力。

（九）倡导节粮和健康消费

充分利用全国爱粮节粮宣传周、世界粮食日等平台，加大节约粮食、反对浪费的宣传力度，提高全社会爱粮节粮意识，减少损失浪费。加大对普及科学用粮和营养健康知识社会公益宣传的支持力度，引导消费者调整膳食结构，鼓励增加全谷物营养健康食品的摄入，促进粮食科学健康消费。优化加工用粮生产结构，控制粮食不合理加工转化。积极推广加工节粮新技术、新工艺、新装备，有效利用粮食资源。提高成品粮出品率、副产物综合利用率，重点抓好酿酒、发酵等领域和米糠、碎米、稻壳、胚、麸皮等副产物的综合利用。

（十）发挥行业组织作用

充分发挥行业协（学）会和有关中介组织在政府和企业间的桥梁纽带作用，加强信息沟通、国际交流、标准制（修）订、专业培训、贸易促进、技术咨询、产业发展、诚信建设等方面的服务，宣传贯彻国家产业政策，及时反映行业发展情况和问题，积极向政府部门反映行业问题和企业诉求，并提出工作建议。为企业提供优质服务，要求企业执行国家法律法规和制度标准，维护市场秩序，履行社会责任，保障产品产量安全。

（资料来源：中华人民共和国工业和信息化部网站，http://www.miit.gov.cn/n11293472/n11293832/n11293907/n11368223/14474951.html）

关于进一步推进主食产业化增强口粮
供应保障能力的指导意见

国粮展〔2012〕164 号

（二〇一二年八月二十四日）

各省、自治区、直辖市、计划单列市、新疆生产建设兵团及黑龙江省农垦总局粮食局，中国储备粮管理总公司、中粮集团有限公司、中国华粮物流集团公司、中国中纺集团公司：

为认真贯彻落实中共中央、国务院关于加快推进农业科技创新持续增强农产品供给保障能力的精神，全面实施粮食行业"十二五"发展规划纲要、粮油加工业"十二五"发展规划，加快转变粮食产业发展方式，促进粮油加工产业转型升级，适应城乡居民对主食口粮消费的新需求，我局研究决定在"十二五"期间进一步推进主食产业化发展，全面提升城乡居民口粮供应保障能力。国家发展改革委对推进主食产业化高度重视，会同我局共同研究并提出以下指导意见：

一、充分认识推进主食产业化的重要意义

主食是城乡居民生活必须食用的主要粮食制成品，既包括米饭、馒头、面条、杂粮等主食制品，也包括大米、小麦粉等主食原料。主食产业化，则是在构建从田间到餐桌的粮食全产业链过程中形成的，以粮食生产基地化、主食加工工业化、营销供应社会化为主要特征的，具有中国膳食特色的新型主食产业发展方式。

近年来我国主食产业经历了工业化起步、规模化扩张、产业化发展提速等阶段，初步形成了主体多元化、原料产品规模化、主食产品多样化、产供销一体化、工艺科技化、品牌特色化的发展新格局。当前主食产业化呈现了蓬勃发展的良好态势。但与世界发达国家和地区主食产业化水平相比还有很大差距，也存在着产业化程度偏低、装备和技术落后、主食品安全有待加强、市场占有率不高等亟待解决的问题。

在我国全面建设小康社会的进程中，推进主食产业化具有重要意义：一是适应城乡居民消费方式升级，保障军需民食新需求，保障粮油主食品安全的重要"民生工程"；二是推动粮食产业结构调整、加快粮油加工业转型升级、振兴粮食行业的重要举措；三是提升粮油产品的附加值和市场竞争力，推动农民增收、企业增效的有效手段；四是转变粮食产

业发展方式，增强口粮供应保障能力，促进新型工业化、城镇化和农业现代化协调发展的重要途径。

二、指导思想、基本原则和主要目标

（一）指导思想

以科学发展为主题，以加快转变经济发展方式为主线，以保障国家粮食安全、保障和改善民生为宗旨，以增强口粮供应保障能力，提升城乡居民生活品质为目标，以科技进步和装备创新为先导，坚持走中国特色的新型工业化道路，用产业化运行模式，加快推进以传统蒸煮米面制品为代表的主食产业化进程，努力构建多元化、多层次的现代化主食产业体系。

（二）基本原则

坚持市场导向、政府引导、企业运作的原则；坚持机制创新、主体多元、互利共赢的原则；坚持优质营养、健康美味、经济便捷的原则；坚持科技支撑、质量安全、装备先进的原则；坚持因地制宜、突出特色、稳步推进的原则。

（三）主要目标

到 2015 年，主食工业化的比例明显提高，其中面制主食品工业化的比例提高到 30% 左右，米制主食品工业化的比例提高到 20% 左右；优化和改进传统主食生产工艺，加工装备自主化率达到 60% 以上；食品安全水平明显提升，培育一批市场占有率高的知名品牌；培育壮大一批自主创新能力强、集约化程度高、处于行业领先地位的大型主食产业化龙头企业，形成一批相互配套、功能互补、联系紧密的主食产业化集聚示范区；建立军民融合、平战结合、宜军宜民、应急保障有力的军粮主食供应体系。使成品粮应急加工和供应体系更加健全，主食产业化发展水平明显提升，口粮供应保障能力明显增强。

三、加快推进主食产业结构调整和发展

（四）加快开发主食新产品，推进产业升级

大力发展主食加工业，丰富花色品种，提高优、新、特产品的比重，促进传统米面和杂粮主食的工业化、方便化、大众化，提高即食性，保证品质；加快系列化、多元化、营养化、专用化的主食原料产品开发，提高米制食品专用米、面制食品专用粉、全麦粉、营养强化粉等的比重，大力倡导适度加工，提倡科学健康消费；大力发展各种馒头、面条（挂面、鲜湿面条）、饺子等面制主食品，提升产品档次；积极发展方便米饭、米粉（米线）、米粥等米制主食品，提高规模化生产水平；积极开发多种规格和风味的速冻、即食米面及杂粮主食制品，扩大规模，改进工艺，提高节能降耗水平。

（五）实施主食产业化工程，发挥示范作用

发挥骨干企业的优势，在北京、天津、河北、山东、河南、陕西等地建设或改造一批

优质面制主食加工示范基地；在东北地区和上海、安徽、江西、湖南、广东、广西、重庆、四川、贵州、云南等地建设和改造一批优质米制主食加工示范基地；在华北、西北、西南等地区发展以杂粮为主的主食、方便食品。实现主食生产工业化、产品标准化和配送社区化。建设和改造一批规范化、机械化、规模化的大型主食生产加工中心，支持建立一体化主食冷链物流配送体系试点，有效增强其加工、配送及质量安全保障能力。

（六）培育主食产业化企业，推进集聚发展

鼓励龙头企业大力发展粮食订单农业，建立生产基地，带动优质、专用粮食生产结构调整，形成种植、收储、加工和市场营销一条龙的全产业链发展模式。引导龙头企业与农户、合作社有效对接，形成稳定的购销关系，共享发展成果。支持通过兼并、重组、收购、控股、联营等方式，组建一批具有核心竞争力的大型集团。科学规划，合理布局，依托大型加工企业，加强粮油食品加工、仓储、物流设施及质量检验检测、信息处理等公共服务平台建设，打造一批各具特色的现代主食加工园区，引导企业向园区集聚。支持粮食大省向粮食强省发展，支持河南等省建设主食产业化集聚示范区，培育产业集群，推进集约化经营、规模化发展。

（七）创新流通方式，完善主食供应体系

整合粮食行业资源，鼓励主食产业化企业与"放心粮油店"、军粮供应站、粮油应急供应点等相结合，充分利用现有供应网点，增加网点经营业务，减少布点成本，互惠互利。以现有大型主食加工、小麦加工、稻谷加工、粮油仓储企业和军粮供应企业为主体，充分挖掘和利用现有土地、厂房、人才、技术和销售网络等资源优势，实现企业强强联合或低成本扩张。鼓励现有主食加工优势企业，建设新型物流配送网络，优化网点布局。探索新型商业模式，创新主食流通方式，鼓励大力发展连锁经营、直营店、配送中心、放心粮店、放心主食专卖店、厂店对接、校企对接和电子商务，积极开展直营直供。

（八）加强科技创新，提高核心竞争力

有效整合粮食科技资源，建立协同创新机制，推动产学研紧密结合，面向产业需求，通过国家主食产业化科技重大项目等，从原料配方、工艺选择、工艺指标等对主食成分的结构和品质影响的机理上深入研究，着力推进传统主食品现代加工、全谷物食品加工、抗老化保鲜、超高压加工、挤压加工、质量评价方法和质量安全溯源等关键技术和装备的创新与产业化，提升主食加工业整体技术水平。鼓励龙头企业加大主食科研领域的投入，建立企业研发中心，培育市场竞争力强的科技型龙头企业。加强面制、米制主食国家企业技术中心、国家工程实验室、工程（技术）研究中心等创新平台和产业创新联盟建设。

（九）加快企业技术进步和改造，提高装备水平

鼓励和支持拥有一定基础的自主品牌企业加大技术进步和技术改造力度，支持新工艺、新技术、新材料、新装备的推广应用和新产品的产业化，优化生产流程，适当借鉴和引进国外先进技术和设备，加快提升企业工艺、装备水平和核心竞争力。支持小企业改善

生产条件，提高技术水平，开发"专、精、特、新"产品。在速冻主食品领域，加快节能减排技术改造，加快推广高效节能新工艺新设备。加强具有自主知识产权的主食装备研发，加快推进馒头、鲜湿面条、方便米饭、杂粮主食、速冻主食等加工装备自主化，推动生产过程智能化和生产装备数字化，提高自动化水平，依托骨干企业，扶持建设一批主食加工成套装备制造基地。

（十）健全主食质量安全保障体系，确保消费安全

完善主食质量标准体系建设，加快制修订具有中国特色的主食产品标准、卫生标准、安全生产技术规范和检测方法标准，严格粮油食品质量标准实施，强化食品安全全程控制，确保产品质量安全。加强主食安全检验监测能力建设，满足企业对原辅料、半成品、成品等的农药残留、真菌毒素、重金属等质量安全指标快速检验的需要，构建制度完善、风险可控、监管有效的主食质量安全保障体系。加快粮油食品安全风险监测管理系统和信息化网络建设，建立健全粮油食品安全数据库和预警体系，预防和控制粮油食品安全风险。支持建立主食质量安全追溯体系试点及召回退市制度，全面提高主食加工和流通安全保障水平。支持示范省份开展以示范基地和粮油质检机构为核心的产业化主食质量安全保障体系和监管工作，保证产品质量安全。

（十一）实施品牌带动战略，丰富主食文化内涵

引导主食加工企业由做产品向做品牌并举转变，以优势骨干企业为主体，通过自主创新、品牌经营、商标注册、专利申请等手段，培育一批拥有自主知识产权、核心技术和较强市场竞争力的全国性知名品牌。发挥品牌扩散效应和聚合效应，推进品牌整合，扩大知名品牌市场占有率，提升企业核心竞争力。践行"为耕者谋利，为食者造福"的理念，丰富和发展主食文化的科学内涵，将品牌培育与产品开发和技术创新紧密结合，提高品牌附加值。

（十二）完善应急供应体系，服务宏观调控。将主食产业化体系建设与成品粮应急加工及供应体系建设相结合，加强大中城市及重点地区供应渠道网点建设

积极开拓城乡市场，推广连锁经营和开展优质服务，保障城乡居民及部队的主食供应和食用安全。在环渤海、长三角、珠三角、成渝等地区的特大城市、省会城市，以及其他重点地区，依托大型加工企业，完善应急加工、供应和储运体系，合理布局应急供应网点，确保应急时主食产品的有效供给。

四、狠抓落实，加强组织领导和统筹协调

（十三）强化组织领导

推进主食产业化是政府引导的民生工程，国家发展改革委加强对主食产业化政策的指导和协调。国家粮食局负责指导意见的组织实施，具体部署，落实有关政策，扎实推进各项工作。省级粮食行政管理部门要与发展改革等部门加强指导意见实施的沟通协调和支持

配合，切实落实责任，细化目标任务，确保指导意见目标任务的顺利完成。各级粮食行政管理部门要把主食产业化作为发展现代粮食流通产业工作中一件带全局性、方向性的大事来抓，大力争取各级政府的支持，切实加强对主食产业化发展工作的组织领导，把主食产业化纳入地方经济社会整体发展总体和专项规划。建立健全部门间沟通协商的工作机制，强化协作配合，落实责任分工，形成工作合力。结合"放心粮油进农村进社区工程"、"主食厨房工程"、"早餐工程"、"万村千乡市场工程"、"农村义务教育学生营养改善计划"、"军粮供应主食平台建设工程"等项目的实施，相关部门形成强有力的协作机制，研究解决发展中的重大问题，确保主食产业化的顺利推进。

（十四）落实优惠政策

贯彻落实国家有关支持龙头企业发展的相关政策，筛选一批主食产业化企业，推荐纳入国家重点支持的农业产业化龙头企业范围。加大对主食产业化企业和产业园区建设的资金支持力度。积极引导社会资金投入到主食产业化领域。农发行等政策性金融机构应加大对龙头企业固定资产投资、农产品收购、融资授信的支持力度。认真落实国家有关农产品初加工企业税收优惠政策，研究修订主食加工增值税政策。

（十五）加强行业指导

国家粮食局加强对粮油加工业及主食产业化发展的指导、协调和服务，组织实施主食产业化示范工程，完善全国粮油加工业统计调查体系，实施主食产业化专项调查，为研究制定产业政策提供依据。省级粮食行政管理部门要落实行业规划和本指导意见，统筹主食产业化推进，科学布局，以规划引导重点项目和重点园区建设，认真总结和借鉴各地主食产业化的典型经验，按照本意见精神，结合本地区实际，抓紧研究制定贯彻落实意见。发挥粮食行业协会、粮油学会等中介组织的作用，加强行业自律，规范企业行为，服务会员和农户。各级粮食行政管理部门要会同有关部门，加强宣传引导，营造全社会关心支持主食产业化和龙头企业发展的良好氛围，促进主食产业化健康、协调、持续发展。各地要将本地区推进主食产业化规划，以及实施过程中遇到的新情况、新问题及时报送国家粮食局。

（资料来源：国家粮食局网站，http：//www.chinagrain.gov.cn/n16/n1077/n447016/4825633.html）

国家粮食局　中国农业发展银行关于进一步
加强合作推进国有粮食企业改革发展的意见

国粮财〔2012〕205号

（二○一二年十一月二日）

各省、自治区、直辖市及新疆生产建设兵团粮食局，中国农业发展银行各省级分行：

国有粮食企业是国家收购掌握粮源和实施粮食宏观调控、促进粮食增产和农民增收、维护粮食市场与价格基本稳定、确保国家粮食安全的重要载体和得力抓手，承担着重要的公益性、基础性和社会性职能。近些年来，各地按照中央关于进一步深化粮食流通体制改革的部署，大力推动国有粮食企业改革和发展，企业"三老"问题基本解决，新的经营管理机制逐步建立。国有粮食企业在农业政策性金融的支持下，积极开展粮食购销，经济效益稳步提高，开始走向振兴发展的新阶段。但是，在多元市场主体日益激烈的竞争中，受历史遗留问题及当前经济环境等因素影响，国有粮食企业融资难、竞争力弱、经营模式单一、缺乏自我积累等问题比较突出，"小、散、弱"的状况没有得到根本性改变，粮食购销主渠道的地位和功能受到影响。

为进一步优化国有粮食企业改革发展环境，充分发挥农业政策性金融的重要支持作用，促进国有粮食企业尽快做大做强，更好地服务国家粮食宏观调控，切实保护种粮农民利益，维护粮食市场稳定，保障国家粮食安全，国家粮食局和中国农业发展银行（以下简称农发行）就进一步加强合作，推进国有粮食企业改革和发展提出以下意见：

一、推动战略重组，做大做强国有粮食企业

（一）重点推进县级国有粮食购销企业兼并重组，促进资产优化组合。

每个县（市、区）原则上保留1家地方国有或国有控股粮食购销企业，以优势骨干粮库为主体，基层购销网络为基础，通过兼并重组，组建公司制、股份制粮食企业，主要承担粮食储备、政府调控和市场化收购任务。逐步实现"一县一企、一企多点"模式，促进资产、资源向优势企业集中，把国有粮食企业做大做强。

（二）积极适应区域粮食宏观调控需要，着力培育区域性国有或国有控股的地方大型粮食企业，并以具备规模优势、资产优势和市场影响力的区域性大中型粮食企业为依托，打造国有

或国有控股的区域性粮食集团，不断提高国有粮食企业的竞争力、影响力和控制力。

（三）按照有利于保护售粮农民利益、有利于粮食市场稳定、有利于国家粮食安全、有利于发挥国有粮食企业主渠道作用的原则，在深入分析本地国有粮食购销企业资产状况、经营能力的基础上，充分考虑当地粮食购销数量、企业辐射半径和应急保障需要，制定本地区国有粮食企业改革重组规划方案。

省、市、县三级规划方案要上下对应、统一协调，并征得当地政府同意及有关部门的支持，确保规划方案的顺利实施。

二、转变企业经营模式，建立现代企业制度

（四）着力改变国有粮食购销企业"买原粮、卖原粮"的单一经营发展模式，推动有条件的国有粮食企业向收购、仓储、物流、加工、销售等一体化发展，延伸和完善产业链条，增强企业竞争力。

鼓励地方国有粮食企业通过积极参与"主食产业化"、"放心粮油工程"等，拓展经营空间，实现经营多元化发展。

（五）按照"产权清晰、权责明确、政企分开、管理科学"的现代企业制度要求，创新机制，规范运作，完善法人治理结构，真正形成以资产为纽带、统一发展战略、统一资产管理、统一财务核算、统一制度管控、统一人力配置的统分结合的公司制发展模式，切实增强企业市场竞争力。

三、积极协调和争取地方政府支持，为国有粮食企业改革发展创造良好环境

（六）在改制重组过程中，要通过采取免征、先征后返或减征土地出让金的方式，将地方国有粮食企业现有的国有划拨土地改变为出让用地。结合"退城进郊"、创办"粮食产业园"等，盘活地方国有粮食企业现有资产，扩大资产规模，改善资产质量。

（七）加强对地方国有粮食企业改革的指导、协调、监督和服务，在人员分流、社会保障、经营性亏损处置等方面给予一定优惠政策，争取重组、改制后的地方国有和国有控股粮食企业，继续享受原有国有粮食企业的税收优惠政策，减少企业经营成本。

（八）采取政府注资、企业入股等方式，多渠道充实国有粮食企业资本金，提高企业资信状况，增强地方国有粮食企业融资偿贷能力，实现可持续发展。

四、发挥政策性金融支持作用，加大信贷支持力度

（九）以省、市两级粮食储备为重点，加大对地方储备信贷支持力度，确保省、市级储备粮增储、轮换资金需要，不断增强地方政府区域粮食市场调控能力。

对省、市级储备粮管理公司或直属库，地方储备先购后销所需的轮换贷款，应给予信用贷款支持。对军粮供应企业保障军粮供应所需资金足额贷款。

（十）对县级粮食储备实行有区别的信贷政策。对制度健全、财政补偿政策落实、符合贷款集中管理要求的，增储贷款要优先支持；对财政补贴不落实的，原则上不予支持。对承担县级储备的企业，地方财政补贴能够弥补价差亏损，或企业足额建立轮换风险准备金的，所需轮换贷款可采取信用贷款方式。

（十一）对经营管理状况好的地方国有粮食企业开展自主经营的市场化粮食收购资金需求，要按照企业的风险承受能力和经营能力，在企业有效资产应抵尽抵，落实一定比例的自有资金或缴存风险准备金后，可发放信用贷款。不得将自有资金和风险准备金两种风险保障措施同时使用。

（十二）对从事粮食储运、调销、加工的国有粮食企业符合流动资金贷款条件和要求的，要积极给予流动资金贷款支持，促进其扩大经营。

（十三）在地方国有粮食购销企业资产重组过程中，可以发放重组贷款，支持企业资产整合，提高竞争优势。对地方国有粮食购销企业在战略重组过程中关闭、注销和破产的，农发行可依照国家有关规定，加快处置所形成的呆坏账。

（十四）充分利用现有的流动资金贷款、中长期固定资产贷款，积极支持改制后的地方国有粮食企业开展粮食收储、科技创新、技术升级改造、质量体系建设、军粮供应保障能力提升以及生产基地建设，引导企业延伸产业链条，加快产业布局，尽快做大做强。

（十五）对改革改制后的地方国有粮食购销企业，暂时达不到粮食收购贷款条件的，给予1~2年过渡期限。在粮食主产区和有粮食收购任务地区，一个县（市、区）域内没有具备粮食收购贷款资格企业的，应由当地政府指定，落实必要风险防控措施，选择1~2家条件较好的地方国有粮食企业发放粮食收购贷款，确保不留收购空白点，地方政府和粮食行政管理部门要负责对指定企业进行监管，确保农发行收购资金安全。

（十六）地方国有粮食企业要按照农发行粮食收购资金封闭管理要求，确保粮食收购资金专款专用，不得挤占挪用。申请粮食收购资金贷款须在农发行开立粮食收购资金存款账户，积极配合农发行对收购资金的信贷监管，销售货款要全额回笼至农发行存款账户，并及时归还占用的粮食收购贷款。

五、改进信贷服务，提高办贷效率

（十七）积极协调地方政府发展贷款担保机构。通过粮食企业的联合筹资、吸收社会资金入股、向现有担保机构注资、争取财政资金补助等方式组建融资性担保公司，对地方国有粮食企业定向提供担保，提高地方国有粮食企业的融资能力。

（十八）建立粮食共同担保基金。有条件的地方，要积极协调政府有关部门和地方国有粮食企业共同出资，在粮食行政管理部门或财政部门建立粮食共同担保基金，为地方国有粮食企业融资进行担保。

（十九）不断创新信贷产品，满足地方粮食企业改革发展的需要。对产业链比较完善的粮食企业，农发行要创新信贷产品，以核心业务为依托，满足企业上下游整个产业链的融资需求。

（二十）创新地方国有粮食企业的贷款担保方式，增大对企业融资额度。实行粮食库存浮动抵押、仓单质押等安全、便捷的担保方式，切实改善地方国有粮食企业融资担保难问题。

（二十一）对于地方国有粮食企业使用粮食收购贷款，每年在收购旺季前要及早开展收购贷款资格认定、信用等级评定和授信工作，将粮食收购贷款额度核批到企业，并及时通知企业办理相关手续。

（二十二）严格执行中国银监会和农发行有关金融服务收费相关规定，严禁违规向企业收费。对于符合收费减免政策规定的，要减免相关费用，降低企业融资成本。

六、密切加强合作，建立工作协调机制

（二十三）各级粮食行政管理部门和农发行要建立国有粮食企业资信共同考评机制，把企业发展潜力、经营管理能力、履约还贷能力等作为考核重要内容，共同把发展前景良好、管理规范、信誉良好的国有粮食企业纳入"信誉良好企业"名单，在贷款条件和政策上给予适当优惠和支持。

（二十四）各级粮食行政管理部门和农发行要建立国有粮食企业贷款风险共同监管机制，科学区分市场经营风险等系统性风险和恶意挤占挪用等非系统性风险，分类指导、突出重点。农发行适当提高对因价格波动而带来的市场风险承受度和容忍度。粮食部门要加强对国有粮食企业经营管理的指导，努力规避市场风险。同时建立国有粮食企业贷款非系统性风险责任追究机制，对企业发生的恶意挤占挪用农发行贷款的行为，按照人事管理权限严肃追究直接责任人和相关责任人的责任。

（二十五）各级粮食行政管理部门和农发行要建立定期联系共同会商制度，加强对国有粮食企业改革发展的调查研究，掌握粮食行业发展规划、产业政策、改革动态等，共同参与当地国有粮食企业改革方案的制定，积极争取政府和有关部门的支持，及时沟通国有粮食企业改革进展、经营管理和信贷资金的使用情况，协商解决工作中存在的困难和问题，及时总结改革的成功经验和典型做法，完善政策措施，进一步提高服务水平。

各级粮食行政管理部门和农发行要认真贯彻落实本意见精神，并将执行过程中遇到的新情况、新问题，及时向国家粮食局（财务司）和农发行（客户一部）报告。

当前，正值秋粮收购的关键时期，各级粮食行政管理部门、农发行要通力合作，认真分析秋粮收购资金需求，及早安排和落实收购资金，加强对收购资金监管，确保不出现"打白条"问题。

（资料来源：国家粮食局网站，http://www.chinagrain.gov.cn/n16/n1077/n447016/4854174.html）

国家粮食局关于粮食行业带头爱粮
节粮反对浪费的指导意见

国粮发〔2013〕105 号

（二〇一三年五月八日）

各省、自治区、直辖市、计划单列市及新疆生产建设兵团粮食局，有关中央粮食企业：

为认真贯彻落实党中央、国务院关于厉行节约、反对浪费的精神，动员全国粮食行业广大员工带头爱粮节粮、反对浪费，以粮食行业带头节粮减损的好行风，促进全社会树立起爱粮节粮的新风尚，以切实履行好"守住管好'天下粮仓'，做好'广积粮、积好粮、好积粮'三篇文章"的光荣使命，确保国家粮食安全，现提出如下意见。

一、充分认识带头爱粮节粮、反对浪费的重要意义

我国人口众多、水土资源相对不足，实现粮食供需基本平衡、确保国家粮食安全始终是一项艰巨任务。当前，我国粮食产后损失浪费问题突出。全国粮食行业广大员工要从深入贯彻落实党的十八大精神，确保国家粮食安全和重要农产品有效供给的战略高度，深刻理解认真贯彻落实中央领导关于厉行勤俭节约、反对铺张浪费的指示，带头爱粮节粮、反对浪费，对于弘扬中华民族勤俭节约的传统美德，引领带动全社会形成节约光荣、浪费可耻的社会风气，减少粮食损失浪费，增加粮食有效供给，保障国家粮食安全的重要性和现实意义。要深刻理解带头爱粮节粮，遏制粮食损失浪费现象，是守住管好"天下粮仓"、全面实施"粮安工程"、保障国家粮食安全的重要内容，是粮食行业的光荣使命和政治责任。要自觉做到温饱不忘饥寒、丰年不忘灾年、增产不忘节约、消费不能浪费，采取有效措施，最大限度地减少损失浪费，争做爱粮节粮、反对浪费的模范，为确保国家粮食安全做出贡献。

二、带头深入开展爱粮节粮宣传教育活动

（一）广泛宣传普及科学用粮、节约用粮知识。全国粮食行业各单位都要将爱粮节粮宣传教育作为重要职责，纳入工作日程，充分发挥自身优势，广泛开展爱粮节粮宣传教育活动，充分利用一年一度的"世界粮食日"、"全国爱粮节粮宣传周"、"粮食科技活动

周"、"放心粮油宣传日"等专题活动，开展科普宣传、科学营养膳食知识竞赛、主题展览、书画摄影展、烛光守夜、经验交流、专题报告等多种形式的群众性爱粮节粮宣传活动，不断丰富宣传内容，扩展活动规模，增强教育效果，普及节粮知识，提倡科学膳食，推动社会公众树立勤俭节约、科学健康的文明新风尚，积极参与爱粮节粮行动。

（二）加强沟通合作，形成宣传合力。各级粮食行政管理部门要主动加强与有关部门、社会团体、公益组织、新闻媒体的合作，充分利用电视、广播、报刊、网络等各类新闻媒体展示爱粮节粮公益广告、专题宣传片和有关知识，聘请爱粮节粮宣传形象大使并充分发挥其作用，倡导在全社会开展多种形式的爱粮节粮教育实践活动，广泛宣传爱粮节粮先进典型，不断提高社会公众对爱粮节粮工作的认知度、参与度，切实提高宣传教育效果。国家粮食局将继续聘请知名人士或公众人物作为全国爱粮节粮宣传形象大使。各地也可根据实际，选定具有良好社会形象和影响力的人士为担任本地区爱粮节粮宣传形象大使。

（三）大力推进"青年志愿者"爱粮节粮宣传活动。全国粮食行业各单位要积极会同共青团组织和青年志愿者协会，广泛开展"青年志愿者"爱粮节粮宣传活动，经常组织"青年志愿者"佩戴明显标志，到机关、企事业单位、学校食堂、酒店餐厅、社区等就餐人数较多的地方，采取口头提醒、发放节粮爱粮提示卡或宣传单等方式，宣传中华民族勤俭节约的传统美德和爱粮节粮有关知识。国家粮食局将加强与共青团中央和中国青年志愿者协会的联系合作，积极推动成立"全国爱粮节粮青年志愿者协会"。各级粮食行政管理机关都要积极推动成立当地"爱粮节粮青年志愿者协会"，建立青年志愿者队伍，制定管理制度，明确宣传活动内容、方法。青年志愿者爱粮节粮宣传活动，要从现在做起、从基层做起，上下同时展开并长期坚持，使之逐步完善规范。国家粮食局会同有关部门和单位将适时组织召开爱粮节粮志愿者工作推进会，总结交流经验，推进活动开展。

（四）积极促进中小学生爱粮节粮教育。各级粮食行政管理部门要强化爱粮节粮教育从"娃娃"抓起的意识，主动加强与教育部门的联系合作，积极推进爱粮节粮精神进课本、进课堂、进头脑，在广大中小学生中深入开展爱粮节粮征文、演讲比赛、社会调查体验等活动；积极创建"中小学生爱粮节粮教育社会实践基地"，按照先行试点、分步推进、网状分布的原则，分阶段在全国范围内建设可供广大中小学生参观及实际操作的爱粮节粮教育社会实践基地，争取用5年左右的时间在有条件的地市都建设1~2个教育实践基地，在北京等特大城市建设1~2个体现粮食行业全产业链特色的教育实践基地；经常组织中小学生到基地参加爱粮节粮宣传教育活动，使爱粮节粮的意识在孩子们的心中深深地扎下根来，为全社会形成爱粮节粮的风尚打下坚实基础。

三、带头树立勤俭节约、科学健康的文明新风尚，减少餐桌浪费

（一）带头开展家庭爱粮节粮活动。粮食行业员工要从自身做起，从个人家庭做起，从一日三餐做起，自觉做到节约用粮、科学用粮、适量用粮，提倡不浪费一粒粮、一滴油，提倡不剩饭、不剩菜，养成勤俭节约的好习惯，争做爱粮节粮、反对浪费的倡导者、先行者、示范者，为树立餐桌文明新风尚做出贡献。全国粮食行业要带头开展创建爱粮节粮示范单位、示范家庭活动，并适时宣传表彰粮食行业员工、家庭和单位爱粮节粮的先进典型，树立粮食行业带头爱粮节粮、反对浪费的良好社会形象，大力营造"爱惜粮食光荣、浪费粮食可耻"的浓厚氛围，促进整个社会形成爱粮节粮的风尚。

（二）带头加强员工食堂管理。粮食行业员工食堂要采取有利于食品节约的就餐方式，完善管理制度和监督措施；推行食品节约指标管理，按需定量，适量采购，加强储存和加工管理，提高原材料的利用率；提供"半份半价"、"小份适价"服务，方便用餐人员按需选用，防止浪费。在食堂和办公场所等醒目位置摆放、张贴节粮爱粮提示牌、宣传画等，引导员工争做爱粮节粮的模范。

（三）带头执行会议、接待用餐规定。会议用餐提倡安排自助餐，不安排宴请；公务接待用餐原则上安排在员工食堂，提供自助餐或工作餐。会议、接待用餐要坚持务实节俭，严格控制菜品种类、数量，不提供高档菜肴，不超标准接待。

（四）带头做到科学营养膳食。积极推行少盐、少油、少糖烹饪，营养配餐，倡导树立崇尚节约、适度消费、科学膳食、文明用餐的餐饮文明新风尚。

四、加强组织领导

（一）要高度重视，严密组织。全国粮食行业各单位要高度重视带头爱粮节粮、反对浪费工作，指定具体负责部门，明确专人负责，落实领导责任，以改进工作作风的实际行动，高标准、严要求，切实抓好各项工作的贯彻落实。国家粮食局将会同有关部门加快研究制定《全国粮食产后减损行动实施意见》。

（二）要率先垂范，狠抓落实。广大党员特别是领导干部要率先垂范，带头参与，从自身做起，从现在做起，从身边的事情做起，发挥模范带头作用，使中央关于厉行勤俭节约、反对铺张浪费的各项要求真正落到实处。

（三）要落实责任，加强监督。要建立健全爱粮节粮、反对浪费工作责任制，分解任务，明确责任，组织开展爱粮节粮专项检查，对厉行节约、反对浪费工作做得好的单位和个人要予以表扬；对违反规定、浪费粮食的突出问题，要通报批评，督促整改，务求取得实效。

（资料来源：国家粮食局网站，http://www.chinagrain.gov.cn/n16/n3615/n3691/n3663451/4916196.html）

参考文献

［1］白雪洁，赵倩．中国省际农业生产力成长差异及其结构性因素［J］．南开学报，2010（1）：127－133．

［2］蔡昉，钟甫宁．消费品价格改革中补贴形式转换的经济学分析［J］．财贸经济，1993（3）：44－48．

［3］曹宝明，李光泗等．中国粮食安全的现状、挑战与对策研究［M］．北京：中国农业出版社，2011．

［4］陈洁，罗丹．我国种粮大户的发展：自身行为、政策扶持与市场边界［J］．改革，2010（12）：18－27．

［5］陈蕾．我国粮食安全研究［J］．北方经贸，2011（8）：36－37．

［6］陈文胜．世界粮食危机下的中国粮食安全机遇与挑战［J］．贵州社会科学，2010（10）：37－42．

［7］陈锡文．工业化、城镇化要为解决"三农"问题做出更大贡献［J］．经济研究，2011（10）：8－10．

［8］陈祥英，陈玉华．世界粮食危机的历史审视［J］．国外理论动态，2010（3）：9－16．

［9］陈向红，胡迪琴，廖义军等．广州地区农田土壤中有机氯农药残留分布特征［J］．环境科学与管理，2009，34（6）：118－120．

［10］程国强．中国目前粮食供给形势为历史最好［N］．东方早报，2013－12－05，http：//www. chinadami. com/dami/2013/120/76749. html.

［11］邓雪，李家铭，曾浩健等．层次分析法权重计算方法分析及其应用研究［J］．数学的实践与认识，2012（4）：93－99．

［12］董国义．中国粮食供应安全与对策研究［M］．沈阳：辽宁科技出版社，2011．

［13］杜亮．基于铁海联运的"北粮南运"路径优化研究［D］．大连海事大学硕士学位论文，2012．

［14］樊明．种粮行为与粮食政策［M］．北京：社会科学文献出版社，2011．

［15］冯俊文. 模糊德尔菲层次分析法及其应用［J］. 数学的实践与认识，2006（9）：44 - 48.

［16］高长武. 当前世界粮食危机发生的深层原因［J］. 当代世界，2008（8）：50 - 52.

［17］高启杰. 城乡居民粮食消费情况分析与预测［J］. 中国农村经济，2004（10）：20 - 25.

［18］高铁生，安毅. 世界粮食危机的深层原因、影响及启示［J］. 中国流通经济，2009（8）：9 - 12.

［19］郭金玉，张忠彬，孙庆云. 层次分析法的研究与应用［J］. 中国安全科学学报，2008（5）：148 - 153.

［20］郭劲光. 粮食价格波动对人口福利变动的影响评估［J］. 中国人口科学，2009（6）：49 - 58.

［21］国家粮食局. 修复"危仓老库"实施规划（2013 ~ 2017 年，征求意见稿）［R］. 2012.

［22］国家粮食局课题组. 粮食支持政策与促进国家粮食安全研究［M］. 北京：经济管理出版社，2009.

［23］韩丽鹏，谢秀娥，郭晓杰. 世界粮食贸易环境与中国粮食进口战略［J］. 商场现代化，2009（8）：15.

［24］何军，李庆，张姝弛. 家庭性别分工与农业女性化——基于江苏 408 份样本家庭的实证分析［J］. 南京农业大学学报（社会科学版），2010（1）：50 - 56.

［25］胡荣华. 中国粮食安全成本分析［J］. 统计研究，2002（5）：58 - 61.

［26］胡瑞法，黄季焜，李立秋. 中国农技推广体系堪忧——来自 7 省 28 县的典型调查［J］. 中国农技推广，2004（3）：12 - 18.

［27］胡小平，星焱. 新形势下中国粮食安全的战略选择——"中国粮食安全形势与对策研讨会"综述［J］. 中国农村经济，2012（1）：92 - 96.

［28］胡雪枝，钟甫宁. 农村人力老龄化对粮食生产的影响——基于农村固定观察点数据的分析［J］. 中国农村经济，2012（7）：12 - 21.

［29］黄春燕，蒋乃华. 粮食价格、收入水准与城镇低收入人群保障［J］. 改革，2012（1）：81 - 85.

［30］黄春燕. 获取能力视角的微观粮食安全保障：一个文献综述［J］. 经济问题探索，2013（1）：139 - 144.

［31］黄洪，严红梅. 消费物价上涨背景下的低收入者财政补贴研究——基于 2007 与 2006 的比较分析［J］. 消费经济，2008，24（5）：7 - 11.

［32］黄季焜，罗泽尔. 迈向 21 世纪的中国粮食经济［M］. 北京：经济管理出版

社，1998.

［33］黄雁．中国粮食进出口贸易现状的实证分析［J］.湖南科技学院学报，2010（11）：118－121.

［34］甲斐谕．国际食品安全及农业资源经济分析［M］.上海：立信会计出版社，2011.

［35］贾晋．我国粮食储备的合理规模、布局与宏观调控［J］.重庆社会科学，2012（2）：82－94.

［36］居占杰．我国粮食安全的经济学分析［J］.东南大学学报（哲学社会科学版），2011，13（3）：26－30.

［37］孔祥智，张小林，庞晓鹏，马九杰．陕、宁、川农民合作组织的作用及制约因素调查［J］.经济理论与经济管理，2005（6）：78－87.

［38］兰盛斌，丁建武，黎万武．我国粮食储藏技术战略研究［J］.粮油食品科技，2007，15（5）：16－19.

［39］兰盛斌，郭道林，严晓平，丁建武，黎万武．我国粮食储藏的现状与未来发展趋势［J］.粮油仓储科技通讯，2008（4）：2－6.

［40］雷鸣，曾敏，王利红．湖南市场和污染区稻米中 As、Pb、Cd 污染及其健康风险评价［J］.环境科学学报，2010（11）：2314－2320.

［41］黎志成，覃铭健．中国粮食流通产业市场结构形成的博弈分析［J］.求索，2005（9）：8－10.

［42］李春华．基于 FMECA 的粮油产品质量安全追溯链的研究［D］.中国农业科学院硕士学位论文，2008.

［43］李国祥．我国城镇居民在外用餐中粮食消费量的估计［J］.中国农村观察，2005（1）：28－33，51.

［44］李健林．粮食质量安全溯源关键技术研究［D］.中南林业科技大学博士学位论文，2013.

［45］李经谋．2009 年中国粮食市场发展报告［M］.北京：中国财政经济出版社，2009.

［46］李经谋．2013 中国粮食市场发展报告［M］.北京：中国财政经济出版社，2013.

［47］李静逸．中国粮食进出口贸易的"大国效应"研究［D］.上海外国语大学硕士学位论文，2010.

［48］李旻，赵连阁．农业劳动力"老龄化"现象及其对农业生产的影响——基于辽宁省的实证分析［J］.农业经济问题，2009（10）：12－18.

［49］刘辉利，朱义年．桂柳高速公路两侧土壤重金属分布特征［J］.桂林工学院学报，2009，29（2）：266－270.

[50] 刘宇. 国际粮价与国内粮价波动的相关性研究——基于2001-2012年4月的数据分析[J]. 价格理论与实践, 2012 (5): 56-57.

[51] 卢锋, 谢亚. 我国粮食供求与价格走势 (1980~2007) ——粮价波动、宏观稳定及粮食安全问题探讨[J]. 管理世界, 2008 (3): 70-81.

[52] 骆正清, 杨善林. 层次分析法中几种标度的比较[J]. 系统工程理论与实践, 2004 (9): 51-56.

[53] 马从国, 陈文蔚, 李亚洲等. 模糊可拓层次分析法对猪肉供应链质量安全评价应用[J]. 食品工业科技, 2012 (18): 53-66.

[54] 孟凡胜. 中国农产品现代物流发展问题研究[D]. 东北大学博士学位论文, 2005.

[55] 聂凤英. 粮食安全与食品安全研究[M]. 北京: 中国农业科学技术出版社, 2006.

[56] 潘旭东, 马晓平. 世界粮食危机背景下我国粮食安全问题探析[J]. 价格月刊, 2010 (12): 70-75.

[57] 彭珂珊. 2008年全球粮食危机与中国粮食安全问题观察 [R]. 中国食品产业网, 2009-02-06, www.foodgs.cn.

[58] 乔召旗, 罗荣海. 我国粮食贸易与世界粮食价格的相关性研究[J]. 粮油加工, 2009 (5): 28-31.

[59] 秦中春. 我国新型粮食储备体系的主要特点[J]. 农产品加工, 2009 (11): 14-15.

[60] 邵喜武, 徐世艳, 郭庆海. 政府农技推广机构推广问题研究——以吉林省为例[J]. 中国农技推广, 2013 (4): 67-74.

[61] 苏昕, 吴隆杰. 我国农产品质量安全管理的制度缺陷与治理[J]. 宏观经济研究, 2007 (10): 39-43.

[62] 苏昕. 我国农产品质量安全体系研究[D]. 中国海洋大学博士学位论文, 2007.

[63] 孙鲁威, 李丽颖. 农业部监测显示农产品让人越来越放心 [N]. 农民日报, 2006-03-21.

[64] 孙谦. 我国农地细碎化现状下的农业可持续发展[J]. 价值工程, 2013 (10): 325-329.

[65] 孙中叶. 解读粮食安全问题的新视角: 开源节流并举——兼论河南家庭粮食消费损失现状及对策[J]. 河南工业大学学报 (社会科学版), 2009 (3): 1-4.

[66] 锁放. 比较法视角下中国食品安全监管标准体系的健全[J]. 特区经济, 2011 (8): 233-235.

[67] 王宏广. 中国粮食安全研究[M]. 北京: 经济管理出版社, 2009.

［68］王健，陆文聪．市场化、国际化背景下中国粮食分析及对策研究［M］．杭州：浙江大学出版社，2006．

［69］王静，黄晓宇，郑振源，邵晓梅．提高耕地质量对保障粮食安全更为重要［J］．中国土地科学，2011（5）：35－38．

［70］王锐．我国粮食进出口与粮食价格关系的实证研究——基于粮食安全的角度［J］．广东商学院学报，2012（1）：66－71．

［71］王小鲁．中国粮食市场的波动与政府干预［J］．经济学（季刊），2001（1）：171－192．

［72］王雅鹏．中国粮食生产、流通与储备协调机制研究——基于粮食安全［M］．北京：科学出版社，2012．

［73］王元惠，徐从才等．粮食流通现代化研究［M］．北京：中国农业出版社，2012．

［74］吴娟，王雅鹏．我国粮食储备调控体系的现状与完善对策［J］．农业现代化研究，2011（6）：661－665．

［75］吴志华．以合理成本保障粮食安全［J］．中国农村经济，2003（3）：10－17．

［76］肖春阳．我国国有粮食企业"三老"问题历史和现状［J］．粮食问题研究，2012（1）：8－14．

［77］肖国安．中国粮食安全报告［M］．北京：红旗出版社，2009．

［78］肖俊彦．警惕我国粮食安全保障能力下降［J］．农业经济问题，2012（6）：9－13．

［79］肖运来．中国食物安全状况研究［M］．北京：中国农业科学技术出版社，2010．

［80］谢新松，许雅香．世界粮食危机与中国粮食安全［J］．现代农业科学，2008（8）：75－76．

［81］徐盛荣．土地资源评价［M］．北京：中国农业出版社，1995．

［82］徐振伟．世界粮食危机与中国粮食安全［J］．东北亚论坛，2012（3）：28－35．

［83］颜加勇．水资源约束下的我国粮食安全的路径选择［J］．生态经济，2010（12）：151－154．

［84］杨子刚，毛文坤，郭庆海．世界主要粮食作物市场供求分析［J］．调研世界，2011（5）：19－21．

［85］叶春辉，许庆，徐志刚．农地细碎化的缘由与效应——历史视角下的经济学解释［J］．农业经济问题，2008（9）：15－23．

［86］叶敬忠，孟英华．土地增减挂钩及其发展主义逻辑［J］．农业经济问题，2012（3）：43－50．

［87］殷培红．气候变化与中国粮食安全脆弱区［M］．北京：中国环境出版社，2010．

[88] 尹成杰. 粮安天下——全球粮食危机与中国粮食安全[M]. 北京：中国经济出版社，2009.

[89] 应兴华，金连登，徐霞，朱智伟. 我国稻米质量安全现状及发展对策研究[J]. 农产品质量与安全，2010（6）：40-43.

[90] 袁平. 国际粮食市场演变趋势及其对中国粮食进出口政策选择的启示[J]. 南京农业大学学报（社会科学版），2013（1）：46-55.

[91] 翟虎渠. 中国粮食安全国家战略研究[M]. 北京：中国农业出版社，2011.

[92] 张国庆，陈凯杰. 当前世界粮食问题及我国应对之策研究——源于国际机构的看法以及我们的观点[J]. 国际贸易，2012（3）：9-13.

[93] 张浩，姚咏涵. 河南省饭店粮食消费损失现状调查研究[J]. 粮食科技与经济，2009，34（3）：16-18.

[94] 张家泉，祁士华，谭凌智等. 福建武夷山北段土壤中有机氯农药的残留及空间分布[J]. 中国环境科学，2011，31（4）：662-667.

[95] 张锦华. 中国的粮食安全——以上海为视角[M]. 上海：上海财经大学出版社，2011.

[96] 张克中，冯俊诚. 通货膨胀、不平等与亲贫式增长——来自中国的实证研究[J]. 管理世界，2010（5）：27-33，74.

[97] 张少兵，王扬. 大国粮食问题：中国粮食政策演变与食品安全监管[M]. 北京：经济管理出版社，2009.

[98] 张毅，肖志娟. 后危机时代世界粮食价格上涨原因与对策分析[J]. 经济问题探索，2012（3）：158-162.

[99] 赵立飞，刘颖. 农业水资源紧缺对我国粮食安全的影响分析[J]. 北方经济，2010（19）：23-24.

[100] 赵玮，姜波. 层次分析方法进展[J]. 数学的实践与认识，1992（3）：63-71.

[101] 郑国光. 科学应对全球气候变暖 提高粮食安全保障能力[J]. 求是，2009（19）：12-14.

[102] 中国粮食研究培训中心. 中国粮食安全发展战略与对策[M]. 北京：中国农业出版社，2009.

[103] 钟甫宁. 乌拉圭回合以后的中国粮食贸易[J]. 中国农村经济，1994（3）：21-26.

[104] 周慧秋，李忠旭. 粮食经济学[M]. 北京：科学出版社，2010：60-61.

[105] 周曙东，周文魁，林光华，乔辉. 未来气候变化对我国粮食安全的影响[J]. 南京农业大学学报（社会科学版），2013（1）：56-65.

[106] 朱晶，钟甫宁. 从粮食生产波动的国际比较看我国利用世界市场稳定国内供

应的可行性[J]. 国际贸易问题, 2000 (4): 1-6.

[107] Alderman H. Subsidies as a social safety net: Effectiveness and challenges [J]. Social Safety Net Primer Series, Discussion Paper, 2002: 224.

[108] Block S. A. , Kiess L. , Webb P. , et al. Macro shocks and micro outcomes: Child nutrition during Indonesia's crisis [J]. Economics & Human Biology, 2004, 2 (1): 21-44.

[109] Maxwell D. The political economy of urban food security in Sub-Saharan Africa [J]. World Development, 1999, 27 (11): 1939-1953.

后　记

　　本书作为南京财经大学粮食经济研究院的年度报告，依托于江苏高校哲学社会科学重点研究基地——南京财经大学粮食安全与战略研究中心和江苏省高校协同创新中心——现代粮食流通与安全协同创新中心共同完成。

　　本书是粮食公益性行业科研专项项目、国家自然科学基金项目、国家社会科学基金项目、现代粮食流通与科技协同创新中心、江苏高校优势学科、江苏省重点学科的重大项目成果。

　　本书由南京财经大学粮食经济研究院院长、粮食安全与战略研究中心主任曹宝明负责框架设计与统稿，各章的执笔人如下：李丰、郭晓东（第一章），蔡荣（第二章），易小兰（第三章），徐建玲（第四章），赵霞（第五章），王舒娟、郭晓东（附录）。博士研究生武舜臣、顾智鹏、吴闻潭，硕士研究生胡舟等负责国内外相关数据的收集、整理和分析，徐建玲协助进行了全书的修改定稿。

　　南京财经大学党委书记陈章龙、校长宋学锋、副校长鞠兴荣高度重视本书的筹划、研究和出版，科研处处长胡永远、研究生处处长张为付等相关部门负责人给予了热情支持。在本书的撰写过程中，曹宝明作为项目负责人多次召集座谈会，有关专家学者提出了宝贵意见。南京财经大学粮食经济研究院的有关老师、博士研究生、硕士研究生对本书的研究与著述都做出了积极贡献，在此一并致谢！